课题委托：中共云南省委宣传部
课题承担：云南省社会科学院文化研究中心

《2012～2013云南文化发展蓝皮书》编委会

2012 ~ 2013

云南省社会科学院　编

The Blue Book of Yunnan

云南文化发展蓝皮书

主　编　王亚南　田大余
副主编　刘　婷　赵娟

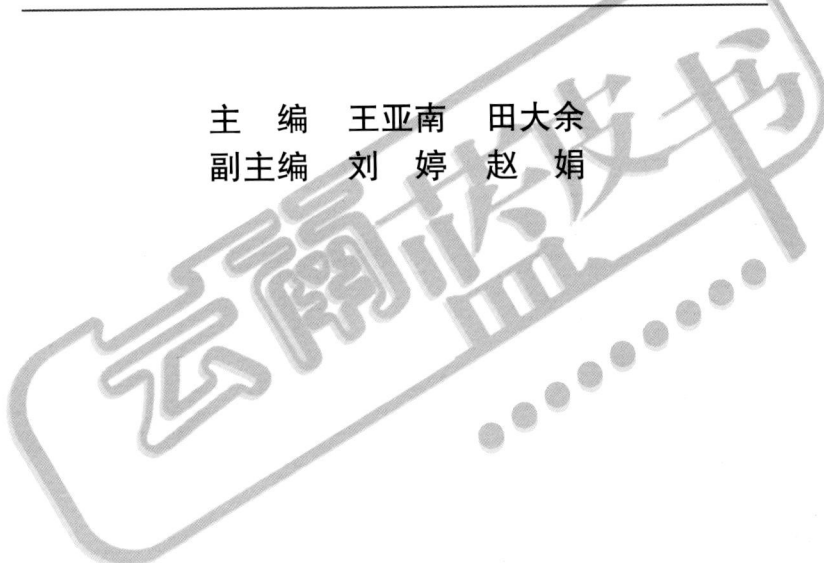

云南大学出版社

YUNNAN UNIVERSITY PRESS

《2012～2013云南文化发展蓝皮书》

主　　　编　　王亚南　　田大余

副 主 编　　刘　婷　赵　娟

撰　　　稿　（以文序排列）

王亚南	谢青松	缪开和	郭培阳	刘佳云
马云华	林　艺	蒋泽苇	石红梅	赵　娟
谢新松	田　文	马　谦	普跃英	冯　瑞
任俊健	安向辉	李　林	司书轩	纳文汇
木基元	刘　婷	房旭东	黄　杰	黄向静
蔡江南	王雁鹏	孔志坚	蒋坤洋	

统稿编稿　　王亚南　　刘　婷　赵　娟

目　录

总报告

Contents

General Report

Hot spots on cultural building

The construction of public cultural service

Culural development research of capital city

Research on the protection of cultural heritage

Research on regional cultural communication

Appendix

总 报 告

全面建成小康社会进程二十年文化发展

——云南城乡文化消费需求与共享成效检测

总报告课题组

十七届六中全会提出建设"文化强国"的战略目标，部署进一步推进文化建设与经济建设、政治建设、社会建设以及生态文明建设协调发展，并明确在今后十年推动文化产业成为国民经济支柱性产业。十八大要求扎实推进社会主义文化强国建设，将文化产业成为国民经济支柱性产业作为全面建成小康社会和全面深化改革开放的目标之一。同时，十七届六中全会更加强调文化建设以满足人民精神文化需求为出发点和落脚点，文化发展为了人民，文化发展成果由人民共享。十八大报告进一步明确，让人民享有健康丰富的精神文化生活，是全面建成小康社会的重要内容。这就要求我们在新的历史起点上继续深化文化体制改革和文化运行机制创新，转变文化发展方式，满足人民基本文化需求，加快城乡文化一体化发展，缩小城乡文化发展差距，增加文化消费总量，提高文化消费水平，增强文化建设和文化产业发展的内生动力。

在这样的形势背景下，本文全面展开 1991 年以来云南城乡居民文化消费需求与共享状况分析，同时展示其间云南经济、社会发展相关方面的变动态势，并对 2011 年度云南城乡文化消费需求景气状态进行测评。其中，1991 ~ 2000 年为"基本建成小康社会"冲刺的十年，2001 ~ 2010 年为"全面建成小康社会"

奠基的十年。由此，1991 年到 2011 年云南城乡居民文化消费需求实际增长就显得极为关键，从这 20 年间有可能透视 2011 年至 2020 年即"全面建成小康社会"最后十年的发展态势。囿于制图篇幅限制，图中各五年规划期头年与末年直接对接。文中分析历年增长态势时，则运用测评数据库后台演算功能，筛测出的最高与最低年度值包含图中省略年度。

一、云南城乡文化消费需求增长态势

城乡文化消费需求总量是文化产业生产总量实际进入城乡居民日常生活消费的具体表现，也是文化建设和文化生产的发展成果实际转化为城乡人民群众文化消费需求的具体体现。城乡文化消费需求总量增长状况可以提供一种宏观视角，有利于把握云南总体态势。本文分析测算由云南城乡文化消费总量增长开始。

（一）城乡文化消费总量增长态势

1991～2011 年云南城乡文化消费需求总量增长态势见图 1，其中包含城乡综合、城镇与乡村单行三个层面的文化消费需求总量增长态势。城镇与乡村之和即为城乡综合总量，二者相互对应共同构成云南城乡总体格局，有必要放在一起进行对比分析。图中同时展示出各年度云南城乡文化消费总量增长指数、占全国份额变化及其份额增减指数。

1991～2011 年，云南城乡文化消费总量从 13.42 亿元增长至218.88 亿元，增加 205.46 亿元，总增长 1 531.00%，年均增长14.98%。最高增长年度为 2002 年，增长率 38.83%；最低增长年度为 2001 年，负增长 8.42%。其中，城乡总量在"九五"期间总增长 113.98%，年均增长 16.43%；在"十五"期间总增长74.68%，年均增长 11.80%；在"十一五"期间总增长51.03%，年均增长 8.60%。三个五年规划期相比，云南城乡总量"十一五"年均增长幅度低于"十五"3.20 个百分点，低于"九五"7.83 个百分点。

同期城镇方面。云南城镇文化消费总量从 4.18 亿元增长至147.63 亿元，增加 143.45 亿元，总增长 3 431.82%，年均增长

19.51%。最高增长年度为 2002 年，增长率 71.41%；最低增长年度为 1999 年，负增长 15.75%。其中，城镇总量在"九五"期间总增长 166.61%，年均增长 21.67%；在"十五"期间总增长 83.74%，年均增长 12.94%；在"十一五"期间总增长 95.70%，年均增长 14.37%。三个五年规划期相比，云南城镇总量"十一五"年均增长幅度高于"十五"1.43 个百分点，低于"九五"7.30 个百分点。

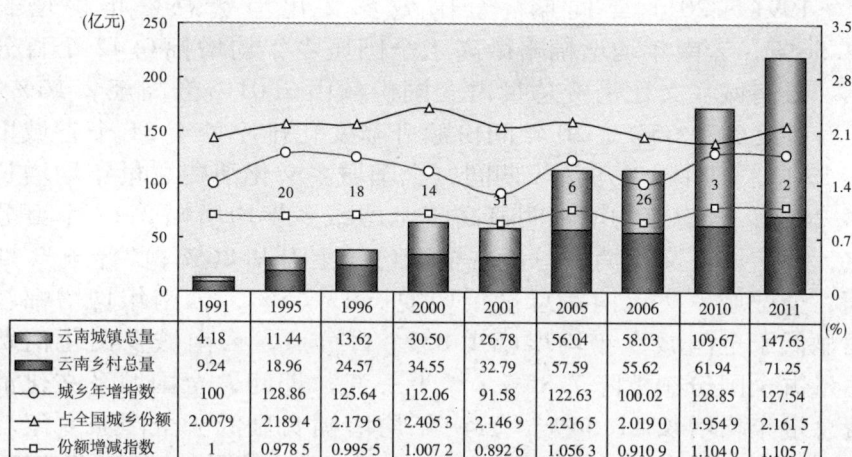

	1991	1995	1996	2000	2001	2005	2006	2010	2011
云南城镇总量	4.18	11.44	13.62	30.50	26.78	56.04	58.03	109.67	147.63
云南乡村总量	9.24	18.96	24.57	34.55	32.79	57.59	55.62	61.94	71.25
城乡年增指数	100	128.86	125.64	112.06	91.58	122.63	100.02	128.85	127.54
占全国城乡份额	2.0079	2.189 4	2.179 6	2.405 3	2.146 9	2.216 5	2.019 0	1.954 9	2.161 5
份额增减指数	1	0.978 5	0.995 5	1.007 2	0.892 6	1.056 3	0.910 9	1.104 0	1.105 7

左轴柱形：城镇与乡村文化消费总量（亿元），二者之和为城乡总量；左轴曲线：城乡总量年度增长指数（上年 = 100），指数小于 100 为负增长；右轴曲线：占全国城乡份额增减指数（上年 = 1）。标注历年城乡份额增减指数 31 省域排序，1991 年起点不计。数据演算依据：国家统计局《中国统计年鉴》1992～2012 年卷，后同。

图 1　云南城乡文化消费需求总量增长、占全国份额变化态势

同期乡村方面。云南乡村文化消费总量从 9.24 亿元增长至 71.25 亿元，增加 62.01 亿元，总增长 671.10%，年均增长 10.75%。最高增长年度为 1995 年，增长率 31.21%；最低增长年度为 2008 年，负增长 8.33%。其中，乡村总量在"九五"期间总增长 82.23%，年均增长 12.75%；在"十五"期间总增长 66.69%，年均增长 10.76%；在"十一五"期间总增长 7.55%，年均增长 1.47%。三个五年规划期相比，云南乡村总量"十一五"年均增长幅度低于"十五"9.29 个百分点，低于"九五"11.28 个百分点。

城乡之间文化消费总量增长比较，1991～2011 年，云南城镇总量总增长高达乡村总量增长的 511.37%，城镇年均增长幅度高于乡村年均增幅 8.76 个百分点。其中,城镇总量年均增长幅度在"九五"期间高于乡村总量年均增幅 8.92 个百分点;在"十五"期间高于乡村总量年均增幅 2.18 个百分点;在"十一五"期间高于乡村总量年均增幅 12.90 个百分点。这足以表明,云南乡村文化消费需求总量增长乏力。不过,云南城乡之间增长不平衡程度究竟如何,还需要排除其间城市(镇)化进程带来人口分布变化的因素,以城镇与乡村人均值增长态势加以精确衡量。

1991~2011 年同期,全国城乡文化消费总量年均增长 14.56%,云南年均增幅略微高于全国城乡年均增幅 0.42 个百分点。云南城乡文化消费总量占全国份额由 2.01% 升高至 2.16%,上升幅度为 7.65%,20 年间份额升降变化排序处于 31 个省域里第 13 位。其中,"九五"期间,全国城乡文化消费总量年均增长 14.26%,云南年均增幅明显高于全国城乡年均增幅 2.17 个百分点,云南城乡文化消费总量占全国份额上升 9.86%;"十五"期间,全国城乡文化消费总量年均增长 13.65%,云南年均增幅较明显低于全国城乡年均增幅 1.85 个百分点,云南城乡文化消费总量占全国份额下降 7.85%;"十一五"期间,全国城乡文化消费总量年均增长 11.36%,云南年均增幅明显低于全国城乡年均增幅 2.76 个百分点,云南城乡文化消费总量占全国份额下降 11.80%。

"十二五"头年的 2011 年,全国城乡文化消费总量增长 15.36%,云南城乡文化消费总量增长 27.55%,极显著高于全国城乡年度增幅 12.19 个百分点,占全国份额比 2010 年上升 10.57%。同时,云南城乡文化消费总量增长高于自身"九五"期间年均增长 11.11 个百分点,亦高于自身"十五"期间年均增长 15.75 个百分点,也高于自身"十一五"期间年均增长 18.95 个百分点,年度增长幅度和占全国份额变化排序处于 31 个省域里第 2 位。

各地总量数值本身不具可比性,但增长幅度和份额变化却可以进行比较。云南城乡文化消费需求总量占全国份额变化,同时受到当地与全国两个方面的年度增长动态影响。实际上,各年度总量增长与份额增减变化是联系在一起的,历年间总量年均增长排序与份额增减变化排序也是一致的。

（二）城乡人均文化消费增长态势

1991～2011年云南城乡人均文化消费需求增长态势见图2，图中同时展示出城镇与乡村两个方面人均文化消费增长指数，二者间第三条曲线即为城乡综合增长指数。人均数值不会受到城市（镇）化进程带来城乡人口分布变化的影响，有利于在前后时间阶段之间、在城镇与乡村之间进行比较。

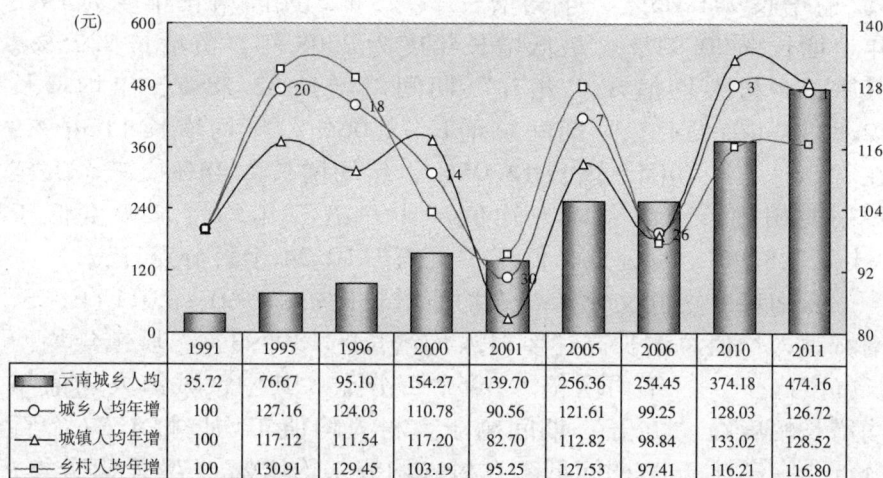

	1991	1995	1996	2000	2001	2005	2006	2010	2011
云南城乡人均	35.72	76.67	95.10	154.27	139.70	256.36	254.45	374.18	474.16
城乡人均年增	100	127.16	124.03	110.78	90.56	121.61	99.25	128.03	126.72
城镇人均年增	100	117.12	111.54	117.20	82.70	112.82	98.84	133.02	128.52
乡村人均年增	100	130.91	129.45	103.19	95.25	127.53	97.41	116.21	116.80

左轴柱形：城乡人均文化消费增长（元）；右轴曲线：城乡、城镇与乡村人均值年度增长指数（上年＝100），指数小于100为负增长。标注城乡人均值历年增长指数31省域排序，1991年起点不计。

图2　云南城乡人均文化消费需求增长态势

1991～2011年，云南城乡人均文化消费从35.72元增长至474.16元，增加438.44元，总增长1 227.44%，年均增长13.80%，增长幅度排序处于31个省域里第10位。最高增长年度为2002年，增长率37.35%；最低增长年度为2001年，负增长9.44%。其中，城乡人均值在"九五"期间总增长101.21%，年均增长15.01%；在"十五"期间总增长66.18%，年均增长10.69%；在"十一五"期间总增长45.96%，年均增长7.86%。三个五年规划期相比，云南城乡人均值"十一五"年均增长幅度低于"十五"2.83个百分点，低于"九五"7.15个百分点。

同期城镇方面。云南城镇人均文化消费（历年绝对值见图5）总增长1 036.94%，年均增长12.92%。最高增长年度为

2002 年，增长率 61.67%；最低增长年度为 1999 年，负增长 20.83%。其中，城镇人均值在"九五"期间总增长 94.12%，年均增长 14.19%；在"十五"期间总增长 38.14%，年均增长 6.68%；在"十一五"期间总增长 57.79%，年均增长 9.55%。三个五年规划期相比，云南城镇人均值"十一五"年均增长幅度高于"十五"2.87 个百分点，低于"九五"4.64 个百分点。

同期乡村方面。云南乡村人均文化消费（历年绝对值见图 5）总增长 741.05%，年均增长 11.23%。最高增长年度为 1995 年，增长率 30.91%；最低增长年度为 2008 年，负增长 7.25%。其中，乡村人均值在"九五"期间总增长 82.78%，年均增长 12.82%；在"十五"期间总增长 72.06%，年均增长 11.46%；在"十一五"期间总增长 13.05%，年均增长 2.48%。三个五年规划期相比，云南乡村人均值"十一五"年均增长幅度低于"十五"8.98 个百分点，低于"九五"10.34 个百分点。

云南城乡之间文化消费人均值增长比较，1991～2011 年，云南城镇人均值总增长高达乡村人均增长的 139.93%，城镇年均增长幅度高于乡村年均增幅 1.69 个百分点。其中，城镇人均值年均增长幅度在"九五"期间高于乡村人均值年均增幅 1.37 个百分点；在"十五"期间低于乡村人均值年均增幅 4.78 个百分点；在"十一五"期间高于乡村人均值年均增幅 7.07 个百分点。云南人均文化消费需求增长的城乡差距赫然在目，这无疑表明，城镇与乡村之间增长严重失衡，原因确实在于乡村增长明显乏力。不过，城镇与乡村人均值增长差距没有总量增长差距那样巨大，说明城市（镇）化进程在城乡总量增长差距上发生了显著影响。

归结起来，在此 20 年间，云南文化消费需求增长态势暴露出必须引起高度重视的两个问题：（1）与"九五""十五"期间相比，"十一五"期间年均增长幅度明显下降；（2）文化消费需求的城乡差距明显扩大，尤其是"十一五"以来加速扩大。

"十二五"头年 2011 年，云南城乡文化消费人均值增长 26.72%，高于"九五"年均增幅 11.71 个百分点，亦高于"十五"年均增幅 16.03 个百分点，也高于"十一五"年均增幅 18.86 个百分点，年度增长幅度排序处于 31 个省域里第 1 位；城镇人均值增长 28.52%，高于"九五"年均增幅 14.33 个百分点，亦高于"十五"年均增幅 21.84 个百分点，也高于"十一五"

年均增幅 18.97 个百分点；乡村人均值增长 16.80%，高于"九五"年均增幅 3.98 个百分点，亦高于"十五"年均增幅 5.34 个百分点，也高于"十一五"年均增幅 14.31 个百分点。云南城镇人均值年度增幅高达乡村年度增幅的 169.76%，城乡之间文化消费人均值增长差距继续明显扩大。

1991～2011 年同期，全国城乡人均文化消费年均增长 13.67%，云南年均增幅略微高于全国年均增幅。云南城乡人均文化消费从全国城乡平均值的 61.51% 提高至 62.94%，人均绝对值在 31 个省域里排序由第 27 位提高到第 25 位（详见图 3）。

各地城乡人均文化消费绝对值及其年度增长高低升降具有基础性意义，不仅决定着各地城乡人均值与全国平均值的比值关系，影响到全国及各地的地区差关系值，而且左右着文化消费相关比例关系值。同时，城乡文化消费增长取决于城镇与乡村两个方面的增长状况，由此可以考察其间的城乡比关系值。下面将把云南城乡文化消费需求增长状况放到当地经济增长、民生增进的相关背景当中，同时放到城乡之间、地区之间协调增长背景当中，进一步展开分析，这样才能得到更加令人信服的可比性。这就是本项评价体系构思并设置其他各项测评指标的事实根据和数理依据所在。

二、云南城乡文化消费相关背景情况

1991～2011 年云南人均产值、城乡人均收入即（1）（2）（3）之和、人均总消费即（2）（3）之和、人均非文消费（本项评价体系设定非文消费为"必需消费"）、人均文化消费与人均积蓄（本项评价体系设定文化消费与积蓄之和为"必需消费剩余"）的关系态势见图 3。

图 3 将 1991 年以来云南人均产值、城乡人均收入、消费与积蓄各项绝对值转换为图形面积比例，直观地表现出云南城乡文化消费需求与其经济、社会背景因素协同增长的相互关系态势。通过图 3 里各类数值演算，可以清楚地看出：

"九五"期间，云南人均产值年均增长 9.12%，城乡人均收入年均增长 10.70%，人均总消费年均增长 8.83%，人均积蓄年均增长 25.11%，人均文化消费年均增长 15.01%。城乡人均文化消费年均增长幅度高于同期人均产值年均增幅 5.89 个百分点，高于城乡人均收入年均增幅 4.31 个百分点，高于人均总消费年均增幅 6.18 个百分点，低于人均积蓄年均增幅 10.10 个百分点。"九五"时期云南城乡文化消费需求呈现明显提升态势，这恰好反映了中国逐步实现小康建设目标、民众精神文化需求上升的社会背景。

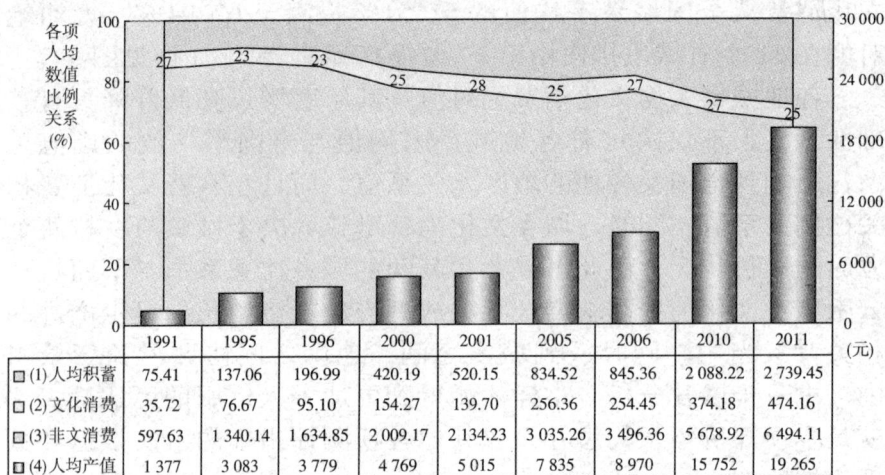

左轴面积：城乡人均积蓄、人均文化消费、人均非文消费（元转换为%），（1）+（2）+（3）=人均收入，（2）+（3）=人均总消费，（1）+（2）=人均非文消费剩余，各项数值年度变动形成直观比例；右轴柱形：人均产值（元）。标注城乡人均文化消费历年数值31省域排序。

图3　云南人均产值与城乡人均收入、消费、积蓄关系态势

"十五"期间，云南人均产值年均增长 10.44%，城乡人均收入年均增长 9.82%，人均总消费年均增长 8.76%，人均积蓄年均增长 14.71%，人均文化消费年均增长 10.69%。城乡人均文化消费年均增长幅度高于同期人均产值年均增幅 0.25 个百分点，高于城乡人均收入年均增幅 0.87 个百分点，高于人均总消费年均增幅 1.93 个百分点，低于人均积蓄年均增幅 4.02 个百分点。"十五"时期云南城乡文化消费需求高涨得以充分显现，这其实正值此间中国推进全面小康社会建设、文化建设掀起高潮、文化产业蓬勃发展的社会背景。

"十一五"期间，云南人均产值年均增长 14.99%，城乡人

均收入年均增长 14.56%，人均总消费年均增长 12.96%，人均积蓄年均增长 20.13%，人均文化消费年均增长 7.86%。城乡人均文化消费年均增长幅度低于同期人均产值年均增幅 7.13 个百分点，低于城乡人均收入年均增幅 6.70 个百分点，低于人均总消费年均增幅 5.10 个百分点，低于人均积蓄年均增幅 12.27 个百分点。"十一五"时期云南城乡文化消费年均增长幅度出现下滑，在人均产值、收入和总消费年均增幅均有所提高，而人均积蓄年均增幅更显著提高的情况下，人均文化消费年均增幅却明显降低。其社会背景在于，"十一五"前三年国内物价上涨产生影响，后两年国际金融危机风波又至。由于我国社会保障体系建设滞后，广大民众为求"自我保障"纷纷抑制消费加大积蓄，首当其冲受到挤压的就是"非必需"的精神文化消费。

　　"十二五"头年 2011 年，云南人均产值增长 22.30%，城乡人均收入增长 19.24%，人均总消费增长 15.12%，人均积蓄增长 31.19%，人均文化消费增长 26.72%。城乡人均文化消费增长幅度高于同期人均产值增幅 4.42 个百分点，高于城乡人均收入增幅 7.48 个百分点，高于人均总消费增幅 11.60 个百分点，低于人均积蓄增幅 4.47 个百分点。

　　1991～2011 年贯通起来，云南人均产值年均增长 14.10%，城乡人均收入年均增长 13.98%，人均总消费年均增长 12.74%，人均积蓄年均增长 19.68%，人均文化消费年均增长 13.80%。城乡人均文化消费年均增长幅度略微低于同期人均产值年均增幅 0.30 个百分点，略微低于城乡人均收入年均增幅 0.18 个百分点，较明显高于人均总消费年均增幅 1.06 个百分点，显著低于人均积蓄年均增幅 5.88 个百分点。20 年以来考察，云南城乡文化消费需求增长滞后于当地经济发展，大体滞后于城乡一般民生增进，尤其是受到城乡积蓄增长的明显挤压，"增长协调性"略显欠佳。其间，"十一五"时期的"增长协调性"状况明显不及"十五"时期，也明显不及"九五"时期。

　　在云南城乡文化消费需求与其相关背景因素增长关系综合分析的基础之上，至此就可以按照本项评价体系设定的指标系统，进一步展开文化消费相关各项比值测算。1991～2011 年云南城乡文化消费比例值变动态势见图 4。

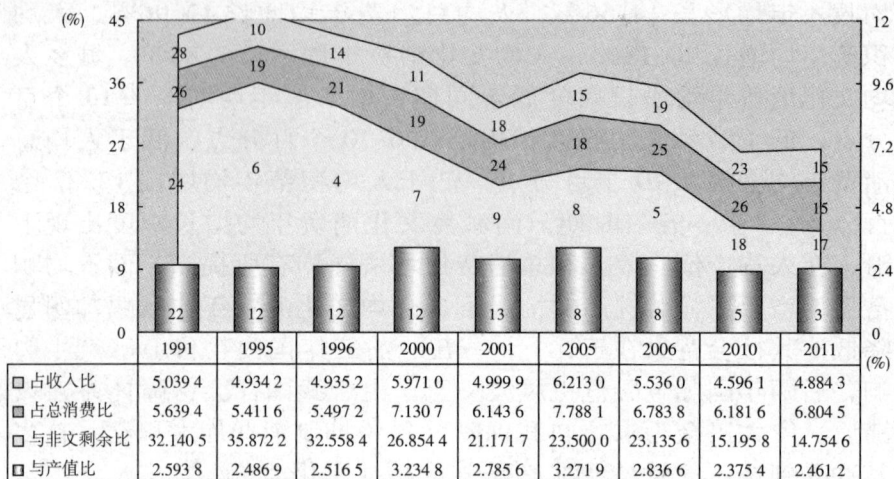

	1991	1995	1996	2000	2001	2005	2006	2010	2011
□ 占收入比	5.039 4	4.934 2	4.935 2	5.971 0	4.999 9	6.213 0	5.536 0	4.596 1	4.884 3
▨ 占总消费比	5.639 4	5.411 6	5.497 2	7.130 7	6.143 6	7.788 1	6.783 8	6.181 6	6.804 5
□ 与非文剩余比	32.140 5	35.872 2	32.558 4	26.854 4	21.171 7	23.500 0	23.135 6	15.195 8	14.754 6
□ 与产值比	2.593 8	2.486 9	2.516 5	3.234 8	2.785 6	3.271 9	2.836 6	2.375 4	2.461 2

左轴面积：城乡人均文化消费占人均收入比、占人均总消费比、与人均非文消费剩余（图中简称"非文剩余"）比（%），各项比值年度变动形成直观比例叠加；右轴柱形：城乡人均文化消费与人均产值比（%）。标注各项比值历年31省域排序。

图4　云南城乡人均文化消费相关比例关系值变动态势

（一）文化消费与产值关系变化状况

1991～2011年，云南城乡人均文化消费与人均产值的比值由2.59%下降至2.46%，降幅为5.11%，升降变化程度处于31个省域里第3位。其间，此项比值最高值为2002年3.58%，最低值为2008年2.03%，总体上呈现下降态势。由于其他省域此项比值降低更加明显，云南在31个省域里排序从第22位上升到第3位。

分阶段考察，云南此项比值"八五"后四年前后对比，即1991～1995年降低0.11个百分点；"九五"前后对比，即1995～2000年提高0.75个百分点；"十五"前后对比，即2000～2005年提高0.04个百分点；"十一五"前后对比，即2005～2010年降低0.90个百分点。云南城乡文化消费与产值关系比值发生升降变动，"九五"期间显著好于"八五"后四年，"十五"期间明显逊于"九五"期间，"十一五"期间显著逊于"十五"期间。

"十二五"头年，云南城乡人均文化消费与人均产值的比例值变动，与2010年相比提高0.09个百分点，与1991年相比降低0.13个百分点。

（二）文化消费占收入比重变化状况

1991～2011 年，云南城乡人均文化消费占人均收入的比重值由 5.04% 下降至 4.88%，降幅为 3.08%，升降变化程度处于 31 个省域里第 4 位。其间，此项比值最高值为 2002 年 6.35%，最低值为 2008 年 4.01%，总体上呈现下降态势。由于其他省域此项比值降低更加明显，云南在 31 个省域里排序从第 28 位上升到第 15 位。

分阶段考察，云南此项比值"八五"后四年前后对比，即 1991～1995 年降低 0.11 个百分点；"九五"前后对比，即 1995～2000 年提高 1.04 个百分点；"十五"前后对比，即 2000～2005 年提高 0.24 个百分点；"十一五"前后对比，即 2005～2010 年降低 1.62 个百分点。云南城乡文化消费占收入比重关系发生升降变动，"九五"期间显著好于"八五"后四年，"十五"期间明显逊于"九五"期间，"十一五"期间显著逊于"十五"期间。

"十二五"头年，云南城乡人均文化消费占人均收入的比重值变动，与 2010 年相比提高 0.29 个百分点，与 1991 年相比降低 0.16 个百分点。

（三）文化消费占总消费比重变化状况

1991～2011 年，云南城乡人均文化消费占人均总消费的比重值由 5.64% 上升至 6.80%，升幅为 20.66%，升降变化程度处于 31 个省域里第 4 位。其间，此项比值最高值为 2005 年 7.79%，最低值为 2008 年 5.16%，总体上呈现上升态势，在 31 个省域里排序从第 26 位上升到第 15 位。

分阶段考察，云南此项比值"八五"后四年前后对比，即 1991～1995 年降低 0.23 个百分点；"九五"前后对比，即 1995～2000 年提高 1.72 个百分点；"十五"前后对比，即 2000～2005 年提高 0.66 个百分点；"十一五"前后对比，即 2005～2010 年降低 1.61 个百分点。云南城乡文化消费占总消费比重关系发生升降变动，"九五"期间显著好于"八五"后四年，"十五"期间显著逊于"九五"期间，"十一五"期间显著逊于"十五"期间。

"十二五"头年，云南城乡人均文化消费占人均总消费的比重值变动，与 2010 年相比提高 0.62 个百分点，与 1991 年相比提高 1.17 个百分点。

（四）文化消费与非文消费剩余关系变化状况

1991～2011 年，云南城乡人均文化消费与人均非文消费剩余的比例值由 32.14% 下降至 14.75%，降幅为 54.09%，升降变化程度处于 31 个省域里第 8 位。其间，此项比值最高值为 1995 年 35.87%，最低值为 2009 年 14.60%，总体上呈现下降态势。由于其他省域此项比值降低更加明显，云南在 31 个省域里排序从第 24 位上升到第 17 位。

分阶段考察，云南此项比值"八五"后四年前后对比，即 1991～1995 年提高 3.73 个百分点；"九五"前后对比，即 1995～2000 年降低 9.02 个百分点；"十五"前后对比，即 2000～2005 年降低 3.35 个百分点；"十一五"前后对比，即 2005～2010 年降低 8.30 个百分点。云南城乡文化消费与非文消费剩余关系比值发生升降变动，"九五"期间显著逊于"八五"后四年，"十五"期间显著好于"九五"期间，"十一五"期间显著逊于"十五"期间。

"十二五"头年，云南城乡人均文化消费与人均非文消费剩余的比例值变动，与 2010 年相比降低 0.44 个百分点，与 1991 年相比降低 17.39 个百分点。

综合起来，云南城乡文化消费需求背景的相关比例值分析表明，1991～2011 年 20 年间，文化消费增长略微低于产值增长，略微低于收入增长，较明显高于总消费增长，显著低于积蓄增长，文化消费占总消费比呈上升态势，与产值比、占收入比、与非文消费剩余比呈下降态势；2011 年，文化消费增长显著高于产值增长，极显著高于收入增长，极显著高于总消费增长，显著低于积蓄增长，文化消费与产值比、占收入比、占总消费比呈上升态势，与非文消费剩余比呈下降态势。

三、云南文化消费城乡、区域协调状况

再把云南文化消费需求增长放到城乡之间、地区之间协调增

长背景当中，同样可以看出具有可比性的状况和具有警示性的动向，有利于进一步展开分析评价。1991～2011 年云南人均文化消费城乡比、地区差变动态势见图 5。

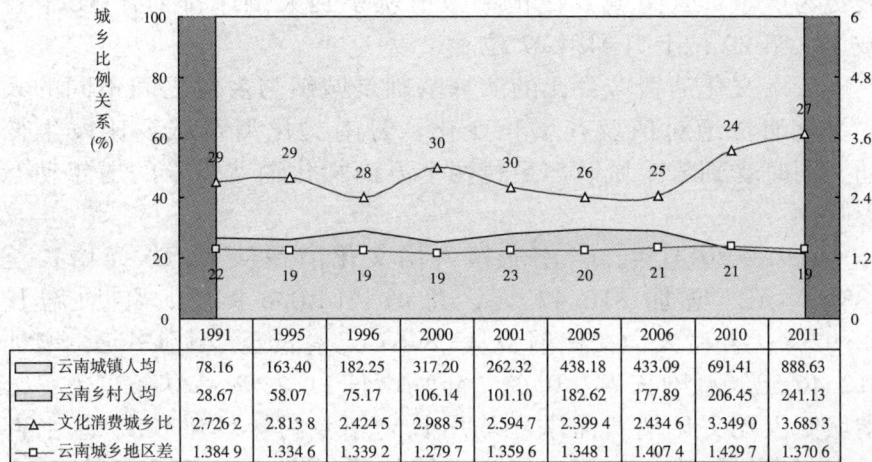

	1991	1995	1996	2000	2001	2005	2006	2010	2011
云南城镇人均	78.16	163.40	182.25	317.20	262.32	438.18	433.09	691.41	888.63
云南乡村人均	28.67	58.07	75.17	106.14	101.10	182.62	177.89	206.45	241.13
文化消费城乡比	2.726 2	2.813 8	2.424 5	2.988 5	2.594 7	2.399 4	2.434 6	3.349 0	3.685 3
云南城乡地区差	1.384 9	1.334 6	1.339 2	1.279 7	1.359 6	1.348 1	1.407 4	1.429 7	1.370 6

左轴面积：城镇、乡村人均文化消费（元转换为%），城乡间年度变动形成直观比例；右轴曲线：人均文化消费城乡比（乡村＝1）；城乡人均文化消费地区差（无差距＝1）。标注城乡比、地区差历年 31 省域排序。

图 5　云南人均文化消费城乡比、城乡人均文化消费地区差变动态势

（一）文化消费城乡比扩减态势

1991～2011 年，云南人均文化消费城乡比由 2.726 2 扩大至 3.685 3，扩增 35.18%。在此期间，云南人均文化消费城乡比最小值为 2007 年 2.222 1，最大值为 2002 年 3.720 0，总体上呈现逐步扩大态势。在近十年国家将解决"三农"问题列为全国工作重中之重的时期，云南文化消费需求的城乡差距先有所缩小，近几年却又明显扩大。中国城乡均衡发展与国内民族团结同等重要，直接关乎国民共同体的宪政统一。

分阶段考察，云南人均文化消费城乡比"九五"前后对比，即 1995～2000 年扩大 6.21%；"十五"前后对比，即 2000～2005 年缩小 19.71%；"十一五"前后对比，即 2005～2010 年扩大 39.58%。云南人均文化消费城乡比扩减变动，"十五"期间与"九五"相比，呈现出明显缩小之势；"十一五"期间与"十五"相比，呈现出加速扩大之势。

20年以来，云南人均文化消费城乡差距扩减变化状况处于31个省域里第15位。这意味着，云南属于文化消费城乡比扩减变化态势不甚严重的省域之一。由于其他省域文化消费城乡比扩大更为严重，云南城乡比检测数值从小到大倒序排列在31个省域里从第29位上升到第27位。

云南文化消费城乡比的演算基础是城镇与乡村之间不同的人均文化消费绝对值及其增长变化。云南文化消费城乡比发生变动，同时受到云南城镇与乡村两个方面文化消费需求的历年动态影响。

1991～2011年，云南城镇人均文化消费从78.16元增长至888.63元，增加810.47元，总增长1 036.94%，年均增长12.92%；乡村人均文化消费从28.67元增长至241.13元，增加212.46元，总增长741.05%，年均增长11.23%。20年以来，云南城镇人均文化消费需求年均增长高于乡村年均增长1.69个百分点，乡村年均增长幅度仅为城镇年均增幅的86.92%，导致文化消费城乡比逐步扩大。

分阶段考察，"九五"期间，云南城镇人均文化消费总增长94.12%，年均增长14.19%；乡村人均文化消费总增长82.78%，年均增长12.82%。乡村年均增长幅度低于城镇年均增幅1.37个百分点，文化消费城乡比有所扩大。"十五"期间，云南城镇人均文化消费总增长38.14%，年均增长6.68%；乡村人均文化消费总增长72.06%，年均增长11.46%。乡村年均增长幅度高于城镇年均增幅4.78个百分点，文化消费城乡比有所缩小。"十一五"期间，云南城镇人均文化消费总增长57.79%，年均增长9.55%；乡村人均文化消费总增长13.05%，年均增长2.48%。乡村年均增长幅度低于城镇年均增幅7.07个百分点，文化消费城乡比有所扩大。

"十二五"头年2011年，云南城镇人均文化消费增长28.52%，乡村人均文化消费增长16.80%。乡村年度增长幅度低于城镇年度增幅11.72个百分点，云南文化消费城乡比在2010年基础上扩大10.04%。

（二）文化消费地区差扩减态势

1991～2011年，云南城乡文化消费地区差由1.384 9缩小至

1.370 6，缩减 1.03%。在此期间，云南城乡文化消费地区差最小值为 1998 年 1.189 2，最大值为 2008 年 1.494 0，总体上呈现持续逐渐缩小态势。在十余年来国家相继实施西部大开发、中部崛起、东北老工业基地振兴几大战略的时期，云南城乡文化消费需求与全国平均值的差距略有减小，实在令人感到高兴。中国各地均衡发展与全国宪政统一同等重要，直接关乎单一制共和国的国家维系。

分阶段考察，云南城乡人均文化消费地区差"九五"前后对比，即 1995～2000 年缩小 4.11%；"十五"前后对比，即 2000～2005 年扩大 5.35%；"十一五"前后对比，即 2005～2010 年扩大 6.05%。云南城乡文化消费地区差扩减变动，"十五"期间与"九五"相比，呈现出扩大之势；"十一五"期间与"十五"相比，呈现出扩大之势。

20 年以来，云南城乡人均文化消费地区差距扩减变化状况处于 31 个省域里第 9 位。这意味着，云南属于城乡文化消费地区差扩减变化态势良好的省域之一，地区差检测数值从小到大倒序排列在 31 个省域里从第 22 位上升到第 19 位。

各地城乡文化消费地区差演算基础是当地与全国之间相同范围不同的人均文化消费绝对值及其增长变化。云南城乡文化消费地区差发生变动，同时受到自身与全国两个方面城乡文化消费需求的历年动态影响。云南城乡人均文化消费历年增长详见人均绝对值一节，此处侧重检验与全国城乡人均值之间增长差异的具体情况。

1991～2011 年，全国城乡人均文化消费从 58.07 元增长至 753.36 元，总增长 1 197.33%，年均增长 13.67%。20 年以来，云南城乡人均文化消费总增长为全国总增长的 102.51%，年均增长幅度高于全国年均增幅 0.13 个百分点，导致云南城乡文化消费地区差略有缩小。

分阶段考察，"九五"期间，全国城乡人均文化消费总增长 85.87%，年均增长 13.20%。同期，云南城乡人均文化消费总增长为全国总增长的 117.86%，年均增长幅度高于全国年均增幅 1.81 个百分点，导致云南城乡文化消费地区差有所缩小。"十五"期间，全国城乡人均文化消费总增长 83.60%，年均增长 12.92%。同期，云南城乡人均文化消费总增长为全国总增长的

79.16%，年均增长幅度低于全国年均增幅 2.23 百分点，导致云南城乡文化消费地区差有所扩大。"十一五"期间，全国城乡人均文化消费总增长 66.86%，年均增长 10.78%。同期，云南城乡人均文化消费总增长为全国总增长的 68.74%，年均增长幅度低于全国年均增幅 2.92 个百分点，导致云南城乡文化消费地区差有所扩大。

"十二五"头年 2011 年，全国城乡人均文化消费增长 14.81%，云南城乡人均文化消费年度增长幅度高于全国年度增幅 11.91 个百分点，云南城乡文化消费地区差在 2010 年基础上缩小 4.13%。

无论从全国总体来看，还是从各个省域来看，城乡文化消费的地区差距似乎不如文化消费的城乡差距那样严重，但同样值得注意。

四、云南城乡文化消费需求景气测评

综合以上分析，1991～2011 年云南城乡文化消费总量年均增长 14.98%，略微高于全国增长；人均值年均增长 13.80%，略微高于全国平均增长；文化消费占总消费比呈上升态势，与产值比、占收入比、与非文消费剩余比呈下降态势；城乡比扩大 35.18%，地区差缩小 1.03%。这些都集中体现在云南城乡文化消费需求景气指数的综合测评演算中。1991～2011 年云南城乡文化消费需求景气指数变动态势见图 6。

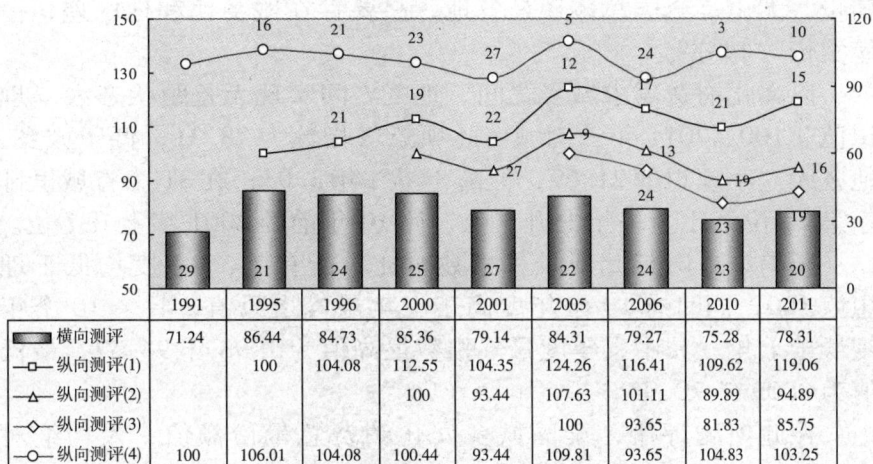

	1991	1995	1996	2000	2001	2005	2006	2010	2011
横向测评	71.24	86.44	84.73	85.36	79.14	84.31	79.27	75.28	78.31
纵向测评(1)		100	104.08	112.55	104.35	124.26	116.41	109.62	119.06
纵向测评(2)				100	93.44	107.63	101.11	89.89	94.89
纵向测评(3)						100	93.65	81.83	85.75
纵向测评(4)	100	106.01	104.08	100.44	93.44	109.81	93.65	104.83	103.25

　　左轴柱形：横向测评（城乡、地区无差异理想值＝100）；左轴曲线：纵向测评（起点年度基数值＝100），（1）1995年起点、（2）2000年起点、（3）2005年起点；右轴曲线：纵向测评（4），上年起点。标注各类测评历年31省域排序，纵向测评（1）～（4）起点年度不计。

图6　云南城乡文化消费需求景气指数变动态势

　　城乡文化消费需求景气指数基于不同时间段、不同基准值的各类测评结果均落实在2011年之上。景气指数采用百分制，以便横向衡量百分点高低，纵向衡量百分比升降。至于本项研究评价的指标设置、演算方式、权重调整等技术性阐释，参看文化蓝皮书年度报告《中国文化消费需求景气评价报告（2013）》《全国文化消费需求景气评价体系技术报告——兼1991～2011年基本态势分析》一文。①

（一）各年度横向测评景气指数

　　在各年度理想值横向测评中，各地城乡文化消费总量份额值以全国城乡总量基准值（全国份额为100%基准）来衡量，份额上升"加分"，份额下降"减分"；人均绝对值、各项比例值以全国城乡平均值来衡量，高于全国平均值"加分"，低于全国平均值"减分"；文化消费城乡比、地区差以无差距理想状态加以

---

　　①　王亚南主编：《中国文化消费需求景气评价报告（2013）》（城乡综合、城镇与乡村单行、中心城市四卷系列之总卷），社会科学文献出版社2013年版。

衡量，无论是全国总体还是各地，只要存在城乡比和地区差，一律实行"扣分"。

以文化消费需求城乡之间、地区之间实现无差距状态为"理想值"100，2011年云南城乡此项景气指数为78.31，低于城乡、地区无差距理想值21.69，但高于上一年3.03；在31个省域里排序第20位，比上一年上升3位，比10年前的2001年上升7位。

云南城乡历年此项景气指数对比，所有21个年度均低于理想值100；同时有10个年度高于上年景气指数值，其余10个年度低于上年。其中，年度景气指数最高值为1998年94.37，最低值为2009年70.95。

在此项测评中，全国城乡文化消费总量份额值、人均绝对值、各项比例值作为各地基准，同样也自为基准，文化消费城乡比、地区差也就成了全国总体的基本衡量指标。因此，全国总体"失分"全部来自城乡比、地区差的存在及其扩大。各地"失分"既可能来自城乡文化消费总量份额值下降，或人均绝对值、各项比例值低于全国平均值，又可能来自城乡比、地区差的存在及其扩大。只要城乡比和地区差缩小，全国总体景气指数就能够上升；只有彻底消除城乡比和地区差，全国总体景气指数才能够达到"理想值"100。反之，各地有可能因其他指标"得分"很高，抵消文化消费城乡比、地区差"失分"有余，从而达到或超过"理想值"100。

（二）"九五"以来纵向测评景气指数

在"九五"以来基数值纵向测评中，全国及各地城乡文化消费总量份额值（全国基准不发生作用）、人均绝对值、各项比例值、城乡比和地区差一概以自身1995年相应数值为起点年度基数值加以衡量，无论是全国总体还是各地，各项指标数值优于1995年"加分"，逊于1995年"减分"，最终平衡各项指标间升降得失。以下各类纵向测评同理，区别仅在于起始年度不同。

以"八五"末年1995年为起点基数值100，2011年云南城乡此项景气指数为119.06，高于1995年起点基数19.06，也高于上一年9.44；在31个省域里排序第15位，比上一年上升6位，比起点年（基数不计）后1996年上升6位。

云南城乡"九五"以来各年此项景气指数对比，有15个年度高于 1995 年基数值 100，其余 1 个年度低于基数值；同时有 10 个年度高于上年景气指数值，其余 6 个年度低于上年。其中，年度景气指数最高值为 2005 年 124.26，最低值为 2008 年 99.65。

（三）"十五"以来纵向测评景气指数

以"九五"末年 2000 年为起点基数值 100，2011 年云南城乡此项景气指数为 94.89，低于 2000 年起点基数 5.11，但高于上一年 5.00；在 31 个省域里排序第 16 位，比上一年上升 3 位，比起点年（基数不计）后 2001 年上升 11 位。

云南城乡"十五"以来各年此项景气指数对比，有 3 个年度高于 2000 年基数值 100，其余 8 个年度低于基数值；同时有 5 个年度高于上年景气指数值，其余 6 个年度低于上年。其中，年度景气指数最高值为 2005 年 107.63，最低值为 2009 年 85.43。

（四）"十一五"以来纵向测评景气指数

以"十五"末年 2005 年为起点基数值 100，2011 年云南城乡此项景气指数为 85.75，低于 2005 年起点基数 14.25，但高于上一年 3.92；在 31 个省域里排序第 19 位，比上一年上升 4 位，比起点年（基数不计）后 2006 年上升 5 位。

云南城乡"十一五"以来各年此项景气指数对比，所有 6 个年度均低于 2005 年基数值 100；同时有 2 个年度高于上年景气指数值，其余 4 个年度低于上年。其中，年度景气指数最高值为 2006 年 93.65，最低值为 2009 年 77.99。

（五）逐年度纵向测评景气指数

以上一年为起点基数值 100，2011 年云南城乡此项景气指数为 103.25，高于 2010 年起点基数 3.25；在 31 个省域里排序第 10 位，比上一年下降 7 位，比 10 年前 2001 年上升 17 位。

云南城乡此项景气指数逐年对比，有 11 个年度高于上一年基数值 100，其余 9 个年度低于基数值；同时有 8 个年度高于上年景气指数值，其余 12 个年度低于上年。其中，年度景气指数最高值为 2005 年 109.81，最低值为 2008 年 89.81。

在各类纵向测评中，全国及各地"失分"来自城乡文化消费总量份额值下降（全国基准不发生作用），人均绝对值负增长，各项比例值降低，城乡比和地区差扩大；反过来，"得分"则来自城乡文化消费总量份额值上升，人均绝对值增长，各项比例值提高，城乡比和地区差缩小。

纵向测评（1）～（3）分别检测了"九五""十五""十一五"以来云南城乡文化消费景气动态，把这三者加以对比，可以看出一个颇有意味的现象：以1995年为起点，历年景气总体提升显著；以2000年较高基础为起点，之后历年景气则起伏下降；以2005年更高基础为起点，之后历年景气更明显降低。不过，到2011年则出现明显回升。这或许反映出一种"增长的递减效应"，即所谓"起点低，进步大"，或曰"基数大，增率低"。全国及各地都会面临这一问题。如何长期维持发展的持续性，以至于再度激发出增长的爆发性，无疑是下一步的重要课题。

面向全面建成小康社会的"协调增长"和"均衡发展"预期目标，国家及各地下决心真正实施强有力措施，尽快实现经济发展与民生增进、文化消费需求增长之间的协调性，尤其是立即遏制城乡差距、地区差距多年来"不合时宜"的"逆动"扩大之势，继而缩小直至消除城乡差距和地区差距，已经成为实现"全面协调可持续发展"的主要着力点。

五、未来年度云南文化消费需求增长预测

鉴于2012年统计数据尚待公布，而2013年已经到来，在此依据1991～2011年云南人均产值及城乡人均收入、总消费、积蓄、文化消费年均增长幅度，预测2012年城乡文化消费需求景气指数，并测算2013年城乡文化消费需求增长及其城乡差距、地区差距检测值，其中城乡比指标测算需依据各省域城镇与乡村人均数值的不同年均增长幅度推算。这就是说，基于本项研究测评演算数据库里现有基础数据推演的"最大"概率或然性，按照1991年以来20年间各个方面相关演算的平均变动趋向，预测"十二五"第2年的景气状况，并测算"十二五"第3年的增长态势见表1。表中仅列云南数据，另附全国总体、西部整体预测数据作为对照参考。

表1 云南城乡文化消费 2012 年景气状况预测与 2013 年增长态势测算

地 区	2012 年景气状况预测		2013 年增长态势测算					
	自身纵向测评 2011 年基数 =100	各地横向测评无差距理想值 =100	城乡综合预测		城乡差距、地区差距检测			
			文化消费总量（亿元）	文化消费人均值（元）	城镇人均文化消费（元）	乡村人均文化消费（元）	城乡比（乡村 =1）	地区差（无差距 =1）
全国	99.55	80.41	13 289.21	973.45	1 425.09	488.90	2.914 9	1.457 0
西部	99.48	77.19	2 499.61	684.58	1 126.06	342.70	3.285 8	1.357 0
云南	100.27	77.53	289.37	614.08	1 133.17	298.36	3.798 1	1.369 2
省域间排行	5	19	—	24	13	26	27	18

执笔：王亚南，云南省社会科学院研究员，文化研究中心主任，中国文化消费需求景气评价中心首席科学家，《中国文化消费需求景气评价报告》系列主编。

文化建设热点问题

云南精神的基本内涵及现实意义

谢青松

自从云南省委书记秦光荣同志提出"高原情怀、大山品质"以来，云南精神引起了全省广大干部群众的高度关注和热烈讨论。但遗憾的是，相关的讨论中缺乏学理层面的探讨，这导致人们对于云南精神的理解颇为模糊。笔者认为，要准确把握云南精神的基本内涵及其实质，有必要注意以下几个思考的向度：其一，自然与人文的双重维度，云南精神既是特定自然环境的结果，也是特定社会环境与人文环境的结晶；其二，事实与价值的双重维度，云南精神既是对云南人民性格特征及文化气质的高度概括，也是对云南人民价值取向的凝练表达；其三，历史与现实的双重维度，云南精神既是中华民族精神的生动缩影，也是当今时代精神的具体体现。本文即立足于上述三个向度，从云南精神的形成条件、基本内涵、现实意义等方面对云南精神进行简要的解读。

一、云南精神形成的主要条件

地方人文精神的形成，有着诸多方面的条件。就云南精神而言，高原地区独特的自然环境，多民族杂居融合的社会环境，民族文化多元融合的人文环境不仅塑造了云南人独有的性格特征和文化气质，同时也孕育了以"高原情怀、大山品质"为核心内容的云南精神。

　　高原地区独特的自然环境。自然环境是人类活动的舞台，也是社会环境的基础，同时影响人们的性格特征及精神面貌。恰如马克思、恩格斯指出的那样："人的性格是由环境造成的。"德国思想家洪堡在《宇宙》一书中也认为："人类文明几乎始终和人类居住地的土壤肥沃程度成反比关系，对于自然横在人类面前的困难克服得越多，人类的精神官能发展得越迅速。"孟德斯鸠在《论法的精神》一书中更是将环境对人的性格气质及精神面貌的影响描述得淋漓尽致。可见，自然环境是影响人民性格气质的重要因素，也是孕育地方人文精神的重要条件。云南地处中国西南边陲的内陆高原地带，山高谷深，地形、地貌复杂，山地占全省土地面积的94%。东部属云贵高原，地形波状起伏，西部为横断山脉高山深谷区，高差极大，地势险峻，西南部边境地区地势平缓，河谷开阔，南部有北回归线横贯，西北部雪峰林立。千百年来，云南人民就是在这样的自然环境下生存繁衍、辛勤劳作。云南人民在大山的熏陶下，形成了坚定、担当、务实的优良品质，在高原的塑造下，形成了高远、开放、包容的崇高情怀。由此可见，云岭高原神奇独特的地理环境是云南精神产生的自然条件。

　　多民族交错杂居的社会环境。人是社会的动物，社会是人的社会，人是在与他人的交往中成长并完成社会化的。人类在与自然的交往中形成的社会生产方式和生活方式，人与人之间相互交往而形成的或战争或和睦相处的交往方式，人们在不同社会环境之间的迁移等，都必然对人文精神的形成产生影响。作为一个典型的多民族聚居省份，云南拥有汉、彝、白、拉祜、哈尼、壮、傣、纳西等26个世居民族。在全省26个世居民族中，有15个特有民族，有17个（包括汉族）民族跨境而居。各民族在迁徙流动中相互交流、相互渗透和相互融合，形成大杂居、小聚居的分布特点，如文山壮族苗族自治州便流传着"苗族住山头，瑶族住箐头，壮族住水头，汉族住街头"的说法。云南26个世居民族在千百年的杂居相处中，形成了团结互助、荣辱与共的道德风尚和包容旷达、乐观从容的精神风貌。各民族在相处和交往中，始终奉行"以和为贵"的原则，与其他民族和睦共处、相互依存，甚至亲如兄弟。如傣族群众亲切地称汉族为"老大哥"；傣族青年也尊称布朗族老人为"波龙"（大爹），谦称自己为"怀"（小辈），称布朗族为"傣垒"（山区傣），几乎不存在什么民族界限。可以说，多民族交错杂居的社会环境不仅催生了以和为贵的价值观念，形成了民族融合的奇妙景象，同时也成为云南精神形成的社会条件。

民族文化多元融合的人文环境。文化传统是人类共同生活的结晶，凝结着人类对自身对生活的理解，是一个群体共同生活的产物。地方人文精神，以意识、观念、品格、气质的方式表现一个地方的独特文化传统，成为一个地方的主流价值取向，规定着大多数成员的思维方式、行为准则和价值判断。可见，特定的文化传统不仅影响一个地区人民的精神风貌，孕育一个地区人民的价值观念，同时也是地方人文精神形成的人文条件。云南各族人民在漫长的历史长河中，创造了悠久灿烂、多姿多彩的民族文化。云南民族的多样性，决定了云南文化的多样性、多元性。在历史上，多种文化形态、思想观念在云南这块土地上碰撞、融合，并找到各自的生长点，形成了多元民族文化和谐共存，"各美其美，美人之美，美美与共"的生动文化景象。通过复杂、持续的民族迁徙流动，云南各民族及其文化不断融合互补，各民族不仅学会了如何平衡相互之间的生存利益，还逐渐体会到了相互尊重的重要性，形成了各民族平等的观念和认识，懂得了如何同其他民族个体或群体和谐相处。可见，民族文化多元融合的人文环境塑造了云南人宽容厚实、和谐不争的性格特征，形成了云南人尊道重德、贵和尚义的价值取向，同时也孕育了具有浓厚地域色彩的云南精神。

总之，云南精神源于云南神奇独特的地理环境和多民族交错杂居的社会环境，源于民族文化多元融合的人文环境。云南精神既是云南秀美山水锻造出来的地方人文精神，也是中华民族精神的一个重要组成部分。它不仅与云南人民的历史生命和文化底蕴相生相伴，更与云南人民的现实创造与未来发展相随相依。

二、云南精神的基本内涵

地方人文精神是一个地区在漫长历史中逐渐积淀并延续至今的文化底蕴，同时也是对这个地区人民性格气质和价值取向的高度概括和凝练表达。就地处中国西南边陲的云南而言，巍巍高原赋予了云南各族人民高远、开放、包容的崇高情怀；茫茫群山塑造了云南各族人民坚定、担当、务实的优良品质。云南精神就是深植于云岭大地文化土壤中的内在气质，是蕴含在全体云南人思想行为中的集体人格和价值追求。总体而言，云南精神包括如下几层含义：

高远厚实的精神境界。孔子说"仁者乐山，智者乐水"，意思是说仁者喜爱大山的高远与沉稳，智者喜爱流水的柔美与灵动。事实上，智者像水一样，千变万化，能够适应具体环境，从容面对一切情况；仁者则如大山一般，守护自己的基本准则，以不变应对万变。云南多崇山峻岭，云南人民也如大山一般沉稳憨厚，云南人常说自己"憨"，实际上，云南人的"憨"更多的是对"仁"的坚守，对自己做人原则的守护。云南人虽然志存高远，但为人敦厚朴实，故而，云南人不会心高气傲，而是能够保持稳重与踏实。"非淡泊无以明志，非宁静无以致远"，因为志存高远，云南人才能够做到淡定从容、坦然自若，因为敦厚朴实，云南人才能够保持脚踏实地，俯首甘为孺子牛，这是巍巍高原所赋予的一种精神境界，也是茫茫大山所塑造的一种特殊品质。可以说，志存高远、品格敦厚、大智若愚、大巧若拙，是对云南人性格气质的一种高度概括，更是对云南人精神境界的一种准确表述。

开放圆融的人文理念。尽管云南人憨厚朴实，但并不孤陋闭塞，而是具有开放圆融、会泽百家的人文理念。在古代云南，茶马古道上马帮的穿梭不息，在近代云南，西南联大所造就的学术辉煌，在当今云南，桥头堡建设带来的开放与繁荣，无不见证了云南人开放多元的理念。开放多元的理念同时也伴随着圆融和谐的精神。"圆融"一词本为宗教用语，在佛教那里，意为破除偏执，圆满融通，在道家那里，圆融是指"内以修身，外以行善"的出入世并重的圆融精神，可见，圆融意味着多元与和谐。有着浓厚宗教情怀的云南人民，秉持多元并蓄、贵和尚义的价值观念。在云南人这里，很少有高低贵贱的分别，更不会有自我中心的狂狷。云南人虽不喜外出闯荡，但并不排斥外来者，而且始终以友善和宽厚的心态对待外省人，这是一种开放多元的意识，也是一种圆融和谐的理念。以开放的心态保持圆融和谐，以圆融和谐的理念坚持开放，这不仅成为云南人特有的文化气质，同时也成为云南精神的重要内涵。

包容旷达的精神品格。地方文化是孕育地方精神的母体和源泉，是生发地方精神的人文土壤。云南 26 个世居民族有着各不相同的历史背景和文化传统，有着各具特色的文化个性和文化特征。各民族在漫长的历史岁月中，形成了博大精深的民族文化、多姿多彩的民族风情，呈现出多民族、多类型、多层次的文化相互依存的局面，孕育了云南人兼容并蓄的包容精神。云南特殊的自然环境和气候条件使得云南人养成了和缓平稳、和谐不争的性格特征，形成了旷达洒脱、恬淡如水的精神品格。云南人不太能够接受竞争激烈的生存环境，而是喜欢云淡风轻的生活方式。可以说，云南人是天生的乐天派，也是天生的艺术家，一些少数民族群众不无自豪地宣称自己"会说话就会唱歌，会走路就会跳舞"。这种生活态度和生存方式使得云南人遇事不易走极端，能够用包容旷达的心态面对生活中的困境。包容旷达意味着一种恬淡超然的生活态度，也意味着一种宽容和谐的精神品格。这是云南人民的性格特征之所在，也是云南精神的重要体现。

勇毅坚定的顽强意志。勇毅坚定、自强不息是中华民族精神的体现，也是云南人民性格气质的表现。孔子说，"知者不惑，仁者不忧，勇者不惧"。这是儒家孜孜以求的"三达德"，也是云南人民普遍认同的价值取向。勇，即不畏困难，不惧艰险，善于开拓，敢开天下风气之先；毅，即坚韧不拔，百折不挠，不达目标，誓不罢休。如果说郑和七下西洋书写了世界航海史上的精彩篇章，体现了云南人仁爱和谐的理念，那么护国运动打响反对倒行逆施、保卫革命成果的第一枪，滇西战场上与日寇的浴血奋战、英勇抗击……则体现了云南人勇毅坚定的品质。坚定执着，就是无论身处顺境还是逆境，始终保持一种不以物喜、不以己悲的超然心态，咬定青山不放松，抓住机遇不放手，碰到困难不退缩，坚持拼搏不停步，不达目标不罢休。云南许多少数民族崇拜牛，朱自清先生也曾用牛来比喻云南人的憨厚朴实，从某种意义上来说，云南人如牛一般的性格中除了憨，还有一股子蛮劲，对于自己认定的事物，不会轻易为之动摇。勇毅坚定的顽强意志是云南人民在红土高原世世代代开拓耕耘的思想动力，也是当代云南科学发展、和谐发展、跨越发展的精神源泉。

敢于担当的责任意识。古人说：顺境逆境看襟怀，大事难事看担当。云南地处边疆高原地区，交通不便、经济滞后，然而，生于斯长于斯的世世代代云南人民凭借自己对家乡发展的担当意识，用勤劳的双手创造出了一个美丽富饶的彩云之南。担当是一种高度负责的精神，是迎着风险上、克服困难走、不为绝境所惧的大无畏精神。勇于担当，就是以对历史高度负责的精神，在困难面前勇于开拓，在风险面前敢担责任。当代优秀干部杨善洲，从地委书记的位子上退下来之后，主动放弃进省城安享晚年的机会，扎根大亮山，义务植树造林23年，为家乡的发展鞠躬尽瘁、死而后已，将云南人的担当意识演绎得淋漓尽致。敢于担当的责任意识是云南人民改变落后现状、寻求幸福生活的精神支柱，也是今天建设开放富裕文明幸福新云南的思想动力。

求真务实的实践品质。求真务实是中华民族的优良传统和宝贵财富，也是云南人民在漫长的山地生活中形成的实践品质。云南人不说大话，不悦虚名，不行驾空之事，不谈过高之理，而是愿意干点看得见摸得着的事情。云南人没有傲气和浮躁，而是如老黄牛一般，勤勤恳恳，兢兢业业，只顾耕耘，不问收获。尽管云南人很容易陷入小富即安、满足现状的状态之中，但讲究实际、实事求是的做事态度和务实精神更为鲜明。在当前，云南实施"两强一堡"战略，寻求跨越式发展，尤其需要发扬实干精神。要用云南精神破解发展难题，把云南精神化作更大的手笔、更大的气魄、更宽的视角、更宽的胸襟，夯实发展基础，转变发展方式，拓展发展空间，推动产业发展，提高科学发展水平，用云南精神铸造建设经济更加繁荣、社会更加和谐、环境更加优美的云南的强大引擎。

总之，高远、开放、包容、坚定、担当、务实的云南精神植根于彩云之南这片神奇美丽的土地，是云南各族人民优秀特质和精神品格的集中展现。云南精神是云南人民幸福生活的精神动力，也是云南经济社会发展的文化依托。

三、弘扬云南精神的现实意义

当前，云南正按照中央部署，加快推进我国面向西南开放的重要桥头堡建设。这是党中央、国务院审时度势，在新的历史起点上全面提升对外开放层次和水平、完善我国对外开放格局作出的重大战略部署，也是我省在 21 世纪肩负的历史责任。桥头堡战略的实施，为云南经济社会发展开创了一个新的阶段，是云南面临的最大、最现实、最有力的发展机遇。在这样的时代背景之下，弘扬云南精神无疑具有重要的现实意义。

其一，云南精神为云南各族人民通往更加幸福的生活提供了精神动力。

幸福是每一个人、每一个地区所追求的终极价值和终极目标。对于个体而言，幸福意味着人生的完善，意味着越来越好的生活；对于一个地区而言，幸福意味着物阜民丰、环境优美、人民生活安宁。幸福不仅需要物质上的富裕，更需要精神上的充实。事实上，一个地区的魅力不仅来自于由其经济社会发展的程度所表现出来的硬实力，同时也包括以价值观念、生活方式的吸引力和同化力体现出来的软实力。地方人文精神作为一个地区人民性格气质和价值取向的集中体现，是一种典型的软实力。一个地方有了自己的人文精神，便能更好地彰显这个地方的文化个性，在增强吸引力、辐射力、竞争力的同时，增强当地老百姓的幸福感。

在"十二五"开局之年，云南省委便明确提出了建设幸福新云南这一具有人文情怀的宏伟目标。党的九代会对幸福云南建设提出了明确要求：要始终坚持以人为本、民生为重、富民为先，以增加城乡居民收入为核心，以解决发展不平衡为重点，以增强公共服务为突破口，以增进人民幸福为根本，把兴边先富民、强滇先富民、富省先富民的理念贯穿到经济社会发展的全过程，让全省人民更加普遍、更加充分地享受改革开放带来的实惠，让人民群众生活得更有质量、更有保障、更有尊严。这意味着，党和政府正千方百计增进各族人民群众的幸福感，努力让云南成为和谐、安全、优美、舒适的幸福家园。而云南精神的提出无疑为建设幸福云南提供了强大的精神动力。当然，幸福并不仅仅止于物阜民丰、环境优美、生活安宁，同时也意味着个体内心的安宁和谐、平静满足。对于云南人民而言，坚定、担当、务实的大山品质让人拿得起；高远、开放、包容的高原情怀让人看得开，放得下。大力弘扬以高原情怀与大山品质为主体的云南精神，无疑为云南各族人民通往更加幸福的生活提供了精神动力。

其二，云南精神是提升云南人文底蕴，打造"人文云南"的思想动力。

云南各族人民在云岭大地上繁衍生息的同时，创造了悠久灿烂、多姿多彩的民族文化，积淀了极其深厚的人文底蕴。云南民族文化成为各个民族的宝贵精神财富，同时也孕育了云南人独特的文化气质和性格特征。进入 21 世纪以后，云南的文化建设迎来了一个新的发展阶段，从《云南映象》到《云南的响声》，从大理天龙八部影视基地到楚雄世界恐龙谷，从鹤庆县新华村的银器加工到腾冲县荷花乡的玉雕工艺，从傣族"泼水节"到彝族"火把节"，人们不仅感受到了浓郁的民族文化独特风情，同时也体味到了云南民族文化的深厚底蕴。

按照省委的部署，云南正由"文化大省"向"文化强省"迈进，在这样一个转变的同时，我们迫切需要树立起"人文云南"的理念。"人文云南"意味着云南不仅要以其丰富的文化资源享誉全国，同时也要以独特的文化理念和文化精神著称于世。这就需要我们提炼和弘扬自己独特的人文精神，不断提升云南的人文品位，积极打造云南的文化品牌。文化作为一个民族的根系，同时也是一个民族或特定地域的身份证。云南精神的提出，将以独特的人文理念，浓厚的人文情怀，让世界更加了解云南，让云南更好地融入世界。从某种意义上来说，通过弘扬云南精神，在展现云南优美独特的自然环境的同时，提升云南的文化底蕴，展现人文云南的巨大魅力，是云南实施特色文化战略、推进文化强省建设、促进云南文化"走出去"的重要举措。

其三，云南精神是云南科学发展、和谐发展、跨越式发展的精神源泉。

地方人文精神是推动一个地区经济社会发展的动力和源泉。在当前，建设我国面向西南开放的重要桥头堡，是党中央、国务院在新的历史起点上全面提升对外开放层次和水平、完善我国对外开放格局作出的重大战略部署。云南的发展正面临着千载难逢的历史机遇，处在一个加快发展的新阶段。桥头堡建设涵盖云南经济社会发展的方方面面，是一个综合性的战略工程。推进桥头堡建设的过程，就是一个不断改善基础设施、加快经济发展、推动社会事业、繁荣民族文化、加强生态环境保护、提升人民生活水平、巩固民族团结、维护边疆稳定的过程。桥头堡建设需要有强大的精神推动力来作为支撑，为此，必须以云南精神作为重要的精神源泉和精神动力，把桥头堡建设作为推动经济社会发展新跨越的重要抓手、重要引擎、重要着力点，以饱满的热情承担时代赋予我们的历史责任，努力实现大开放，促进大发展，构筑大通道，打造大基地，培育大平台，建设大窗口，维护大团结，保护大生态，推动云南经济社会的跨越式发展。

弘扬云南精神，就是要在云南精神的引领下，进一步增强机遇意识和忧患意识，主动适应形势新变化，推动云南经济社会的科学发展、和谐发展、跨越式发展。要准确把握推动云南科学发展这个主题和加快经济发展方式转变这条主线，增强转变经济发展方式的自觉性和责任感，推动云南政治、经济、文化、社会、生态的协调可持续发展；要以云南精神来凝聚全省 26 个民族的人民群众，调动广大干部群众的积极性，化解各种风险、维护社会和谐稳定，推动云南的和谐发展；要以云南精神为指引，以桥头堡建设为契机，千方百计推动超常规、高速度发展，加快推进云南经济社会跨越式发展。总之，要在云南精神的鼓舞下，以责无旁贷的执着、百折不挠的坚毅、奋发有为的干劲，聚精会神搞建设，坚定信心，迎难而上，谱写云南科学发展、和谐发展、跨越发展的新篇章。

作者为云南省社会科学院文化研究中心研究员。

招商引资助力云南文化产业跨越发展

缪开和

加快发展文化产业，必须充分发挥各类投资的牵引拉动作用。针对我省文化产业发展资本亟待增强的现实需要，近年来，全省文化产业工作高度重视招商引资，为推动文化产业转型升级、促进经济社会跨越发展做出了积极贡献。

一、近年来全省文化产业招商引资概况

20世纪90年代后期以来，我省作为经济社会发展相对落后的边疆民族地区，立足资源优势、区位优势和发展需要，在全国率先起步发展文化产业，创造了全国发展文化产业的"云南道路"，为云南文化创新发展找到了重要突破口，为西部地区特别是边疆民族地区发展文化产业提供了积极示范。近年来，在省委、省政府大力实施"两强一堡"战略引导下，各级有关部门建立健全领导管理机制，不断探索创新发展道路，连续制定出台优惠政策，坚持采取项目拉动、集团牵动、园区带动、品牌驱动、开放促动的工作思路，重点发展新闻出版、影视动漫、民族演艺、文化旅游、休闲娱乐、节庆会展、珠宝玉石、工艺美术、茶文化、体育健身十大主导产业及其他新兴文化产业，形成了文化产业快速发展的良好势头，既提升了文化产业发展实力，也优化了全省经济结构和发展方式，为全省经济社会科学发展、和谐发展、跨越发展做出了积极贡献。据统计，全省文化及相关产业增

加值2009年达364亿元、占全省GDP比重5.9%，2010年达440亿元、占全省GDP比重6.1%，2011年达534亿元、占全省GDP比重6.11%，2012年约640亿元、占全省GDP比重超过5%，文化产业增加值占GDP比重持续走在全国前列。

在全省文化产业发展进程中，招商引资一直作为一项重要工作。按照省委、省政府的部署，在省招商局、省文产办的协同组织下，各地立足开发丰富多彩的文化资源，加快培育特色文化产业，着力推进文化与旅游深度结合，多渠道强化文化产业项目推介招商，从立项、用地、税收等方面积极扶持，吸引多种资本投入文化产业，投资规模保持良好发展势头，重点项目规划实施数量逐年增加。近三年来，全省储备了1 000多个文化产业项目，其中规划提出约100个重点项目，建成运营或正在推进建设的省级重点项目50多个，涵盖产业园区（基地）建设、产品开发、市场建立、产业中介等领域，引入省外、境外到位资金约110亿元，签约项目和签约资金均实现历史性突破。

近年来全省文化产业招商引资体现出不同的区域类型，创造了一些可喜亮点：

1. 滇中地区依托经济社会发展优势和塑造城乡发展品质，借助全力招商引资的良好格局和基础条件，重视文化产业招商工作并且取得明显成效

昆明市抢抓云南省"桥头堡"建设和昆明市区域性国际城市建设重要战略机遇，牢固树立招商引资是第一要务的意识，结合昆明文化产业发展的特点和重点，把招商引资作为文化产业发展突破口，创新招商方式，强化招商责任，加大招商力度，文化产业招商引资成效较为明显。2009年以来，全市文化产业引进省外和境外资金约50亿元，投资实施重点项目10多个。比如，五华区引进浙江、海南等企业投资开发昆明老街、金鼎1919艺术高地等项目，盘龙区引进香港恒隆集团投资开发恒隆广场等项目，阳宗海管委会引进深圳华侨城集团投资开发昆明华侨城，石林县引进苏宁集团、杭州宋城集团、上海张江集团等国内知名企业落户开发相应项目，带动辐射作用十分明显。玉溪市近三年来引进省外资金约12.5亿元开发5个重大文化产业项目。其中，引进重庆龙湖企业拓展有限公司计划投资450亿元、到位资金5亿元开发仙湖锦绣文化旅游项目；引进深圳奥宸地产（集团）有限公

司计划投资160亿元、到位资金550万元开发抚仙湖奥宸国际文化旅游小镇项目；引进四川圣迪房地产开发有限公司（成都）计划投资10亿元、到位资金2.8亿元开发古滇国城文化旅游项目；引进四川金峰集团计划投资36亿元、到位资金2.6亿元开发抚仙湖国际老年康体养身度假区（樱花谷）项目；引进北京奥尔集团有限公司注册计划投资20亿元、到位资金700万元开发仟龙湾文化旅游小镇。

2. 旅游热点地区依托旅游发展优势和加快区域发展需要，借助旅游招商热潮和文化消费优势，大力开展文化产业招商引资工作并且取得显著成效

丽江市通过政府推动和市场运作两种途径，2009年以来引进省外和境外资金约22亿元，开发文化产业项目10多个，实现文化产业"招大引强"新突破。其中，引进北京中信信托有限责任公司等计划投资50亿元、到位资金7亿元开工建设丽江民族文化产业示范基地，引进北京保利演出公司投资1000万元在泸沽湖推出了原生态歌舞《花楼恋歌》，引进浙江宋城旅游股份有限公司计划投资5亿元建设"宋城·丽江茶马古城"。这些招商引资项目的实施，为丽江文化产业持续发展增添了后劲和活力。腾冲县抢抓发展机遇大招商、招大商，2009年以来引进省外资金开发6个重大文化旅游项目，主要包括文化旅游产业建设项目、特色文化产业产品生产加工，计划投资200亿元、到位资金10亿元。其中，引进浙江恒兴投资管理有限公司投资50亿元开发中国翡翠第一乡腾冲荷花旅游小镇，完成投资4亿元；引进深圳达三茶客投资有限公司投资5.3亿元开发南门外文化旅游项目，完成投资超过2亿元；引进雅居乐地产控股有限公司投资169亿元开发曲石生态旅游度假小镇，完成投资20亿元；引进四川客商投资1亿元建设中信·国际文化旅游项目，完成投资0.7亿元；引进湖北东方金钰公司投资3.3亿元建设腾冲嘉德利翡翠交易中心，完成投资1亿多元。

3. 边境地区同时也是旅游热点地区依托区位优势和资源优势，及时捕捉和善于利用外界投资兴趣，大力推动文化产业招商引资并且使之成为新的经济增长点

西双版纳州近年来省外引资开发文化产业项目15个，计划投资950.7亿元，到位资金超过14亿元，成为文化产业投资开

发的热土。其中，西双版纳东盟国际项目计划投资 10 亿元、完成投资约 1 亿元，西双版纳国际旅游度假区项目由大连万达集团计划投资 150 亿元开发，完成投资超过 4 亿元。德宏州近年来省外招商引资 3 个，计划投资 6 亿元，完成投资超过 3 亿元。其中，瑞丽市样样好珠宝有限公司毛料公盘交易市场由浙江五峰电子集团公司投资 2 亿元投入运营；盈江县凤凰温泉文化旅游度假项目由深圳东方金钰集团公司投资建设，计划投资 3 亿，完成投资 2 000 多万元。

4. 其他地区努力改变招商期待高而实际招商难等窘状，积极启动文化产业招商引资工作并在部分地方取得初步成效

红河州重视文化营销和整体营销，引进唐山宏文集团计划投资 7.6 亿元、已经投资约 1 亿元建设建水紫陶工业园区，引进深圳派爱科技文化传播有限公司计划投资 16 亿元合作建设奴玛阿美文化创意产业园。昭通市利用东部沿海地区产业转移机遇，计划引资 10 亿元规划建设中国昭通国际玩具城，引进广东佛山、东莞等地 50 家玩具生产厂家入驻，目前已确定入驻企业 10 家、已有入驻企业 3 家；引进香港永发实业有限公司建设中国西部最大包装印刷企业——云南侨通包装印刷有限公司。当然，我省不少地方迄今为止文化产业招商引资成绩几乎为零。

总体看，近年来，尤其是 2012 年以来，全省文化产业招商引资取得了较好成绩，招商引资成为云南文化产业发展的重要引擎和活力之源。为此，省文产办还获得 2012 年度全省招商引资工作先进单位二等奖。但是，由于文化产业招商引资是一项新型业务，目前全省文化产业招商引资工作仍然处于探索起步阶段，存在许多不足，显得相对滞后，导致外来投资开发客商面对云南文化产业普遍关注多而实际投资少、合作意向多而实际行动少。

二、近年全省文化产业招商引资主要做法和特点

1. 加强协作合力招商

树立招商引资全局观念，把文化产业招商引资纳入全省招商引资工作大盘子统一安排、统一部署，动员企业和社会力量共同关心支持文化产业招商引资工作，形成文化产业大招商大合作大

发展格局。在省委、省政府关心重视下，在省招商委（省招商局）牵头指导下，省文产办等部门积极配合和分头行动，实现全省文化产业招商引资与相关领域招商引资同步推进，并在2012年以来把文化产业列为新阶段全省招商引资重点领域，把文化产业招商引资工作作为省级部门招商引资考核领域。各地也建立部门联席会议制度和重大招商项目协调机制，及时协调解决招商引资工作的重点难点问题，利用多种招商引资活动强化文化产业招商工作，形成了全省文化产业招商引资工作上下联动、整体推动的良好格局。2012年以来，文化产业作为省政府招商引资的重要对象，多次参与了省政府在国内国际范围组织的招商引资活动。

2. 依托资源规划招商

立足特色文化资源优势，想方设法形成文化投资热点，提出大批文化产业开发项目，把重点项目体现在文化产业发展规划中。省文产办根据全省文化资源开发类型和规划实施情况，确立了50多个全省重点文化产业项目，各地也在文化产业发展规划中确定一大批重点项目，为文化产业"筑巢引凤"奠定了基础。2011年出台的《德宏文化产业"十二五"发展规划》，从当地珠宝玉石文化资源、红木文化资源、边境文化资源出发，按照"多中选好、好中选优、优中选精"的思路，储备了57个资金吸引力强、市场前景好、带动作用大的重大文化产业项目。昆明市结合都市文化资源、时尚文化资源、文化旅游资源实际，根据策划论证一批、筛选储备一批、招商签约一批、立项开工一批的要求，每年都精心编制一批文化产业项目对外推介招商。2012年初编制的文化产业重点招商项目册，共收录了招商项目92个。

3. 突出重点有效招商

坚持高端定位、高起点策划、高品质包装一批有影响力的项目，加强项目前期准备工作，着力解决规划、用地、审批等核心问题，不断提升项目成熟度，形成一批有影响、有创意、有规模、有价值的项目，力求招商引资项目重点突出、基础扎实、有的放矢。为此，省招商局对全省文化产业重点招商项目给予前期补助经费。省文产办每年从省级文化产业发展专项经费中安排相应经费，支持各地做好重点项目规划论证和宣传推介工作，并在指导各地对重点项目进行充分论证规划的基础上，选择了100多个可行性较强、市场前景较好的项目积极对外推介，确定了50

多个省级重点项目着力招商。

4. 搭建平台集中招商

充分利用省内省外文化产业博览交易平台和文化产业专题推介平台，扩大文化企业展示交流广度，提高文化产业项目对接深度，促进全省文化产业项目招商在规模、品质、效益等方面逐年提升。一方面，充分借助省外平台，坚持"走出去"招商，每年从全省范围精选一批关联度大、拉动力强、开发潜力好、兼顾经济效益、生态效益和社会效益的文化产业项目参加中国（深圳）文化产业国际博览交易会等进行推介招商。据不完全统计，截至2012年，我省近年在深圳文博会签约合作项目21个，涉及资金211.33亿元。为推动全省文化产业招商引资走向纵深，2012年7月，按照省政府统一部署，省文产办组织专门团队赴港、澳、粤进行专项推介活动；2013年3月27日至4月5日，省文产办组织文化企业参与云南省代表队赴马来西亚、印度尼西亚、新加坡开展经济合作交流活动，举行了11个文化产业项目的合作签约，推动云南文化产品和服务"走出去"和"引进来"。另一方面，在云南本土积极搭建平台，连续举办中国昆明泛亚石博览会、中国昆明泛亚民族民间工艺品博览会以及各类文化旅游展销会，全力开展文化产业"引资入滇""引企入滇"工作。通过省内外多种推介、交易、招商活动，集中展示了我省丰富多彩的民族文化资源、富有特色优势的文化产业项目，不断引入省外境外投资主体加盟发展文化产业，对解决我省文化产业缺乏重大项目带动和缺乏资金、技术、人才支撑等问题发挥了较好作用。

5. 拓展渠道多样招商

既采取传统方式、手段、平台积极招商，又借助现代手段、创新方法进行招商，较好地推介了云南文化产业项目、宣传了云南文化产业投资开发环境、展示了云南文化产业投资合作前景。昆明市及时编制年度文化产业重点招商项目手册暨投资指南，对昆明市文化产业发展概况、投资环境、相关政策进行介绍。德宏州制作民族文化风情和投资环境电视宣传片，编印德宏珠宝文化资源宣传册，选报重点项目参加东盟华商投资西南项目推介会和其他招商引资洽谈会。省文化厅把相关文化产业项目适时提供文化部汇总推介。省招商局每年都选择部分文化产业项目参与全省招商引资大盘子。云南文投集团、云南出版集团、云南日报报业集团、云南广电网络集团及云南文博产业集团、云南电影集团、云南云视传媒集团等文化企业积极配合政府招商并主动"以商招商"。省文产办每年编制文化产业招商项目手册满足多方面需要，适时针对项目需求组织推介招商、进行追踪落实和现场指导推进，并建立"云南文产网"电子招商平台，充分运用现代信息技术优势和手段，提供包括项目招商、产品推介、经验交流、政策保障等服务，体现了线上线下全方位招商引资的良好态势，对拓展云南文化产业招商引资渠道发挥了重要作用。

6. 优化环境热情招商

坚持以优惠的投资政策、优良的服务条件和充分的效益回报，竭诚帮助文化产业投资开发客商发展壮大，热忱扶持文化产业项目落地成长。各级文化产业组织协调机构与财政、发改、税务、工商、国土、规划、金融等部门加强沟通，认真落实中央和省委、省政府关于扶持文化产业发展的一系列优惠政策，特别在市场准入、立项规划、项目用地、财税支持、融资渠道以及前期资金扶持等方面提供良好服务。昆明、丽江、德宏、保山腾冲、西双版纳、红河等地，在不断提供文化产业招商合作优惠政策条件的同时，还对各种优惠政策及时全面宣传推介，对营造良好招商合作氛围、优化投资发展环境起到较好作用。

三、推进全省文化产业招商引资工作强力发展

文化产业招商引资与文化发展观念、文化资源禀赋、文化消费需求、经济社会发展条件、招商引资政策环境、招商队伍素质能力等密切相关。虽然近年来全省文化产业招商引资成绩值得充分肯定，但招商观念不解放，招商规划不完善，招商措施不得力，招商人员不专业，招商经费不到位，招商服务缺乏针对性、完整性和连贯性，导致文化产业招商引资不充分、不平衡、质量不高等问题仍然非常突出，制约了云南文化产业发展进程和实力。主要体现在以下方面：

一是项目准备不充分。项目前期论证不周密、资料介绍不全面、技术水准不达标。

二是招商经费受限制。项目可行性研究、包装展示以及对外

推介经费缺乏基本保障，导致招商心理期待较高而实际开展较难。

三是投资环境不理想。缺乏文化产业招商引资专项具体办法和行业优惠政策措施，部门配合支持不到位，招商手续较复杂，配套服务不优质，用地指标较紧张，重招商轻服务、重开始轻追踪的问题较为突出，导致引资项目落地困难、项目合作推进缓慢。

四是招商结构不合理。大多属于文化旅游项目，甚至是文化旅游地产项目，部分属于休闲娱乐、康体健身、民族演艺、珠宝玉石、工艺美术等项目，创意设计、影视动漫、数字出版、移动媒体、数字媒体等新兴文化产业招商条件不充分、外来投资少。

五是招商成效待提高。目前的文化产业招商引资工作中，存在着为完成招商引资指标、追求招商引资政绩而重复签约、意向签约、礼节签约等问题。长此下去，势必导致文化产业招商引资工作虚火过旺、装点门面、误导决策、掩盖真实等问题。实事求是说，文化产业招商引资并非易事，需要正确认识招商、理性对待成绩、客观分析形势、全力探索途径。提升全省文化产业招商引资水平，必须着力以下方面：

1. 切实转变思想观念

从云南文化产业转型升级、提质增效的层面，从云南扩大对外开放、实现经济社会跨越发展的高度，充分认识开展文化产业招商工作的重要性和紧迫性，把文化产业招商引资当作检验党委政府相关部门工作成效的重要标尺和衡量文化产业从业人员素质能力的重要标杆。既把文化产业当作一项重要的文化工作，也当作一项重要的经济工作；既把加强文化产业招商引资当作加快文化产业发展、实现文化产业外向型发展、现代性转化的必要选择，也当作服务云南经济社会扩大开放、跨越发展的重要内容；既像抓工业经济招商、园区经济招商、重大建设项目招商一样抓文化产业招商，也探索形成切合文化产业发展实际、遵循文化产业发展规律、富有文化产业发展特色的招商体系。深刻认识招商引资不仅解决发展文化产业的资金问题，更带来发展文化产业的崭新理念、先进技术、现代装备、科学管理、广阔市场、灵通信息、优秀人才、丰富创意、旺盛人气，是增强文化产业发展动力和实现民族文化强省建设目标的重要举措，确保合理安全前提下广泛合作、大力开发文化资源、实现文化成果共创共享，做到引一个文化项目，兴一方文化产业，强一地文化经济。

2. 认真明确目标责任

强化文化产业主管部门和政府招商部门的牵头责任，制定相应的检查考核办法、建立健全招商引资机制，把文化产业招商与其他经济门类招商一并部署安排和组织实施，加强领导、深化沟通、密切配合、形成合力。力争三至五年内争取更多实力雄厚的文化企业落户云南，吸引超过300亿元省外境外资本、非文化产业资本和民间资本注入云南文化产业，促进资本、技术、创意、信息、人才、无形资产等要素市场加快发展，在全省培育形成三五家资产和收入超百亿元的龙头文化企业、数十家资产和收入超十亿元的骨干文化企业，在滇中地区、边境地区和旅游目的地建成60个重大文化产业项目，推进形成滇中核心区、滇西北、滇东南、滇西南、滇东北等重要文化产业圈，提升云南文化产业专业化规模化集约化发展水平和竞争实力，推动文化产业发展成为云南重要支柱产业。

3. 全面打牢招商基础

在提供招商工作经费、建立招商激励机制、保障引进项目要素供给的同时，着重抓好以下方面：一是做好项目规划。重点围绕建设文化产业园区、打造文化产业品牌、开发特色文化资源和发展新兴文化业态精心策划项目、精心包装项目、精心归档项目，建立一批达到招商引资要求的文化产业项目库。对招商项目实行动态管理、分类逐步推介，促进已动工项目竣工投产，已开工项目加快推进，已落地项目加快实施，未动工项目加快落地。二是优化投资环境。重视改善基础设施条件，强化布局指导和发展引导，完善投资政策体系和服务平台建设，做到主动服务、热忱服务、超前服务、跟踪服务、全程服务，增强客商投资开发的信心和决心，确保招得来、留得住、发展快。三是加强招商培训。针对文化产业从业人员不懂招商基础工作、其他政府部门不善文化产业招商，加强文化产业招商工作引导和招商队伍建设，造就一支规模宏大、结构合理、层次较高、能力较强的文化产业招商队伍。四是做强文化企业。相当部分的文化产业招商引资来自于以商招商。云南本土文化企业不断做大做强并不断提升招商合作能力，是吸引和争取外来投资合作伙伴的重要条件。

4. 积极创新招商方式

一是加大项目宣传。对论证充分、储备成熟的重点项目，进行有针对性的宣传推介，提高项目知名度、影响力和吸引力。二是拓宽招商渠道。坚持"走出去，请进来"战略，做到"上争""外引""内联"多管齐下，开展网上推介、媒体推介及组团招商、专题招商、定向招商、以商招商、以文招商、以会招商等多种招商活动。三是丰富招商内容。"引资""引智"结合，确保项目稳步实施。市场主导与政府引导结合，发挥市场配置资源的基础作用，强化政策导向的支撑作用。五是调整招商结构。围绕十大主导产业和新兴文化产业，以重大项目招商带动一般项目招商，从文化旅游项目招商延伸到其他领域项目招商，从与国内发达地区引资合作走向与泛亚地区及更广世界范围的战略合作。

5. 坚持务实态度招商

从长远计议，在文化产业招商引资问题上，抽象单板的推介招商、花拳绣腿的应付招商、各自为政的零星招商、意向表演的签约仪式以及放卫星式的招商统计，必将导致无穷后患。必须坚持实打实、硬对硬，一切从自身实际出发、一切讲究真正功夫、一切做到从实招来，把文化产业招商引资工作摆放到专业的轨道上、切实的状态中，才能正确对待云南文化产业招商引资问题，才能真正突破云南文化产业发展的资本瓶颈，才能有效拉动云南文化产业跨越发展蓬勃发展。必须坚持政府主导、企业主动，做到上下联动、整体推动，建立招商共享平台、做到准确分析招商绩效，才能提高文化产业招商引资规范化、专业化、科学化和实效性水平。

作者为云南省文产办产业处处长。

推进云南"三网融合"的
思考和建议

郭培阳

随着科技发展和经济全球化进程的加快,广播电视节目和信息的传播方式发生了重大变化,正在从单一形态向多元形态、从资源垄断向资源共享、从自成体系向开放体系方向转变,电信网、广播电视网和互联网三个网络的相互融合发展是现代信息技术融合发展的必然趋势和内在需要,代表着未来的发展方向。

"三网融合"是一个渐进的过程,是史无前例的跨行业整合,融合并不是要求三大网络的物理合一,而主要是指高层业务应用的融合,在于电信广电两大系统业务的双向对等进入、开展有序竞争。融合不仅简化了多种业务的提供,还促进了业务的集成,不仅提供了更大的业务创新空间,还为产业的发展和衍生的业务形态提供了巨大的空间。融合并没有减少业务多样性,反而会在业务应用层上繁衍出大量新的业务形态,甚至会产生各种新的媒体业务形态。为更好地顺应发展潮流、适应发展需要和落实国家信息化发展战略部署,云南必须推进"三网融合"进程、加快信息化建设步伐。

一、云南"三网融合"的发展现状

（一）推进"三网融合"是加快云南发展的迫切要求

1. 推进"三网融合"有利于整合云南网络的信息与媒体资源，促进广播电视、通信和互联网三个产业的整体大发展

随着云南信息产业的发展，广大消费者对广播电视、通信和互联网提出了新的需求，而三个产业传统的设施和业务却难以满足和适应这一要求。广电产业所提供的广播式服务、依附广告生存的模式已不适应产业发展的新形势，难以再做大做强；通信产业的话音和宽带接入等传统业务，也是面临着同样的问题，而互联网发展又受到网络分割的限制，难以产生更大效益、发挥更大的作用。三个产业发展空间都不同程度地受限，产业预期收益也在不断下滑，既缺乏新的增长点又难以充分挖掘潜力，迫切需要进行产业转型、二次创业。"三网融合"就是三个产业转变发展方式、寻找新出路、拓展新空间的有效抓手，是解决三个产业发展困局的新出路，是未来三个产业发展的方向和必然趋势。加快推进云南"三网融合"，实现信息网络的互联互通、资源共享，为用户提供语音、数据、信息和视频信号等多种服务，是用新技术拓宽信息传播渠道、丰富信息内容、提高信息传播效率的迫切要求，是提高信息网络服务效率、增强服务效果的有效途径，是深入贯彻科学发展观，落实以人为本、满足人民群众日益多样的服务需求，为消费者带来更丰富产品、更好服务、更低廉价格和更多便利的一项重大举措。只有加快推进"三网融合"，才能催生出多种传播手段、多种接收终端、多种业务形态，加快传播方式的转变，促进广播电视、通信的传播理念、生产方式、业务形态、服务方式以及体制机制变革，才能有效地减少重复建设、简化网络管理、降低维护成本、提升网络性能，形成宽带、融合、安全、泛在的下一代信息基础网络。只有加快推进"三网融合"，用一个网络提供过去三个网络提供的服务，才能真正消除行业壁垒，推动有序竞争，更好地推动信息技术创新和应用，更有效地提高全省信息产业的整体服务水平，形成适应性广、容易维护、

费用低的高速宽带的多媒体基础平台，朝着向人类提供多样化、多媒体化、个性化服务的同一目标逐渐交汇在一起，促进广播电视、通信和互联网产业整体大发展，做大做强三个产业。

2. 推进"三网融合"有利于培育云南的战略性新兴产业，形成新的经济增长点

按照把信息产业作为战略性新兴产业进行重点发展的要求，"三网融合"不是三个网络的简单叠加或兼并重组，重要的是通过网络、技术、业务的融合，发展一批新型的、综合性的、性价比更高的信息产品和服务，产生新的需求、新的服务、新的模式，拉动消费，形成新的经济增长点。我省广电、电信和互联网企业及其他内容服务、增值服务企业可以利用"三网融合"的契机，大力创新产业形态和市场推广模式，推动移动多媒体广播电视、IPTV、手机电视、数字电视宽带上网等"三网融合"相关业务的应用，加强信息技术产品研发和制造，推动产业链上下游协调发展。三网的融合发展，还激发了宣传创新和业务创新，推动了优秀广播影视产品数字化、网络化传播，带动了网络游戏、网络动漫、网络音乐、网络影视等文化产业的迅速崛起，促进了信息内容产业、信息服务业、电子商务和其他现代服务业快速发展，带动了电子产品制造业、软件业等相关产业的发展，推进了物联网的研发和催生智能家庭的发展。同时，信息技术在加快自主创新和节能降耗，推动减排治污等方面的作用日益凸显，已成为发展低碳经济的新型战略性产业。

3. 推进"三网融合"有利于提高云南的整个管理水平，促进经济社会全面协调可持续发展

信息产业已成为推动全省经济社会发展的重要引擎，虽然在我省重点发展的五大支柱产业中并没有将信息产业单独列出，但在五大产业中都可看到信息化和信息产业的影子，产业发展对信息化和信息产业的依赖性也是越来越强。可以说，信息化在云南经济中无处不在。"三网融合"将加速信息产业与传统产业的融合，不断推动互联网新技术、新应用、新模式的创新，有效发挥信息技术和服务在加快转变经济发展方式、促进产业结构调整中的支撑和推动作用，促进经济结构的战略性调整和产业结构的优化升级，促进行业管理和政策方面也逐渐趋向统一。随着云计算、物联网等技术在医疗、交通、旅游等领域的应用，越来越多

传统企业进入电子商务领域，对企业的服务支撑逐步渗透到生产经营全过程，不断改造和提升传统产业，有效促进工业设计研发信息化、生产装备数字化、生产过程智能化和经营管理网络化水平迅速提高，加快了全省工业化、现代化和城镇化进程。据有关专家预计，全国"三网融合"的突破将直接带动 6 000 亿 ~ 7 000 亿元的投资和消费，增加 20 万个就业岗位。"三网融合"对金融、教育、医疗、卫生等相关行业也具有很大的驱动力和支撑作用，丰富和延伸了公共服务的手段和平台，进一步推动政府信息公开，提高各级政府工作效率和政务公开水平，成为人民大众工作、生活不可或缺的工具和平台，在社会公共服务领域发挥越来越重要的作用，成为促进社会进步和可持续发展的重要抓手和战略支撑，全面提升经济社会各个领域管理水平，不断提高全省各族人民群众日益多样的生产、生活需求的服务水平，促进经济、社会、文化全面协调的科学发展。

4. 推进"三网融合"有利于提高云南的对外开放水平，为建设"桥头堡"营造有利的环境

通过"三网融合"，将进一步加快我省国际化信息大通道的建设，以更好地参与全球信息技术竞争和占领东南亚、南亚地区未来信息技术制高点，为现代物流、商流、人流、资金流提供极大的便利，促进云南对外开放整体水平的不断提高，有利于构筑国际区域经济合作新高地，推动中国与云南同东南亚、南亚国家和地区之间的经贸合作与发展。通过"三网融合"，进一步对广播电视和通信网络的改造提升，有效提高云南与东南亚、南亚国家的话音、数据通信、互联网等业务的通信能力和品质，有利于挖掘各种信息网络设施的文化传播潜力，推动形成覆盖更加广泛、技术更加先进、传输更加快捷、形式丰富多样的文化传播体系，提高中国和云南面向东南亚、南亚的广播电视覆盖面和信息传播能力，以利于掌握话语权、赢得主动权，为建设绿色经济强省、民族文化强省和中国面向西南开放的重要桥头堡营造有利的国际舆论环境。

（二）云南"三网融合"的发展基础

1. 三个产业的快速发展为推进"三网融合"创造了有利的基础条件

（1）三个产业发展粗具规模，为"三网融合"奠定了物质基础

——通信产业和互联网产业发展快速，电信网络已基本覆盖全省城乡，互联网用户增长快速，随着数字化宽带化改造步伐的不断加快，我省通信和互联网两大产业覆盖率、服务功能和水平得到不断提高，为"三网融合"创造了良好的物质基础。2010年底，全省实现了所有乡镇通电话和宽带互联网，100%的行政村通电话和互联网，自然村92%通电话、60%通互联网，3G无线网络覆盖所有县城，城乡互联网宽带接入用户达253万户，网民达1 021万人，登记备案的网站已超过3万家。

——有线电视传输网络实现全省一张网，实行统一管理和经营，网络基础改造、内容集成播控平台的建设在各自领域迈出新步伐，为广电产业营造了融合发展的网络基础。2009年12月底，云南广播电视信息传输网络集团有限公司挂牌成立以来，加快了全省广电网络的整合，形成昆明广播电视网络有限责任公司、云南数字电视有限公司、丽江市有限电视网络有限责任公司4个运营主体，改变了过去全省有100多家小而散的运营主体状况，到2011年底已基本实现全省一张网的整合目标，对4个运营主体实施了统一领导、统一经营管理、统一技术业务、统一战略规划的"四个统一"。整合后，云南广电网络集团公司经济总量和综合实力得到明显提升，2010年的经营收入达15亿元，比上年增长了30%以上，将进一步加快广电网络的数字化、双向化、宽带化升级改造，在基本完成县级以上城市的有线数字电视整体转换的基础上不断扩大范围，促进全省广电网络的互联互通、全程全网。

（2）信息技术的重大突破与合作模式的不断创新，为三网融合提供了技术支撑和经营模式

近年来，涉及信息网络方面的重点科技攻关取得重大突破，特别是数字技术方面推广运用光纤提速，大大提升了网络承载融合业务的能力，同时有线电视传输的数字化、双向化进程明显加快，监管能力与水平得到不断提高，从技术上讲互通互融已没有

障碍。随着通信技术、数字技术、IP 技术、软件技术等高新技术的快速发展，使电信网、广播电视网和互联网均可承载语音、数据和视频信号的传输，为三网融合提供了技术支撑。2011 年 12 月 6 日，云南电信与 TCL 签署战略合作协议，这是中国消费类电子集团与电信运营商首次达成全产业链战略合作。双方共同推出云南电信与 TCL 为云南消费者量身打造的智慧 iTV 高清互动电视，这是全新的三网融合智能云终端，它代表了彩电业在三网融合方面的新方向和革命性技术突破，智慧 iTV 高清互动电视通过软件升级，就可以直接收看 iTV 节目，不需要加机顶盒，就实现了"智能回看、互动点播、真正高清、本地精彩、智能应用"等 5 大功能创新。业界专家认为，云南电信和 TCL 的"全产业链"合作模式，不仅加速产业价值链向全方位延伸，而且促进了三网融合在云南的发展。2009 年 8 月 28 日，中国网络电视台与云南电视台共同组建云南爱上网络公司，并同云南电信开展合作，通过电信宽带传输电视节目共同推进 IPTV，为云南"三网融合"创造了新的模式。2012 年 1 月，云南信息港推出电脑、手机和电视的"三屏合一"，用户可以通过电脑、手机和电视及各种移动终端设备随时随地方便快捷地访问云南信息港，可以上网购物、查阅求职、文化、娱乐、旅游、投资、便民等实用信息和特色服务。

（3）三个产业广阔的市场空间和内在需求，为融合发展注入了强大的驱动力

我省经济、政治、社会、文化建设的平稳快速发展，人民生活水平的稳步提升，希望得到更多的获取信息渠道，希望能够同时获得语音、数据、视频等优质服务，对三个产业提出了多样化、多层次、多功能的需求，客观需求成为推动"三网融合"的原动力；互联网络打破了传统的地域空间界线，加之实施"走出去"战略，为三个产业的发展拓展了新的空间，带来了广阔的市场。为适应市场需要，从 2004 年开始，根据国家外交战略和经贸合作的有关部署，中国电信集团制订了"大湄公河次区域信息高速公路"规划方案，中国电信集团云南公司承接了"南亚东南亚信息高速公路"建设。2005 年 1 月，中国电信中缅传输系统工程开工，5 月工程通过验收并开始试运行。缅甸邮电部从缅甸木姐市铺设双路由光缆至中缅边境，双方光缆在中方边境接续。

2006年10月，中国电信与老挝电信共同建设的中老光缆系统建成开通。2007年8月23日，中国电信昆明区域国际局正式开通，成为中国的第四个国际出口局，主要承担疏通云南省与大湄公河次区域泰国、老挝、缅甸、越南、柬埔寨五国间的国际语音业务，并辅助其他国际局疏通去往该区域的国际话务。目前，云南电信光缆网络已超过10万公里长，拥有中缅、中老两条跨境国际光缆；拥有南贵昆、南昆、广北昆成、成昆、滇藏五条出省干线；高速互联网出口带宽达到300G。2009年8月，根据云南省人民政府的安排，中国电信云南公司与东南亚、南亚国家的政府通信管理部门和通信运营商建立了信息沟通渠道，重点实施了中老国际光缆传输系统扩容建设和第二光缆路由建设工程，项目于2010年完成，与老挝电信开通了中老国际电路，昆明逐步建设成为大湄公河次区域的国际通信中心。2010年9月1日，中国电信云南公司与斯里兰卡电信公司签署了信息通信合作备忘录，合作内容涉及网络建设维护、业务发展和人力资源交流等多个方面。中国电信云南公司电信方面积极推进与东南亚、南亚国家进行深度通信信息领域的合作，进一步与周边国家主流运营商建立合作机制和交流机制，提供规划设计、经营维护、建设施工等服务，加快推进云南区域性国际信息港建设，构建面向东南亚、南亚各国的区域性国际IP互联网交换中心，提供直达、便捷的国际互联网接入和转接业务。云南电视台在实施"走出去"战略中取得明显成效，2005年11月，云南卫星频道节目进入越南河内有线网播出，目前观众已达900万。2006年9月，通过越南胡志明市有线电视网实现了落地。2007年，云南电视台云数传媒公司与老挝国家电视台、老挝科技发展有限公司在老挝万象共同合作投资开办老挝无线数字电视，实现了云南卫视节目在老挝首都万象的落地。2010年，云南电视台云视传媒公司在老挝万象签署了老挝三省建设DTMB数字电视项目，项目建成后老挝三省的10万用户近60万人口可收看中国的数字节目。云南电视台将进一步改造提升设备，争取电视节目基本覆盖万象市，下一步还将努力覆盖到万象市周边、万象省和沙湾拿吉省等老挝人口密集区，争取覆盖老挝1/3以上的人口。

（4）国家的高度重视，为"三网融合"营造了良好的宏观环境

2010 年 1 月 13 日，国务院总理温家宝主持召开国务院常务会议，决定加快"三网融合"进程，之后出台了国务院《关于推进三网融合的总体方案》和《关于三网融合试点工作有关问题的通知》，提出了"三网融合"的指导思想、基本原则、工作目标、主要任务和政策措施，并明确工作时间表和 12 个试点城市，"三网融合"进入实质性推进阶段。经过一年多的推进，各试点都取得了不同的进展，创造了不少"三网融合"的模式与经验。2012 年 1 月，昆明市列入了国家的试点城市。根据国家的统一部署和要求，在工信部和广电总局的支持和帮助下，昆明市和我省将加快有线数字电视网络建设、推动电信网宽带工程建设，加强网络统筹规划和共建共享，完善政策扶持、加快体制机制改革。省外试点的不断深入推进和昆明市列入国家试点，为我省"三网融合"提供了有力的政策支持和可借鉴的经验和模式，营造了良好的宏观环境。

（5）不断拓展新业务，对"三网融合"进行了积极的探索与实践

2009 年 8 月 28 日，中国网络电视台与云南电视台合作成立云南爱上网络公司，由爱上网络公司与中国电信云南分公司共同开展 IPTV 业务。爱上网络公司代表广电方面负责 IPTV 内容的监管审核和发布运营，央视和云南电视台提供 EPG（电子节目菜单）和内容服务，中国电信云南分公司承担用户发展和网络传输支持，统一收费与网络服务，双方分成。2012 年 2 月，昆明市广播电视网络公司与中国移动昆明分公司、中国电信昆明分公司合作，将宽带电视业务与移动、电信业务互联互通后捆绑打包"一费制"营销，昆明用户可以通过宽带看电视节目、上互联网、打电话，实行"一费制"后还促进了相关费用的降低，将进一步促进信息与通信产业的发展。

2. 昆明市列入国家第二批试点城市，加快了云南推进"三网融合"的进程

2011 年 10 月 10 日，中国移动云南公司与云南广电网络集团双方签订战略合作协议。云南省通信管理局将三网融合工作作为"十二五"规划中的重点工作。2011 年 11 月 22 日，中国电信云

南公司和TCL集团正式签署战略合作协议，并在全球首发超级智能云电视新品——智慧iTV高清互动电视。智慧iTV高清互动电视目前已拥有106个直播电视频道，加上6个免费高清频道、60个高清免费点播节目。还特别打造了"本地精彩"专栏，包含所有本地地方电视频道，与本地有关的丰富信息和节目等。而消费者也可通过智慧iTV高清互动电视，看杂志、查天气、上网等。2012年1月11日，云南信息港的"三屏"服务模式正式推出。目前，云南信息港"三屏"已全面覆盖传统互联网平台、手机互联网平台、互联网电视平台，用户可以通过电脑、手机、电视及各种移动终端设备随时随地方便快捷地访问云南信息港，享受云南本地最新求职、文化、娱乐、旅游、投资、便民等实用信息和特色服务。截至2011年9月，昆明已完成了《昆明市无线数字城市建设规划建设方案》《昆明市"三网融合"国家试点工作方案》《昆明市信息化基础设施2010~2012发展规划》《昆明市国民经济和社会发展信息化"十二五"专项规划》等规划和方案的编制。2012年，昆明市正式列入国家第二批"三网融合"试点名单，1月13日，昆广网络与中国电信昆明公司签署战略合作协议。昆广网络和中国电信昆明分公司的战略合作于2011年开始筹备，经过一年的共同努力，现已就促进昆明市信息化建设，构建和谐市场环境探索确立了适合昆明"三网融和"发展的合作模式，昆广网络与中国电信昆明公司将在资源、渠道、产品等多个方面展开合作，包括利用双方资源共同发展宽带业务，共同开发双向数字电视（包括移动电视等增值业务），共同开发新建小区的资源等。

（三）影响我省"三网融合"的主要障碍和原因分析

1. 不同的定位和属性，形成体制障碍

管理体制上的问题是阻碍"三网融合"的最主要障碍。长期以来，由于对广电和通信两个行业定位不同，对两个行业进行不同的监管，形成不同的体制。广电网络是文化单位，承担着文化宣传的特殊功能与任务，实行的是"条块结合、以块为主"的双重领导体制，也就是行业与地方政府双重领导，一直以来实行垄断经营，近年来转企改制为国有企业走向市场，正在逐步实行有限开放；而通信系统为中属企业，电信行业监管体制的基本特征是以工信部为核心集中、垂直的管理体制，随着改革开放的进程，虽已实现市场化，但形成了高度垄断的格局。广电和通信两大系统各自封闭运行、业务分割、互不相融，各运营商由于长期以来管理分割和封闭运行，形成了各自的优势和强项，并通过垄断地位获得高额利润，在市场经济条件下为了维护和强化各自的垄断地位和高额利润，存在着排斥竞争对手的关系。在通信系统内部，电信和联通两个运营商分开经营，两家带宽骨干网的流量互不结算，形成分业垄断的格局。作为互联网而言，业务上通过电信宽带实现了互联互通，电子政务、电子商务、云计算、物联网等得到广泛运用；广电网络由于强调文化安全和所承担的宣传任务等特殊性，目前还不能互联互通，除了音像视频播放外，其他相关业务发展相对滞后。

2. 不同的经营理念和运行模式，形成行业障碍

由于划分为不同的行业定位，发展中形成了不同的行业体系，导致在经营理念、发展思路和所制定的规划不同，在管理上难以合力推进"三网融合"。广电网络认为，过去长期以来一直都是国家事业单位，承担双重任务和使命，而且有线网络建设资金靠的是自筹，当前在市场竞争中处于弱势，理应在国家扶持下，允许有一个过渡期，先把产业做大，然后才能放在同一平台上竞争。从美国、英国等国家的融合进程来看，基本上都是先采取"非对称进入"，即将电信业务开放给广电，待竞争实力大抵相当之后再进行对称开放，在业务的"双向进入"上应采取"非对称进入"的方式进入电信。通信行业则认为，既然市场经济就要体现公平，完全采取双向"对称进入"，就是双方在"对等"的条件下开展公平的竞争。广电行业在"对等"的理解上与通信行业又有所不同，广电行业认为，"对等"就应各自的优势和劣势均体现"对等"，不同的运营商在接入互联网的价格上应一视同仁，不能区别对待，搞价格歧视。因此，导致双向在进入的业务类别、进入次序等具体问题上各自所持观点不一，应对未来的发展，无论从经营思路、制定发展规划，还是在建设项目和产业发展上各自为政、各吹各打，集中反映在争夺用户、设置不同的行业标准上，有的地方甚至人为制造障碍，阻碍了"三网融合"。

3. 不同的利益诉求，形成各自利益需求

各自不同的利益诉求是当前阻碍"三网融合"的现实问题。

我省虽未列入国家"三网融合"的试点，但随着市场发展的需要，业务上的交叉发展已在实践中有所突破。无论从国家的试点还是本省的实践看，在三网的融合发展中，IPTV既是"三网融合"的一个切入点，又是广电与电信争夺的主要市场。国务院发布的《关于三网融合试点工作有关问题的通知》中允许广电系统经营宽带业务，电信系统可经营与视频内容相关的业务，但电信掌握着骨干网带宽资源，广电若想经营宽带业务需要向电信租带宽，电信若想经营IPTV业务，需要从广电IPTV集成播控平台获取内容；对IPTV也做了相关规定：广电负责IPTV集成播控平台的建设，电信企业负责当地IPTV的传输。新政策虽然允许业务上交叉、突破了过去的行业壁垒，但利益分配上的博弈阻碍了"三网融合"的发展。从全国看，超过95%的宽带互联网市场被电信和联通所垄断。凭借垄断地位，中国电信宽带的互联网接入价格，实行"同一种产品，三种用户、三种价格"：第一类用户的结算价格一般都高达100万元/G·月以上，针对的是作为竞争对手的弱势运营商，例如铁通、广电等；第二类用户的结算价格一般只有10万~30万元/G·月，针对的是增值服务商；第三类用户的结算价格则为3万~10万元/G·月，针对的是内容服务商。由于实行价格歧视，对三类用户给出三类价格，阻碍了广电网络的平等进入，造成广电网络接入成本居高不下，难以形成公平竞争的环境。而广电系统，更多地考虑文化传播的安全，在节目源上过多过死掌握着内容资源的分配与供给。因此，如何协调两大系统利益分配是推进"三网融合"最大的难题之一。

4. 行业技术标准不同，形成各自的行业优势和体系

由于非市场化运营的广电业与完全市场化的电信业竞争，两者在行为标准、新闻准则上存在较大的差异，两个系统建立各自的内容播发和接入出口系统，导致行业准入不同，不能互通互联，不能进行跨行业结算，所形成的行业整体技术规范、管理规范、安全规范、监管规范等都不符合"三网融合"的要求。加之，公共的内容集成播控平台、统一的进出口系统尚未建立，长期的封闭运行，形成各自的优势和业务特点。广电的优势在于占领了内容高地，传输带宽，可管可控；通信的优势在于用户规模和市场营销运营经验。双方依据各自优势和业务特点形成行业壁垒、产业割据，阻碍了三个网络的融合发展。

二、推进云南"三网融合"的总体构想

（一）指导思想

深入贯彻落实科学发展观，按照"服从国家利益和人民利益、尊重科学规律"的要求，加快网络的升级改造、加快发展方式转变、推动战略转型，加强技术创新、体制创新、服务创新，加强统筹规划、确保安全可控，大力培育市场主体，构建适度竞争的产业格局，在平稳推进中促进电信网、广播电视网、互联网功能趋于一致，业务范围趋于相同，促进信息产业、文化产业和社会事业协调发展，加快推进全省信息化，促进经济社会又好又快发展。

（二）基本原则

坚持中国特色、惠及民生。由于国情、省情不同，"三网融合"不能照搬其他国家和外省的模式。推进"三网融合"要服从国家利益、服从人民利益，始终坚持以人为本、以民为重，努力实现服务品质最优化和服务价格最优化，努力丰富人民群众的物质和精神文化生活，让广大人民群众从"三网融合"中得到实惠。

坚持科学发展、统筹规划。按照科学发展的要求，统筹通信传输网和广播电视传输网的建设规划，纳入统一的国家信息基础设施建设范畴，共建共享网络资源和信息资源，最大限度地避免或减少重复建设，提高信息网络的综合效益和利用率。

坚持统一监管、确保安全。改进和完善监管方式，广电、通信部门按照各自分工落实监管责任，加强部门协同，健全"三网融合"下的技术监管平台，强化监管措施，确保网络运行内容可管可控的前提下，共同维护公平竞争、规范有序的市场环境。

坚持改革创新、促进发展。抓住试点机遇，创新体制机制，促进政府管理方式和企业运行模式的改进，建立各方利益协调机制，打破行业垄断、市场垄断，建立统一有序的竞争环境，鼓励网络企业联合合作、错位发展，增强企业活力，促进文化与信息

产业发展。

（三）工作思路

从省情实际出发，通过行政推动、市场运作、先易后难、循序渐进的方式，按照"存量分开经营、共建共享增量，全程全网运营、网络互联互通，业务交叉发展，开放合作共赢"的思路，积极有序地推进"三网融合"。

存量分开经营、共建共享增量，就是：广电和电信分别对各自已有的网络进行改造提升，通过数字化和双向化不断提高带宽、拓展业务、提升质量，对未来新增的基础网络实行多形式、多层次的合作共建，超前性、一次性统筹规划，按照高起点、高性能、高质量的标准建设。

全程全网运营、网络互联互通，就是：全省广电有线网络整合为一张网，与广电系统内的无线网络、卫星网络实现互联互通，同时与电信、移动网络以及互联网之间实现互联互通、资源共享、内容可管可控，同一终端实现不同的业务，同一业务可在不同终端实现，同一内容可在不同终端无缝连接，最大限度地发挥基础网络的作用。

业务交叉发展，开放合作共赢，就是：除广电和电信有国家明确规定准入限制外的所有业务，双方均可双向进入，业务均可在区域间调度，内容均可交换与交易，收益均可结算，制定统一规则、搭建公共平台和营造统一有序竞争环境，开展全业务经营，鼓励合作，实现共赢。

（四）总体目标

总体目标：到2015年，全省主要城镇地区实现电信网、广电网、互联网的互联互通、资源共享，用户对网络、运营商的选择更多元、更自主，享受的业务形态更多样、内容更丰富、价格更低廉、服务更优良，基本形成适度竞争的产业格局，基本形成保障"三网融合"规范有序开展的政策体系和体制机制，广大群众的信息、文化、娱乐消费质量得到显著提高，国民经济和社会信息化水平显著提升，网络信息安全和文化安全保障能力显著增强，不断满足人民群众日益增长的多样化、多层次、多方面信息需要和精神文化需求。

具体目标：到 2015 年，广电网络基本完成有线电视网络的数字化、双向化改造升级，双向化率达到 90% 以上，城镇新建住宅全部光纤入楼，有线电视接入网实现广播下行带宽达到 2Gbps，窄播下行带宽达到 1Gbps，宽带接入能力达到 100Mbps；在支持数字电视广播业务、交互业务、信息服务业务以及其他增值业务的基础上，较好地支持各类通信业务的发展；建立集技术监测、节目监管、安全播出调度指挥于一体的统一技术监管平台，实现对不同播出形态的广播电视业务进行全方位的监测监管，建立安全可靠、可管可控的现代广播电视传播系统。电信网络和互联网实现全省行政村全覆盖；IPTV 用户年增长 30% 以上，进一步加快 3G、CMMB 建设，覆盖范围超过 80%；昆明市及州市所在地、交通干线和主要旅游景点县城的电信网络宽带下行接入能力达到 1Gbps，入户能力达到 100Mbps。

（五）主要任务

实施"两推动两加强"，促进"三转变一体化"，建立"三体系一机制"。

推动广电、电信业务双向进入：广电、电信企业按照双向进入的业务范围，开展相关业务。试点地区先行一步，广电企业积极推进增值电信业务、比照增值电信业务管理的基础电信业务、基于有线电视网络提供的互联网接入业务、互联网数据传送增值业务、国内 IP 电话业务；搞好 IPTV、手机电视的集成播控平台建设与管理，把广播电视网络建设成为以视频服务为主、提供多种综合服务的信息化网络；电信企业广泛开展除时政类节目之外的广播电视节目生产制作、互联网视听节目信号传输、转播时政类新闻视听节目服务，以及除广播电台电视台形态以外的公共互联网音视频节目服务和 IPTV 传输服务、手机电视分发服务，加快融合型业务的开发应用，大力发展新型通信信息服务。

推动产业发展：一是加快原有广电和电信网络的升级换代，构建全面承载三网融合业务的下一代广电、宽带网络基础设施，共同建设新增网络、拓展业务合作范围和内容；二是打造粗具规模的三网融合业务产业链，加快发展电子商务、移动电子商务，推动广播电视、新媒体、通信业与其他现代服务业融合发展，促进相关产业集群发展，将昆明市打造成为全省广电技术和业务发展的先导区，成为相关产业链的创新基地、示范基地；三是大力发展新兴产业，创新产业形态和市场推广模式，促进文化产业、信息内容产业、信息服务业和其他现代服务业快速发展。开发双向数字电视、多媒体终端、智能化家庭设备等应用产品，推动信息技术产品的研发和产业化，推动产业链上下游协调发展。

加强网络整合和统筹规划：广电系统重点是加快有线数字电视网络建设和整合，加紧培育和建立合格的市场主体，全省有线电视网络实现统一规划、统一建设、统一运营、统一管理，由小网变大网、模拟变数字、单向变双向、标清变高清、由看电视变成用电视；电信系统重点是推动电信网宽带工程建设，大力推动城镇光纤到户，扩大农村地区宽带网络覆盖范围，全面提高网络技术水平和业务承载能力。建立工信和广电部门规划协调机制，加强广电网和电信网的统筹规划，采取多种形式共建共享，将网络建设纳入城乡发展规划、土地利用规划和国家投资计划，避免重复建设，实现网络等资源的高效利用。

加强网络信息安全和文化安全监管：按照分工要求落实网络信息安全和文化安全管理职责，进行属地化管理，坚持谁主管谁负责、谁经营谁负责、谁审批谁监管、谁办网谁管网的原则，依靠技术进步，不断提高监管能力，完善网络信息安全和文化安全管理体系。广电网络要确保中央政令畅通、确保公共服务、确保人民群众的基本文化权益。

"三转变一体化"：进一步提升科技创新能力，有效地促进信息传播从单一形态向多元形态、从资源垄断向资源共享、从自成体系向开放体系方向转变，建成有线无线相结合、宽带交互全覆盖的城乡一体化网络。

"三体系一机制"：初步建立起促进三网融合发展的管理体系、技术创新体系和文化信息安全体系，形成资源共享、竞合有序的市场运行机制。

三、推进云南"三网融合"的对策

（一）强化大局意识，创新发展理念

推进"三网融合"首先要从服从国家发展大局和推进云南信

息化战略的高度来认识，是云南深入贯彻科学发展观的具体行动和利在当代、功在千秋的一项基础性建设。要强化大局意识，把利民惠民与促进产业发展统一起来；要坚持群众观念，把服务群众与培育壮大通信和广电企业统一起来；创新发展理念，把广电传播产业和通信信息产业与其他产业协调发展统一起来；牢固树立开放意识，把开展市场竞争与实现合作共赢统一起来；坚持服务意识，把提高产业效益与实现服务品质最优化和服务价格最优化统一起来，促进广电、通信、互联网产业的协调、健康发展，让广大人民群众从"三网融合"中得到更多更大的实惠，并不断丰富繁荣人民群众的精神文化生活，不断满足人民群众对网络信息产业的全业务、多样化、多层次、多功能的发展需求。

（二）创新业务内容与形式，以业务合作推动融合发展

共同开发新业态、新业务。当前，广电网络与通信网络重点在 IPTV、手机电视等新业态和高清电视、视频点播、在线支付、可视交互、综合信息查询等新服务方面开展广泛合作，加强节目内容集成，丰富业务种类，丰富节目内容，创新业务形态，统一技术规范。重点开发出具有新技术特点的新业务，以满足人民群众求新求异的个性化、多样化需求。

改造网络促进互联互通。以提高服务质量和水平为立足点，共同研发业务融合新技术，大力推进科技创新与推广，加快有线电视网络双向化、数字化改造和进一步提升电信网络传输水平。加快建设业务分发交换平台和运营支撑管理系统，建立统一结算、统一管理的跨网业务系统，促进广电网络、通信网络和互联网的互联互通。

（三）建立合作机制，提高网络建设效益

建立沟通协商机制，统筹协调规划与建设。建立省级广电和通信网络建设联席会议制度，形成年度广电和通信网络建设项目的立项沟通协调机制。双方以融合发展为方向和目标，协调产业发展规划和工作思路，最大限度地减少重复投资和建设，避免各行其道、行业垄断、业务分割的发展倾向。各级住房和城乡建设、规划、国土资源、交通运输、市政等部门应将通信、广电网络设施建设专项规划纳入城市建设总体规划和村镇、集镇建设总

体规划，省通信管理局、省广播电视局组织相关通信企业、广电企业编制基站站址、室内分布系统、传输网络、管道、杆路等设施的专项规划，使之与城市总体规划相衔接。建议从 2012 年起，城镇新建设的广电有线网络和电信网络实行统筹项目、统筹规划、统筹建设、统筹传统媒体与新媒体建设，统一使用光缆接入方式，实行共建共享，原有的广电和电信网络业务部分要相互放低门槛，切实提高广电和电信网络覆盖的广度和深度，不断加强重要场所和室内的深度覆盖。

建立共建合作机制，提高网络承载能力。加强省住房和城乡建设厅、省工业和信息化委员会、省通信管理局、省广播电视局、省质监局对广电、通信网络建设的合作，共同制定我省广电及通信网络设施建设的设计、验收规范，进一步明确要求建设单位在审批住宅小区、商住楼、办公楼等建设项目时，为通信、广电网络建设预留配套设施资源（包括机房、管线、基站站址、分布系统、公共接入点等配套设施），并将其所需投资纳入建设项目概算；在组织地铁、机场、车站、铁路、公路、桥梁等公共设施项目建设的可行性研究审查论证、建设方案审查时，应征求省通信管理局、省广播电视局的意见；在进行相关城建项目的审批和验收时，请省通信管理局、省广播电视局参加。

明确投资主体，规范建设行为。对我省住宅小区及商住楼的配套设施建设和使用行为进行规范，明确住宅小区及商住楼的建设由投资方负责红线范围内的配套设施的建设，其所需投资纳入建设概预算，其他单位和个人不得投资或参股配套设施建设。配套设施建成后，其所有权属于全体业主，通信和广电企业可平等使用配套设施，建设投资方、物业服务部门等单位不得限制，不得收取费用，不得签订排他性协议垄断配套设施。

（四）加大财税支持力度，落实相关扶持政策

加大财政金融扶持力度。将"三网融合"涉及的技术改造、技术创新、新产品研发及产业化等重点项目，纳入省文化产业引导资金、产学研结合专项资金、信息产业发展专项资金、技术改造专项资金等支持范围。省财政安排专项资金支持广播电视节目集成播控中心、IPTV 监管平台建设，保障 IPTV 监管平台的运行、维护和管理。省科技厅把广电、通信科技研发纳入科技创新

支持范围，支持数字化、集成化等高新技术的推广应用，促进"三网融合"的接入设备、智能终端、芯片等产品研发及产业化。省工信委把"三网融合"建设项目纳入推进新型工业化和信息化引导资金重点扶持范围，省发改委把广电和通信、互联网符合条件的信息产业发展，作为战略性新兴产业专项引导资金进行重点支持，省文产办将"三网融合"作为省文化产业投资基金的重点支持对象。

落实税收优惠政策。对符合条件的高新技术企业、技术先进型的广电和信息传输网络服务企业减按15%的税率征收企业所得税；对"三网融合"试点企业的研发费用，可在计算应纳税所得额时加计扣除50%；企业在一个纳税年度内技术转让所得不超过500万元的部分免征企业所得税，超过500万元的部分减半征收企业所得税；"三网融合"试点企业更新换代较快的固定资产可以加速折旧。

落实完善有关扶持政策。加大已有支持对外文化贸易各项优惠政策的落实力度，支持广电和通信企业在海外投资、投标、营销、参展和宣传等市场开发活动，为企业"走出去"提供通关便利，对符合条件的企业发展海外业务给予账户开立、资金汇兑等政策便利。广播电视传输网络企业继续按照有关规定享受优惠政策，税务部门认真落实对转企改制国有单位扶持政策执行期限延长到2018年的规定。

（五）强化安全保障，实现网络可管可控

组建统一机构，强化网络信息安全和文化安全监管。建议将省委对外宣传办公室（省政府新闻办）、互联网信息办公室和省广电局的相关监管职能进行整合集中，成立"云南省信息网络节目监控中心"，为省委宣传部管理的正厅级事业单位，下设广播电视传输网络、电信网络和互联网内容监管部门，加强安全监管力量，对网络传输节目内容进行集中统一监管，把确保文化安全和信息安全贯穿于"三网融合"的全过程，确保内容可控可管、安全播出。

分业监管，按分工要求搞好行业监管。按照国家三网融合总体方案和试点方案的要求，落实广播电视传输网络、宽带网络和互联网的安全监管职责。省广电局、省通信管理局分别建立业务

标准化、制度化的安全评估机制。通信管理部门切实监管好互联网数据中心业务、国际互联网出口、ISP牌照，负责增值电信业务和比照增值电信业务管理的基础电信业务由通信管理局审批，工信委负责基础电信业务的审批，广电局负责IPTV的监管和IPTV播控平台的建设与管理。

（六）加强组织领导，营造有利的环境

建立组织机构，加强指导协调。成立省政府"三网融合"工作领导小组及办公室，由省政府分管领导任组长，成员主要由省委宣传部、省工信委、省文产办、省广电局、省通信管理局、省广电网络集团、中国电信云南分公司等部门负责人组成。领导小组及办公室负责贯彻落实国家关于"三网融合"的方针、政策，制定全省"三网融合"发展规划，研究、协调和解决重大问题，加强指导、统筹协调和督促检查，建立"三网融合"数据库，研究制定有利于推动"三网融合"的政策措施，支持并推动昆明试点工作不断深入，及时总结推广试点经验，推动全省"三网融合"。

整合资源，加强联动与合作。加快全省有线电视网络的有效整合，完善法人治理结构，健全现代企业制度，强化全省有线电视网络的统一规划、统一建设、统一运营、统一管理，构建适应"三网融合"需要的下一代广电网络现代企业管理体系和运行、维护体系，实现全省有线网络规模化、产业化、集约化发展。加强广电、通信和互联网的联动，积极探索能够突破"三网融合"障碍的管理模式、经营模式和运行方式，创新广播电视的传播理念、生产方式、业务形态、服务方式、管理方式，完善电信和互联网经营管理，打破三网的层级分割和分散格局，构建面向多个播出平台、多种用户终端的综合制播系统，提供跨网络、跨平台、跨系统的节目服务，进一步盘活广播电视节目内容库，切实加强广电系统台之间、网之间、台网之间以及与电信、互联网之间的跨地区、跨部门合作，打造从硬件到软件、再到服务的完整"三网融合"产业链，推动建设下一代互联网，大幅提升互联网带宽和服务质量，大力发展移动互联，推动3G、4G移动通信网络建设，围绕TD-LTE等后3G技术超前部署新一代移动通信网络。

改善通信、广电网络设施的建设环境。省发改委将"三网融合"试点项目纳入省重点建设项目，给予重点支持。各级发改、国土、环保等部门将通信网络、广电网络建设用地作为公共设施用地给予支持，为基站建设的审批提供优质服务；各级规划、城建、市政等相关部门对通信网络、广电网络建设中破路、破绿、占绿的，免收赔偿费、补偿金等费用，工程完工后由通信、广电网络建设单位负责修复。住宅小区、商住楼、办公楼的业主或管理单位对通信和广电企业进入现场开展网络建设、改造施工要提供便利，不收取任何费用。

加强对通信和广电网络设施设备的保护。完善相关法规，进一步明确：任何单位和个人不得阻止或妨碍通信、广电网络等重要公共基础设施建设，任何单位和个人不得擅自改动或者迁移通信、广电网络设施、设备，特殊情况必须改动或者迁移的，应当征得该设施产权人同意，由提出改动或者迁移要求的单位或个人承担改动或者迁移所需费用，并赔偿由此造成的经济损失。从事施工、生产、种植树木等活动，不得危及通信、广电网络设施的安全或者妨碍线路畅通；可能危及通信和广电网络设施安全时，应当事先通知有关通信或广电业务经营者，并由从事该活动的单位或者个人负责采取必要的安全防护措施。损害通信、广电网络设施或者妨碍线路畅通的，要恢复原状或者予以修复，并赔偿由此造成的经济损失。

四、向国家提出的几点建议

（一）争取延长税收减免政策的建议

2010 年财政部和国家税务总局为支持有线数字电视整体转换试点工作，下发了《关于部分省市有线数字电视基本收视维护费免征营业税的通知》，将云南省内 142 家省州市县有线电视网络公司核定的基本收视维护费，自 2010 年 1 月 1 日起 3 年内免征营业税。现全省有线电视网络公司已整合为云南省广播电视传输网络集团公司，并转制为企业，其中 2012 年原昆明广播电视传输网络公司列为国家"三网融合"试点单位，按照中央十七届六中全会精神和《中共中央关于深化文化体制改革推动社会主义文化大发展大繁荣若干重大问题的决定》的要求，建议省国家税务局和省广电局向国家申请将免征收取基本收视维护费营业税范围扩大到整合后的省广播电视传输网络集团，并继续免征到2018年。

（二）建议对云南建设面向西南信息大通道给予更大的支持

将云南与东南亚、南亚国家合作建设的电信宽带网络和广播电视节目境外落地项目列入中央支持"走出去"战略的扶持范围，建立工信部、广电总局、中央文化体制改革办公室与省对口单位的直通联系机制，帮助协调解决遇到的困难问题。

（三）建议扩大云南"三网融合"试点范围并加大扶持力度

在昆明试点的基础上，争取2013年将西双版纳景洪市列入国家试点单位，适时将昆明市试点范围扩大到曲靖、玉溪和楚雄3市州，把滇中地区列为国家的试点，并从云南边疆民族地区的特殊性出发，实行特殊倾斜政策和给予更大的支持。

（四）建议进一步清理行业垄断行为

一是建议国家发改委全面调查广电、通信市场的垄断行为，严格价格执法，进一步消除价格歧视现象，营造并维护公平竞争的市场环境。

二是建议由省委宣传部和广电局向中央宣传部和国家广电总局反映，严格执行不符合付费电视频道不得播出除付费频道自身广告以外的商业广告的国家有关规定，停止中央电视台收取第3、5、6、8套电视节目的加密费。

三是建议IPTV享受与数字电视同等扶持政策，业务资费标准参照数字电视的相关标准制定。

（五）建议加快立法从国家法律层面推动融合

我国的《电信条例》和《广播电视条例》都只是各行业主管部门颁布的条例，没有从国家法律层面上提供统一的三个网络融合发展的依据，而电信和广电两个行业的业务交叉需要有一个融合性的法律进行统一规范。从世界上三个网络实现融合发展的国家来看，通过立法来推动是一条重要的成功经验。因此，建议国家加快立法，制定新的相关法律，提出符合"三网融合"的整体技术规范、管理规范、安全规范和行业监管规范，为电信和广电互相进入提供法律依据，使监管机构对融合业务的监管有法可依，减少部门机构之间的争论和冲突。

（六）建议从国家层面建立统一的监管机构

无论从解决我国"三网融合"的体制障碍来看，还是从国际经验来看，都迫切需要建立统一的一个"三网融合"监管机构。建议成立由第三方人员组成的国务院"三网融合"委员会，由电信、广电和社会其他行业的专家组成，参考国务院食品安全委员会的机构设置办法，直属于国务院，对"三网融合"实行统一监管。成立国家"三网融合"委员会既不会把工信部和广电总局进行体制上的合并，又可以有针对性地对融合业务进行监管，重点负责"三网融合"实施过程中各项工作的协调，在处理"三网融合"的一些实际问题上拥有独立裁定权。

作者为云南省委政策研究室文化处副处长、研究员。

全面建成小康社会进程中的文化
需求增长目标

——2020 年云南在全国的排行分析预测

王亚南

中共中央十七届六中全会提出建设"文化强国"的战略目标，部署进一步推进文化建设与经济建设、政治建设、社会建设以及生态文明建设协调发展，并明确在今后十年推动文化产业成为国民经济支柱性产业。同时，六中全会更加强调文化建设以满足人民精神文化需求为出发点和落脚点，文化发展为了人民，文化发展成果由人民共享。十八大报告更进一步明确，文化产业成为国民经济支柱性产业，是全面建成小康社会和全面深化改革开放的目标之一；让人民享有健康丰富的精神文化生活，是全面建成小康社会的重要内容。这就要求在新的历史起点上深化文化体制改革，满足人民基本文化需求，加快城乡文化一体化发展，缩小城乡文化发展差距，特别是要增加文化消费总量，提高文化消费水平，增强文化建设和文化产业发展的内生动力。

以往长时期的计划经济传统使我国文化生产活动习惯于按照计划安排生产，按照计划组织供给，提供的文化服务和产品与普通民众的需求没有直接联系，甚至游离在人民群众日常生活消费需求之外。继续深化文化体制改革的要义就在于，必须把文化生产活动完全纳入统一的社会主义市场经济体制，由计划定位转为市场定位，由生产定位转为消费定位，由供给定位转为需求定位。在社会主义市场经济条件下，人民的"需求"主要表现为消费需求，满足人民"基本需求"主要体现为满足基本消费需求，包括最起码的衣食温饱也不例外。

中国文化产业的发展路向应以扩大人民群众文化消费需求和促进城乡、区域均衡共享进行定位，文化产业的发展空间必须从不可或缺的"内生动力"中拓展出来，更应当落实在自身的"出发点和落脚点"之上。本项研究以扩大文化消费需求、促进城乡文化共享为目标，测算全国各地城乡文化消费需求的"或然增长"和"应然增长"目标，并以此度量各地文化产业未来10年的发展空间。各地文化产业如何才能成为支柱性产业自在其中，单纯追求"文化GDP"支柱产业目标并不足取。

一、云南城乡文化消费及其相关背景增长态势

城乡文化消费需求总量是文化产业生产总量实际进入城乡居民日常生活消费的具体表现，也是文化建设和文化生产的发展成果实际转化为城乡人民群众文化消费需求的具体体现。总量数值有利于把握云南总体态势，但总量演算受到人口增长及其分布变化影响，误差较大，因而本文仅在开头和结尾涉及总量演算，中间则基于人均数值展开分析测算。

1991～2011年云南乡村与城镇文化消费总量及城乡文化消费人均值增长态势见图1。囿于制图篇幅限制，图中各五年规划期头年与末年直接对接。文中分析历年增长态势时，则运用测评数据库后台演算功能，筛测出的最高与最低年度值包含图中省略年度。

1991～2011年，云南城乡文化消费总量从13.42亿元增长至218.88亿元，增加205.46亿元，总增长1531.00%，年均增长14.98%。最高增长年度为2002年，增长率38.83%；最低增长年度为2001年，负增长8.42%。其中，"九五"期间总增长113.98%，年均增长16.43%；"十五"期间总增长74.68%，年均增长11.80%；"十一五"期间总增长51.03%，年均增长8.60%。三个五年规划期相比，云南城乡总量"十一五"年均增长幅度低于"十五"3.20个百分点，低于"九五"7.83个百分点。

同期，云南城镇文化消费总量从 4.18 亿元增长至 147.63 亿元，增加 143.45 亿元，总增长 3 431.82%，年均增长 19.51%。最高增长年度为 2002 年，增长率 71.41%；最低增长年度为 1999 年，负增长 15.75%。其中，"九五"期间总增长 166.61%，年均增长 21.67%；"十五"期间总增长 83.74%，年均增长 12.94%；"十一五"期间总增长 95.70%，年均增长 14.37%。三个五年规划期相比，云南城镇总量"十一五"年均增长幅度高于"十五" 1.43 个百分点，低于"九五" 7.30 个百分点。

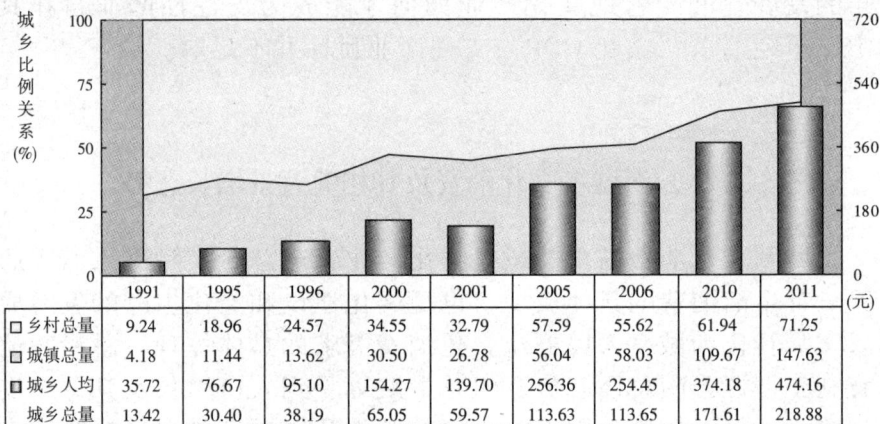

	1991	1995	1996	2000	2001	2005	2006	2010	2011
□乡村总量	9.24	18.96	24.57	34.55	32.79	57.59	55.62	61.94	71.25
□城镇总量	4.18	11.44	13.62	30.50	26.78	56.04	58.03	109.67	147.63
■乡乡人均	35.72	76.67	95.10	154.27	139.70	256.36	254.45	374.18	474.16
城乡总量	13.42	30.40	38.19	65.05	59.57	113.63	113.65	171.61	218.88

左轴面积：云南乡村与城镇文化消费总量（亿元转换为%），二者之和为城乡总量，城乡间年度变动形成直观比例；右轴柱型：云南城乡人均文化消费（元）。数据演算依据：国家统计局《中国统计年鉴》1992～2012 年卷，后同。

图 1　1991～2011 年云南乡村与城镇文化消费总量、城乡人均值增长态势

同期，云南乡村文化消费总量从 9.24 亿元增长至 71.25 亿元，增加 62.01 亿元，总增长 671.10%，年均增长 10.75%。最高增长年度为 1995 年，增长率 31.21%；最低增长年度为 2008 年，负增长 8.33%。其中，"九五"期间总增长 82.23%，年均增长 12.75%；"十五"期间总增长 66.69%，年均增长 10.76%；"十一五"期间总增长 7.55%，年均增长 1.47%。三个五年规划期相比，云南乡村总量"十一五"年均增长幅度低于"十五" 9.29 个百分点，低于"九五" 11.28 个百分点。

1991～2011 年，云南城乡人均文化消费从 35.72 元增长至 474.16 元，增加 438.44 元，总增长 1 227.44%，年均增长 13.80%。最高增长年度为 2002 年，增长率 37.35%；最低增长年度为 2001 年，负增长 9.44%。其中，"九五"期间总增长 101.21%，年均增长 15.01%；"十五"期间总增长 66.18%，年均增长 10.69%；"十一五"期间总增长 45.96%，年均增长 7.86%。三个五年规划期相比，云南城乡人均值"十一五"年均增长幅度低于"十五"2.83 个百分点，低于"九五"7.15 个百分点。

在这 20 年间，云南城乡文化消费需求增长态势显露出两个方面的问题：（1）与"九五"和"十五"期间相比，"十一五"期间年均增长幅度明显下降，无论是总量值测算，还是人均值测算，情况都是如此；（2）城乡差距显著扩大，20 年以来，云南城镇总量总增长高达乡村总量增长的 5.11 倍，城镇总量年均增长幅度高出乡村年均增幅 8.75 个百分点；城镇人均值总增长高达乡村人均值总增长的 1.40 倍，城镇人均值年均增长幅度高出乡村年均增幅 1.69 个百分点。这意味着，就云南总体而言，提升消费需求并促进城乡共享迫在眉睫。

当然，云南城乡文化消费需求状况分析不能孤立地进行，前后时段之间、城镇与乡村之间总量增长比较也只是一种表层的比较，还需要把云南城乡文化消费需求增长放到经济发展、民生进步的社会背景当中展开全面考察。鉴于人均数值分析演算更为精确，以下采用人均值进行后续测算。

云南历年人均产值、城乡居民人均收入、消费和积蓄（收入与消费之差）各项绝对值（详见本文后续各图表）转换为以上一年数值为 100 的年度增长百分比指数，得出 1991～2011 年云南人均产值、城乡人均收入、消费（分为非文消费与文化消费两部分）、积蓄增长态势见图 2，从中可以清楚地看出若干具有规律性、趋势性的动向。

	1991	1995	1996	2000	2001	2005	2006	2010	2011
(1) 人均产值	100	122.58	122.58	104.63	105.16	111.74	114.49	116.35	122.30
(2) 人均收入	100	124.64	124.01	104.76	108.15	108.70	111.39	115.11	119.24
(3) 非文消费	100	127.29	121.99	104.28	106.22	107.94	115.19	112.01	114.35
(4) 文化消费	100	127.16	124.03	110.78	90.56	121.61	99.25	128.03	126.72
(5) 人均积蓄	100	102.60	143.72	104.98	123.79	107.95	101.30	122.12	131.19

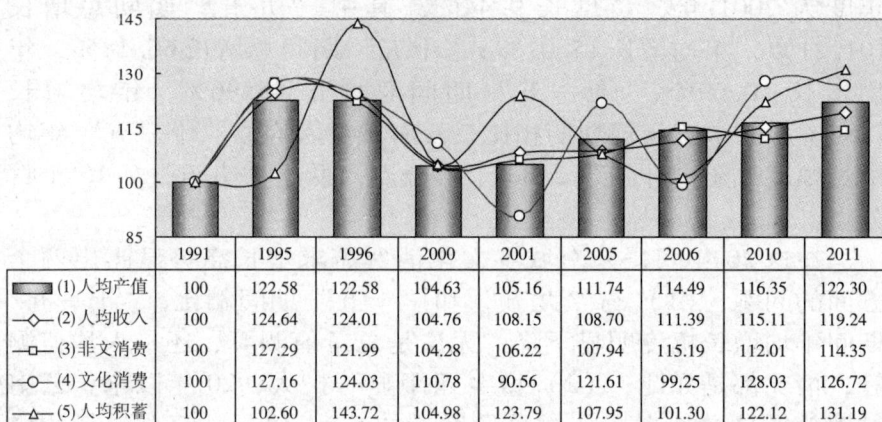

年度增长指数：上年＝100，指数小于100为负增长；1991～2011年逐年增长相对比的相关系数：（1）与（2）0.933 2；（2）与（3）0.939 7；（4）与（5）－0.161 9，其中2001～2009年间为－0.615 4，2001～2005年间为－0.966 7。

图2 1991～2011年云南人均产值、城乡人均收入、消费、积蓄增长态势

1991～2011年，在云南人均产值、城乡人均收入、人均非文消费、人均文化消费与人均积蓄之间，有三对数据组的关系值得注意：

数据项（1）与（2），即云南人均产值年增指数（柱形）与城乡人均收入年增指数（带菱形曲线），二者相关系数为0.9332，亦为其间历年增长幅度在93.32%的程度上保持同步。

数据项（2）与（3），即城乡人均收入年增指数与人均非文消费年增指数（带方形曲线），二者相关系数为0.939 7，亦为其间历年增长幅度在93.97%的程度上保持同步。

数据项（4）与（5），即城乡人均文化消费年增指数（带圆形曲线）与人均积蓄年增指数（带三角形曲线），二者相关系数为0.161 9，显得相关性很低。然而，分时间段考察，可以看到其间存在着极其明显的"负相关"关系，即日常所说的"成反比"：2001～2009年间相关系数为负值0.615 4，2001～2005年间相关系数为负值0.966 7。这意味着，云南城乡人均积蓄年度增长幅度每上升1个百分点，城乡人均文化消费年度增长幅度在2001～2009年间便下降0.62个百分点，在2001～2005年间更下降0.97个百分点。若在"正相关"关系中，这一相关系数还不算很高，但在"负相关"关系中，这一相关系数已经极高。

在云南城乡人均文化消费年度增长曲线与人均积蓄年度增长曲线之间，特别是在"十五"期间，呈现出一种横向"镜面对应"或"水中倒影"的负相关关系。这就是本项研究多年以前揭示出来并不断补充后续年度数据一再加以证实的一个重要发现——中国城乡文化消费需求体现出一种"积蓄增长负相关效应"。其中的社会背景因素在于，完善市场经济体制建设必须辅之以健全社会保障体系相配套，而我国社会保障体系建设严重滞后，广大民众不得不更加注重积蓄以求"自我保障"——譬如建立"家庭购房基金""子女教育基金""个人病老基金"等。加大"必需积蓄"势必抑制消费，中国经济增长长时期面临内需不足的困扰，其根本原因就在这里。必需消费（本项研究假设为全部非文消费，详后）刚性难减，挤压"非必需"的精神文化消费自然是首当其冲。

按照经济社会发展的内在逻辑联系，从以上分析中提取出三对关键性的数据组，正好构成了从经济增长到城乡文化消费需求增进的完整而简明的数据关系链：云南人均产值增长——城乡居民人均收入增长；城乡居民人均收入增长——人均非文消费绝对值增长而占收入比重值降低；（取人均收入与人均非文消费之差反转为）城乡居民人均非文消费剩余增长——人均文化消费增长。由此可以揭示出云南人均产值增长→城乡居民人均收入增多→人均非文消费占收入比重值降低→人均非文消费剩余增大→人均文化消费增进之间的多重协调关系状况。这是本项研究独创的一种分析思路和检测方法。

这三对数据组分别形成一种比例关系：（1）城乡人均收入与人均产值的比例值，检验"国民总收入"与城乡居民收入的关系；（2）城乡人均非文消费占人均收入的比重值，检验城乡居民收入与"必需"的非文消费的关系；（3）城乡人均文化消费与人均非文消费剩余的比例值，检验城乡居民"必需消费"之外余钱与"非必需"的文化消费的关系。特别是其中后两项比例关系值分析，为本项研究从"中国现实"出发的独到构思设计，没有以往的研究经验和现成数据可供参照。于是在本文里，云南城乡层面的既往事实也就成了"第一手"参考依据。以1991年以来云南城乡综合演算的以上三项比例值的历年最佳值作为一种"应然"参考值，追求云南城乡自身近期曾经实现了的"目标"，这样一种期待显得更加切合实际。

此外，"城乡比"指标演算系本项研究的独创方法，专门用于测算全国及各地诸方面城乡差距的"发展缺陷"。本文同时测算云南人均收入、人均非文消费和人均文化消费的历年城乡比变化，作为城乡之间各方面增长协调性分析的"应然"参考值。

二、云南城乡民生基础系数的增长协调性检测

在本项研究中，居民人均收入与人均产值的比例值设定为"民生基础系数"。"人民共享发展成果"首先就落实在居民收入之上。

按照国际通行做法，我国现行统计制度以"国内生产总值"（英文简称"GDP"，中文可简称"产值"）来体现经济总量。"国内生产总值"再加上国外净要素收入，就构成"国民总收入"。"国民总收入"原称"国民生产总值"，即我国以往统计制度长期使用的"GNP"。国家统计局公布的全国历年国外净要素收入在"国民总收入"中所占比例极低，以《中国统计年鉴》2012年卷校正数据来看，2008年仅为0.63%，2009~2011年甚至为微小负值，只好忽略不计。这样看来，"国内生产总值"是构成"国民总收入"的主要部分，于是不妨将居民人均收入与人均产值的关系近似地类比为居民收入与"国民总收入"的关系。同时，国家统计局公布的分地区经济统计数据只有作为"国内生产总值"分解的"地区生产总值"，而无"国民总收入"的地区分解数据。本项研究把"国内生产总值"作为"国民总收入"的相近替代数据看待，相关演算就可以推演至各地。这就是设定居民人均收入与人均产值的比例值为"民生基础系数"的数据依据和技术原因。

在本项研究中，这一"民生基础系数"以数值大为佳，直接反映"初次分配"基本情况。本文将以此检验云南经济增长带动城乡居民收入增长的历年变动状况，并提取1991年以来历年"最佳比例值"，作为推演测算所依的应然参考值。"国民总收入"分配是决定城乡居民收入的基本前提，而城乡居民收入又是其民生消费与文化民生消费的直接基础。离开以云南产值增长来

体现的经济发展，自然就谈不上以城乡居民收入增多来体现的最基本的民生增进（就业当然属基础环节，但不在本项研究范围之内）；离开城乡居民收入增长，城乡民生消费与文化民生消费提升也就无从谈起。所以，这一项指标分析是本项研究逐步向下推演测算的逻辑基点。

1991～2011年云南人均产值、城乡人均收入绝对值、比例值变动态势见图3。

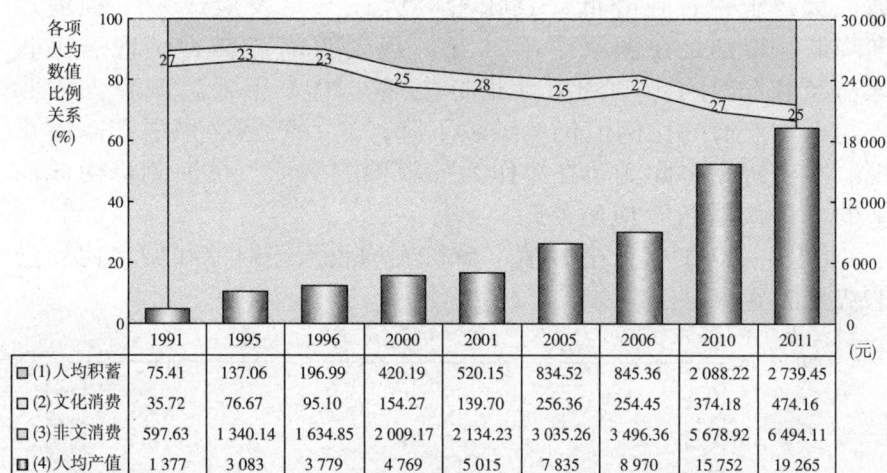

	1991	1995	1996	2000	2001	2005	2006	2010	2011
□(1)人均积蓄	75.41	137.06	196.99	420.19	520.15	834.52	845.36	2 088.22	2 739.45
□(2)文化消费	35.72	76.67	95.10	154.27	139.70	256.36	254.45	374.18	474.16
□(3)非文消费	597.63	1 340.14	1 634.85	2 009.17	2 134.23	3 035.26	3 496.36	5 678.92	6 494.11
□(4)人均产值	1 377	3 083	3 779	4 769	5 015	7 835	8 970	15 752	19 265

左轴面积：云南人均产值、城乡人均收入（元转换为%），二者年度变动形成直观比例；左轴曲线：收入与产值比，最高（最佳）比例值2002年。

图3　1991～2011年云南人均产值、城乡人均收入绝对值、比例值变动态势

图3将云南人均产值、城乡居民人均收入绝对值转换为图形面积比例，同时形成人均收入与人均产值的比例值变动曲线。从中可见，1991～2011年，云南人均产值年均增长14.10%，城乡居民人均收入年均增长13.98%，产值年增幅度高于居民收入年增幅度0.12个百分点。其中，"九五"期间，云南人均产值年均增长9.12%，城乡居民人均收入年均增长10.70%，产值年增幅度低于居民收入年增幅度1.59个百分点；"十五"期间，云南人均产值年均增长10.44%，城乡居民人均收入年均增长9.82%，产值年增幅度高于居民收入年增幅度0.62个百分点；"十一五"期间，云南人均产值年均增长14.99%，城乡居民人均收入年均增长14.56%，产值年增幅度高于居民收入年增幅度0.43个百分点。三个五年规划期相比，二者增长差距在"十五"至"十一

五"期间持续减小，城乡居民人均收入增长越来越赶不上人均产值增长。

　　详细考察图中年度，除了 1996 年、2000～2001 年和 2010 年出现微小回升以外，云南城乡居民人均收入与人均产值的比例值一直呈现逐步下降趋势，由 1991 年 51.47% 降低至 2011 年 50.39%。20 年间逐年考察，云南城乡此项比值的最高（最佳）值为 2002 年 56.34%，最低值为 1993 年 48.71%。"民生基础系数"大体上一直在降低，意味着"人民共享发展成果"程度逐渐降低。特别是在国家"十二五"规划明确"努力实现居民收入与经济发展同步"约束性指标之后，2011 年云南城乡人均收入与人均产值的比例值仍然继续下降，这一问题必须引起高度重视。本项研究将此变动态势作为一项检测指标，推演测算由此而来的"协调增长"应然差距。

　　1991～2011 年云南城镇、乡村人均收入绝对值和城乡比变动态势见图 4。

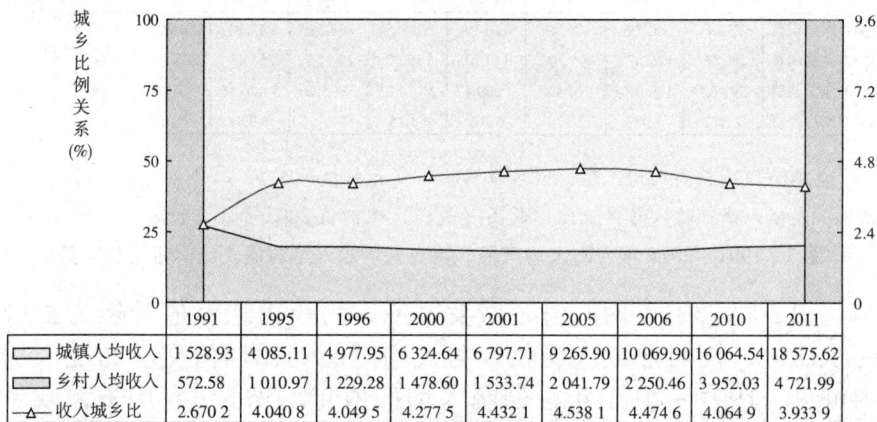

	1991	1995	1996	2000	2001	2005	2006	2010	2011
城镇人均收入	1 528.93	4 085.11	4 977.95	6 324.64	6 797.71	9 265.90	10 069.90	16 064.54	18 575.62
乡村人均收入	572.58	1 010.97	1 229.28	1 478.60	1 533.74	2 041.79	2 250.46	3 952.03	4 721.99
收入城乡比	2.670 2	4.040 8	4.049 5	4.277 5	4.432 1	4.538 1	4.474 6	4.064 9	3.933 9

左轴面积：云南城镇、乡村人均收入（元转换为%），城乡间年度变动形成直观比例；右轴曲线：收入城乡比（乡村=1），最小（最佳）城乡比 1991 年。

图 4　1991～2011 年云南城镇、乡村人均收入绝对值和城乡比变动态势

　　图 4 将云南城镇居民与乡村居民人均收入绝对值转换为图形面积比例，同时形成人均收入城乡比演算数值变动曲线。从中可见，1991～2011 年，云南城镇居民人均收入年均增长 13.30%，乡村居民人均收入年均增长 11.13%，城镇年增幅度高于乡村 2.17 个百分点。其中，"九五"期间，云南城镇居民人均收入年

均增长 9.14%，乡村居民人均收入年均增长 7.90%，城镇年增幅度高于乡村 1.24 个百分点；"十五"期间，云南城镇居民人均收入年均增长 7.94%，乡村居民人均收入年均增长 6.67%，城镇年增幅度高于乡村 1.27 个百分点；"十一五"期间，云南城镇居民人均收入年均增长 11.63%，乡村居民人均收入年均增长 14.12%，城镇年增幅度低于乡村 2.49 个百分点。三个五年规划期相比，"十五"期间云南城乡之间收入增长的差距明显加大，"十一五"期间云南城乡之间收入增长的差距有所减小。

详细考察图中年度，除了 2006 年和 2010～2011 年以外，云南城镇人均收入增长一直高于乡村人均收入增长。作为城乡差距的衡量指标，云南居民人均收入城乡比由 1991 年 2.670 2 扩大至 2011 年 3.933 9，20 年间最小（最佳）值为 1991 年 2.670 2，最大值为 2004 年 4.758 6，总体上呈现明显扩增趋势，意味着城乡之间在民生基础层面"人民共享发展成果"的程度有所降低。这一问题还没有引起学术界和政府界的足够重视。本项研究将此变动态势作为一项检测指标，推演测算由此而来的城乡"均衡发展"应然差距。

在此做出若干假定测算作为预设：（1）如果云南城乡居民人均收入与云南人均产值的比例值能够保持 2002 年最佳水平，那么 2011 年云南城乡人均收入应达到 10 853.47 元；（2）如果云南居民人均收入城乡比能够保持 1991 年最小程度，那么 2011 年云南城乡人均收入应达到 11 138.07 元，在保持最佳比例值基础上同时保持最小城乡比，则云南城乡人均收入应达到 12 452.64 元；（3）如果云南居民人均收入城乡比能够弥合而实现无差距理想状态，那么云南城乡人均收入应达到 18 575.62 元（即 2011 年城镇人均值），在保持最佳比例值基础上同时实现弥合城乡比，则云南城乡人均收入应达到 20 768.00 元。这样一来，随后逐步推演的一切后续数值都会发生变化。

最后在至 2020 年"协调增长""均衡发展"的预期目标测算中，将取云南城乡居民人均收入与人均产值比例值的历年最佳值，云南人均收入城乡比的历年最小值，乃至城乡之间人均收入无差距理想值，分别推演后面的各项数值，最终测算出云南城乡文化消费需求应然增长目标。

三、云南城乡民生消费系数的增长协调性检测

在本项研究中，居民人均非文消费占人均收入的比重值设定为"民生消费系数"。在社会主义市场经济条件下，人民群众的"需求"主要表现为消费需求，满足人民群众"基本需求"主要体现为满足必需消费，包括最基本的衣食温饱。"人民共享发展成果"最终应落实在民生消费之上。

原初的"恩格尔定律"试图表明，当人均收入达到一定水平时，维持生存所必需的人均食物消费支出有可能接近成为一个常量，即便还会有所增长，也有一定的限度。但是，在经济增长、社会进步、民生发展进入一个前所未有的历史阶段的当今时代，人类不能只维持一种延续物质生命的"动物性生存"，仅仅将食物消费视为"必需消费"势必已远远不够。因此，本项研究在人均总消费之中划分出"非文消费"部分，假设全部非文消费皆为"必需消费"，其间包含人们不可或缺的物质生活消费，譬如习惯所言"衣食住行"等；也包含当今时代必要的社会生活消费，譬如时新所谓"资讯""保健"等。以通信为例，全国城乡座机加手机总量超过了总人口数量，通信消费无疑已经成为中国国民生活中的一大"必需消费"。

云南城乡居民人均非文消费占人均收入的比重关系无疑形成一种放大了的"恩格尔定律"关系。这样一种放大了的"恩格尔定律"关系或许将会表明，当城乡居民人均收入达到一定水平时，必需的物质生活和社会生活消费支出也有可能接近成为一个常量，甚至相对于收入的比重值还会有所降低，这就为"非必需"的文化消费需求增长留出了更多的余地。显然，这一"民生消费系数"以数值小为佳，反过来即以"必需消费"之外的余钱增多为佳。本文将以此检验云南城乡居民收入保障基本民生消费的历年变动状况，并提取1991年以来历年"最佳比例值"，作为推演测算所依的应然参考值。与"必需消费"相对应的另一面则是"必需消费剩余"，文中称为"非文消费剩余"，其中正包含着本项研究最终关注的"非必需"文化消费需求。

1991～2011年云南城乡人均收入、非文消费绝对值、比重值

变动态势见图5。

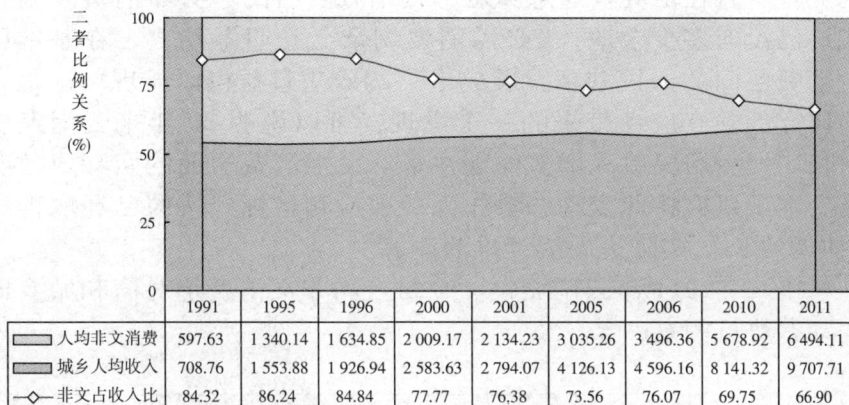

	1991	1995	1996	2000	2001	2005	2006	2010	2011
人均非文消费	597.63	1 340.14	1 634.85	2 009.17	2 134.23	3 035.26	3 496.36	5 678.92	6 494.11
城乡人均收入	708.76	1 553.88	1 926.94	2 583.63	2 794.07	4 126.13	4 596.16	8 141.32	9 707.71
非文占收入比	84.32	86.24	84.84	77.77	76.38	73.56	76.07	69.75	66.90

左轴面积：云南城乡人均收入、人均非文消费（元转换为%），二者年度变动形成直观比例；左轴曲线：非文消费占收入比，最低（最佳）比例值2011年。

图5　1991～2011年云南城乡人均收入、非文消费绝对值、比重值变动态势

图5也将云南城乡居民人均收入、人均非文消费绝对值转换为图形面积比例，同时形成人均非文消费占人均收入的比重值变动曲线。从中可见，1991～2011年，云南城乡居民人均收入年均增长13.98%，人均非文消费年均增长12.67%，人均收入年增幅度高于人均非文消费年增幅度1.31个百分点。其中，"九五"期间，云南城乡居民人均收入年均增长10.70%，人均非文消费年均增长8.44%，收入年增幅度高于非文消费年增幅度2.27个百分点；"十五"期间，云南城乡居民人均收入年均增长9.82%，人均非文消费年均增长8.60%，收入年增幅度高于非文消费年增幅度1.21个百分点；"十一五"期间，云南城乡居民人均收入年均增长14.56%，人均非文消费年均增长13.35%，收入年增幅度高于非文消费年增幅度1.21个百分点。三个五年规划期相比，二者增长差距不断减小，城乡居民人均非文消费（必需消费）占人均收入的比重越来越低。

详细考察图中年度，除了1995年和2006年出现微小回升以外，云南城乡居民人均非文消费占人均收入的比重值一直呈现逐步下降趋势，由1991年84.32%降低至2011年66.90%。20年间逐年考察，云南城乡此项比值的最高值为1995年86.24%，最低（最佳）值为2011年66.90%。"民生消费系数"大体上一直在减低（以小为佳倒序），亦即"必需消费"之外的余钱占收入的比重一直在增高。这意味着，云南城乡居民"必需消费"增长或许已没有多少余地，"必需消费剩余"正日益增多，在基本民生消费层面"人民共享发展成果"的效应日益得以显现。这是本项研究的独有设计带来的一个发现，可以说明20年来云南经济增长、城乡居民收入增多体现在基本民生消费层面的实际成效明显。本项研究将此变动态势作为一项检测指标，按照已经取得的"协调增长"实际进展继续推演测算。

1991~2011年云南城镇、乡村人均非文消费绝对值和城乡比变动态势见图6。

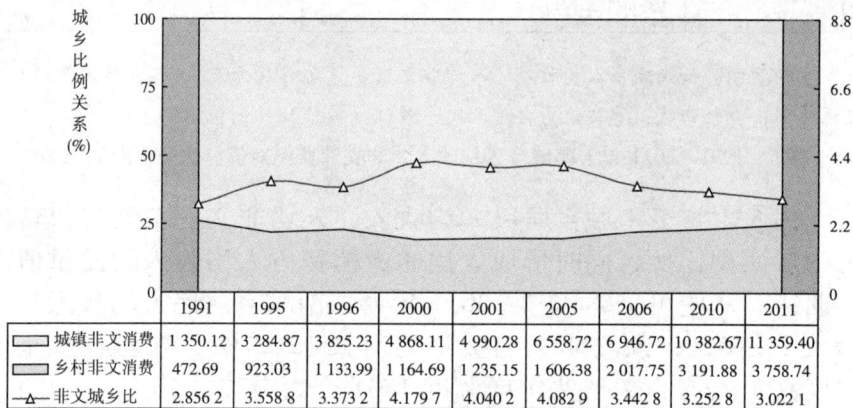

	1991	1995	1996	2000	2001	2005	2006	2010	2011
城镇非文消费	1 350.12	3 284.87	3 825.23	4 868.11	4 990.28	6 558.72	6 946.72	10 382.67	11 359.40
乡村非文消费	472.69	923.03	1 133.99	1 164.69	1 235.15	1 606.38	2 017.75	3 191.88	3 758.74
非文城乡比	2.856 2	3.558 8	3.373 2	4.179 7	4.040 2	4.082 9	3.442 8	3.252 8	3.022 1

左轴面积：云南城镇、乡村人均非文消费（元转换为%），城乡间年度变动形成直观比例；右轴曲线：非文消费城乡比（乡村=1），最小（最佳）城乡比1991年。

图6　1991~2011年云南城镇、乡村人均非文消费绝对值和城乡比变动态势

图6也将云南城镇居民与乡村居民人均非文消费绝对值转换为图形面积比例，同时形成人均非文消费城乡比演算数值变动曲线。从中可见，1991~2011年，云南城镇居民人均非文消费年均增长11.24%，乡村居民人均非文消费年均增长10.92%，城镇年增幅度高于乡村0.31个百分点。其中，"九五"期间，云南城镇居民人均非文消费年均增长8.19%，乡村居民人均非文消费年均增长4.76%，城镇年增幅度高于乡村3.42个百分点；"十五"期间，云南城镇居民人均非文消费年均增长6.14%，乡村居民人均非文消费年均增长6.64%，城镇年增幅度低于乡村0.50个百分点；"十一五"期间，云南城镇居民人均非文消费年均增长

9.62%，乡村居民人均非文消费年均增长 14.72%，城镇年增幅度低于乡村 5.10 个百分点。三个五年规划期相比，"十五"期间云南城乡之间非文消费增长的差距有所减小，"十一五"期间云南城乡之间非文消费增长的差距明显减小。

　　详细考察图中年度，除了 1995 年、2000 年和 2005 年以外，云南城镇人均非文消费增长幅度低于乡村，有可能接近成为一个常量；与之相反，乡村人均非文消费增长幅度逐步增大，保持着进一步增长态势。作为城乡差距的衡量指标，云南居民人均非文消费城乡比由 1991 年 2.856 2 扩大至 2011 年 3.022 1，20 年间最小（最佳）值为 1991 年 2.856 2，最大值为 2004 年 4.516 3，总体上呈现微弱扩增趋势，但进入"十一五"以后明显缩小，意味着城乡之间在基本民生消费层面"人民共享发展成果"的程度近几年来有所提高。这也是本项研究的独有设计带来的一个发现，至今还没有引起学术界和政府界的应有注意。本项研究将此变动态势作为一项检测指标，按照已经取得的城乡"均衡发展"实际进展继续推演测算。

　　在此做出若干假定测算作为预设：（1）如果云南城乡居民人均非文消费占人均收入的比重值能够保持 2011 年最佳水平，这是当前比值而结果不变，取上一类最佳比例值叠加测算，那么 2011 年云南城乡人均非文消费应达到 7 260.58 元，反转则是人均非文消费剩余增多至 3 592.89 元；（2）如果云南居民人均非文消费城乡比能够保持 1991 年最小程度，那么 2011 年云南城乡人均非文消费应达到 6 633.84 元，在保持至此两项最佳比例值基础上同时保持此项最小城乡比，云南城乡人均非文消费应达到 7 416.80 元，反转则是人均非文消费剩余增多至 5 035.83 元；（3）如果云南居民人均非文消费城乡比能够弥合而实现无差距理想状态，那么云南城乡人均非文消费应达到 11 359.40 元（即 2011 年城镇人均值），在保持至此两项最佳比例值基础上同时实现弥合此项城乡比，云南城乡人均非文消费应达到 12 700.09 元，反转则是人均非文消费剩余增多至 8 067.91 元。这样一来，随后推演的一切相关数值也会发生变化。

　　最后在至 2020 年"协调增长""均衡发展"的预期目标测算中，将取云南城乡居民人均非文消费占人均收入比重值的历年最佳值，云南人均非文消费城乡比的历年最小值，乃至城乡之间人均非文消费无差距理想值，分别推演后面的各项数值，最终测算出云南城乡文化消费需求应然增长目标。

四、云南城乡文化需求系数的增长协调性检测

在本项研究中，居民人均文化消费与人均非文消费剩余的比例值设定为"文化需求系数"。这是衡量在精神文化生活方面"人民共享发展成果"实际效果的重要指标。

本项研究多年前揭示出中国城乡文化消费需求的"积蓄增长负相关效应"，当然一向特别关注城乡居民文化消费增长与积蓄增长的特殊互动关系，特地从总消费里分解出"非文消费"，别出心裁地设置了与之对应的"非文消费剩余"。借用经济学把收入与总消费之差称为"消费剩余"之说，收入与非文消费之差也就可以视为"非文消费剩余"。换一个角度来看，居民"非文消费剩余"其实也就是居民收入当中除"必需"的非文消费外的其余部分，属于必要生活开支之外的余钱范畴，可以在一定程度上体现当今人民群众的"富足生活"。物质温饱之后才可能出现精神需求提升。对于本项研究格外重要的是，在非文消费剩余之中，正包含着"非必需"的文化消费。

人均文化消费与人均非文消费剩余的比例值正好体现了文化消费与积蓄之间的关系，二者之间此消彼长的"负相关"关系势必形成对于"必需消费"剩余部分的相互"争夺"。在本项研究中，这一"文化需求系数"同样以数值大为佳，间接涉及"二次分配"状况，能够衡量文化消费的民生需求涨落。与之对应的背景因素则是社会保障建设的实际效果，由此自然能够缓解广大民众的"必需积蓄"，从而增加"非必需"的精神文化消费。本文将以此检验云南城乡居民非文消费剩余增减左右文化消费需求涨落的历年变动状况，并提取 1991 年以来历年"最佳比例值"，作为推演测算所依的应然参考值。

1991~2011 年云南城乡人均非文消费剩余、文化消费绝对值、比例值变动态势见图 7。

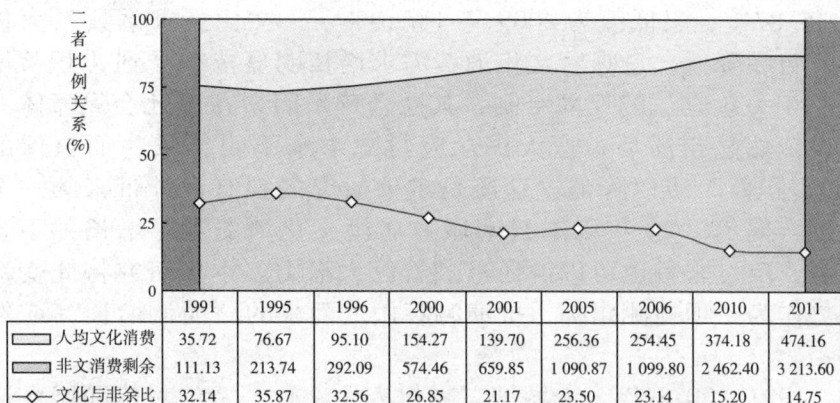

	1991	1995	1996	2000	2001	2005	2006	2010	2011
人均文化消费	35.72	76.67	95.10	154.27	139.70	256.36	254.45	374.18	474.16
非文消费剩余	111.13	213.74	292.09	574.46	659.85	1 090.87	1 099.80	2 462.40	3 213.60
文化与非余比	32.14	35.87	32.56	26.85	21.17	23.50	23.14	15.20	14.75

左轴面积：云南城乡人均非文消费剩余、人均文化消费（元转换为%），二者年度变动形成直观比例；左轴曲线：文化消费与非文消费剩余比，最大（最佳）比例值1995年。

图7　1991～2011年云南城乡人均非文消费剩余、文化消费绝对值、
比重值变动态势

　　图7仍将云南城乡人均非文消费剩余、文化消费绝对值转换为图形面积比例，同时形成人均文化消费与人均非文消费剩余的比例值变动曲线。从中可见，1991～2011年，云南城乡居民人均非文消费剩余年均增长18.32%，人均文化消费年均增长13.80%，人均非文消费剩余年增幅度高于人均文化消费年增幅度4.52个百分点。其中，"九五"期间，云南城乡居民人均非文消费剩余年均增长21.86%，人均文化消费年均增长15.01%，非文消费剩余年增幅度高于文化消费年增幅度6.86个百分点；"十五"期间，云南城乡居民人均非文消费剩余年均增长13.68%，人均文化消费年均增长10.69%，非文消费剩余年增幅度高于文化消费年增幅度2.99个百分点；"十一五"期间，云南城乡居民人均非文消费剩余年均增长17.68%，人均文化消费年均增长7.86%，非文消费剩余年增幅度高于文化消费年增幅度9.83个百分点。三个五年规划期相比，二者增长差距在"十五"期间出现"倒置"，但在"十一五"期间明显加大。

　　详细考察图中年度，除了1995年和2005年出现回升以外，云南城乡居民人均文化消费与人均非文消费剩余的比例值基本上呈现逐步下降趋势，由1991年32.14%降低至2011年14.75%。20年间逐年考察，云南城乡此项比值的最高（最佳）值为1995

年35.87%，最低值为2009年14.60%。"文化需求系数"大体上一直在降低，意味着文化消费需求增长明显持续受到"积蓄增长负相关效应"的反向牵制，其社会背景因素在于社会保障体系建设依然显得滞后，广大民众应付"未来不明年景"而自保的"必需积蓄"难以降低。这还是本项研究的独有设计带来的一个发现，揭示出20年以来云南城乡居民文化消费需求增长并不容乐观，反过来看也可以说还蕴藏着巨大潜力。本项研究将此变动态势作为一项检测指标，推演测算由此而来的"协调增长"应然差距。

1991～2011年云南城镇、乡村人均文化消费绝对值和城乡比变动态势见图8。

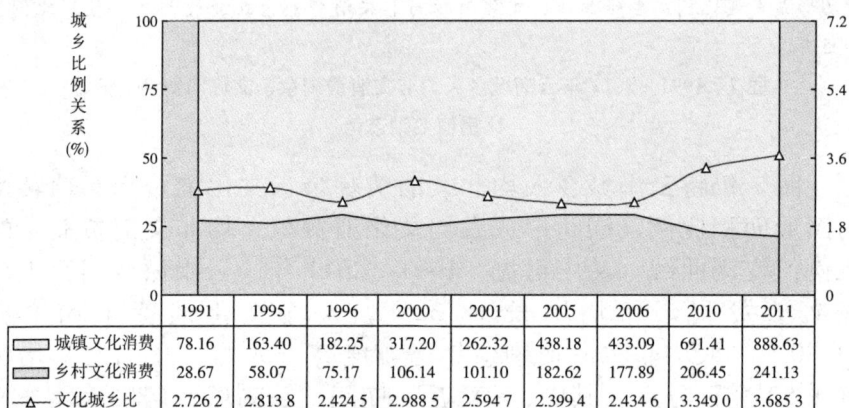

	1991	1995	1996	2000	2001	2005	2006	2010	2011
城镇文化消费	78.16	163.40	182.25	317.20	262.32	438.18	433.09	691.41	888.63
乡村文化消费	28.67	58.07	75.17	106.14	101.10	182.62	177.89	206.45	241.13
文化城乡比	2.7262	2.8138	2.4245	2.9885	2.5947	2.3994	2.4346	3.3490	3.6853

左轴面积：云南城镇、乡村人均文化消费（元转换为%），城乡间年度变动形成直观比例；右轴曲线：文化消费城乡比（乡村=1），最小（最佳）城乡比2007年。

图8　1991～2011年云南城镇、乡村人均文化消费绝对值和城乡比变动态势

图8仍将云南城镇居民与乡村居民人均文化消费绝对值转换为图形面积比例，同时形成人均文化消费城乡比演算数值变动曲线。从中可见，1991～2011年，云南城镇居民人均文化消费年均增长12.92%，乡村居民人均文化消费年均增长11.23%，城镇年增幅度高于乡村1.69个百分点。其中，"九五"期间，云南城镇居民人均文化消费年均增长14.19%，乡村居民人均文化消费年均增长12.82%，城镇年增幅度高于乡村1.37个百分点；"十五"期间，云南城镇居民人均文化消费年均增长6.68%，乡村居民人均文化消费年均增长11.46%，城镇年增幅度低于乡村4.79

个百分点；"十一五"期间，云南城镇居民人均文化消费年均增长 9.55%，乡村居民人均文化消费年均增长 2.48%，城镇年增幅度高于乡村 7.07 个百分点。三个五年规划期相比，"十五"期间云南城乡之间文化消费增长的差距有所减小，"十一五"期间云南城乡之间文化消费增长的差距持续加大。

详细考察图中年度，除了 1996 年、2001 年和 2005 年以外，云南城镇人均文化消费增长一直高于乡村人均文化消费增长。作为城乡差距的衡量指标，云南居民人均文化消费城乡比由 1991 年 2.726 2 扩大至 2011 年 3.685 3，20 年间最小（最佳）值为 2007 年 2.222 1，最大值为 2002 年 3.720 0，总体呈现持续扩增趋势，意味着城乡之间在文化消费需求层面"人民共享发展成果"的程度有所降低。这仍是本项研究的独有设计带来的一个发现，揭示出 20 年以来云南城乡之间文化消费需求增长极不平衡。本项研究将此变动态势作为一项检测指标，推演测算由此而来的城乡"均衡发展"应然差距。

在此做出若干假定测算作为预设：（1）如果云南城乡居民人均文化消费与人均非文消费剩余的比例值能够保持 1995 年最佳水平（简称"消除负相关测算"，即文化消费增长与积蓄增长之间不再构成负相关关系），那么 2011 年云南城乡人均文化消费应达到 1 152.79 元，总量可达到 532.15 亿元；（2）如果在保持此项最佳比例值基础上，云南居民人均文化消费城乡比能够保持 2007 年最小程度，那么 2011 年云南城乡人均文化消费应达到 1 399.88 元，总量可达到 646.21 亿元；（3）如果同样在保持此项最佳比例值基础上，云南居民人均文化消费城乡比能够弥合而实现无差距理想状态，那么云南城乡人均文化消费应达到 2 160.48 元，总量可达到 997.32 亿元。

至此，云南城乡文化消费需求增长相关方面的诸多差距一目了然：一方面在于经济增长与基本民生、文化民生增进的协调性差距，另一方面在于城乡之间文化民生增进的均衡性差距。最后在云南今后 10 年"协调增长""均衡发展"的预期目标测算中，将取云南城乡居民人均文化消费与人均非文消费剩余比例值的历年最佳值，云南人均文化消费城乡比的历年最小值，乃至城乡之间人均文化消费无差距理想值，并叠加上两类协调性差距检测分别推演，最终测算出云南城乡文化消费需求应然增长目标。

有必要补充说明,以上就云南城乡三个方面逐一开展独立分析,类似设置了一种纯化的"实验室"条件,分别针对云南城乡三个方面之一的比值关系及其变化单独进行演算,而暂时搁置云南城乡其他方面的比值关系及其变化影响。然而实际上,云南城乡这三个方面的比值关系及其变化恰恰密切联系在一起,因此最终必须综合在一起进行统一分析演算。

就此继续做出若干假定测算作为预设:(4)如果同时取"民生基础系数""民生消费系数"和"文化需求系数"三类最佳比例值叠加测算(简称"最佳比例值测算"),那么2011年云南城乡人均文化消费应达到1 288.85元,总量可达到594.96亿元;(5)如果在保持三项最佳比例值基础上,云南居民人均文化消费城乡比能够保持2007年最小程度(简称"最小城乡比测算"),那么2011年云南城乡人均文化消费应达到1 565.10元,总量可达到722.48亿元;(6)如果同样在保持三项最佳比例值基础上,云南居民人均文化消费城乡比能够弥合而实现无差距理想状态(简称"弥合城乡比测算"),那么云南城乡人均文化消费应达到2 415.47元,总量可达到1 115.03亿元。

综合以上三类检测,最后进行更加理想化的假定测算:(7)如果云南居民人均收入、人均非文消费和人均文化消费三类城乡比同时得以消减至无差距理想状态,即取各项城镇人均值,按云南城镇实现三类比例值历年最佳水平演算(简称"城乡无差距测算"),那么2011年云南城乡人均文化消费应达到4 490.40元,总量可达到2 072.86亿元。

五、文化需求增长目标暨文化产业发展空间测算

在"十二五"期间注重"协调增长"的预定目标之下,寄期实现既往年度"最佳状态"的应然测算,在技术上提供了一种简单易行的检测方法,在现实中也实在不过是一种起码的期待。同样,面向科学发展强调"全面协调可持续"的理念要求,寄期实现未来"理想状态"的应然测算,可以检验出距离"全面协调可持续发展"理想目标的现实差距。

2011~2020年云南城乡人均文化消费增长暨文化产业发展空

间测算见图 9。鉴于需要基于 2011 年统计数据进行测算，这里将 2011 年作为"未来 10 年"的头一年处理。作为必不可少的背景因素，2011～2020 年云南人均产值增长先按照 1991～2011 年实际年均增长率推算，得出文化消费需求增长目标差距；再按照国家"十二五"规划预定的产值年均增长 7% 推算，得到增长目标差距校正数值。

图 9 同时提供了云南城乡人均文化消费需求增长的七类测算结果。除了第（1）类历年均增值测算以外，其余各类测算均以所需年均增长幅度来表现距离"协调增长"目标的差距。各类测算的目标取向、演算方法不同，其间各类增长曲线即使十分接近，也不可视为相互涵盖。

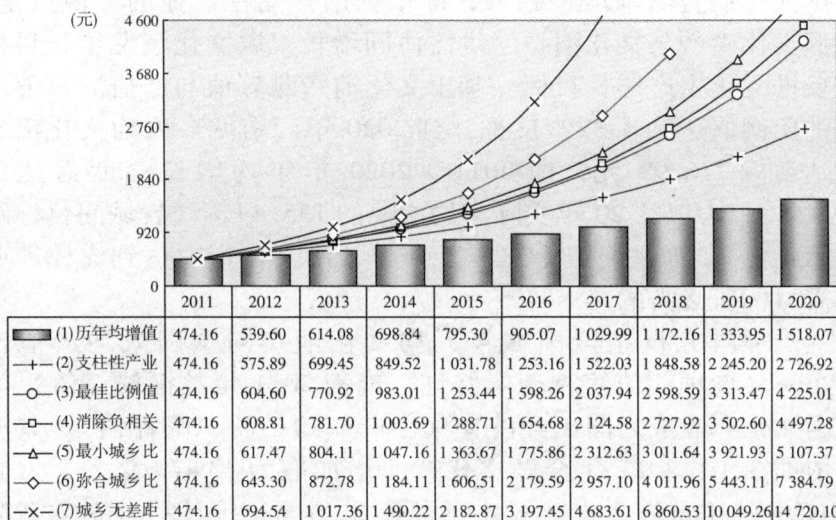

（元）

	2011	2012	2013	2014	2015	2016	2017	2018	2019	2020
(1)历年均增值	474.16	539.60	614.08	698.84	795.30	905.07	1 029.99	1 172.16	1 333.95	1 518.07
(2)支柱性产业	474.16	575.89	699.45	849.52	1 031.78	1 253.16	1 522.03	1 848.58	2 245.20	2 726.92
(3)最佳比例值	474.16	604.60	770.92	983.01	1 253.44	1 598.26	2 037.94	2 598.59	3 313.47	4 225.01
(4)消除负相关	474.16	608.81	781.70	1 003.69	1 288.71	1 654.68	2 124.58	2 727.92	3 502.60	4 497.28
(5)最小城乡比	474.16	617.47	804.11	1 047.16	1 363.67	1 775.86	2 312.63	3 011.64	3 921.93	5 107.37
(6)弥合城乡比	474.16	643.30	872.78	1 184.11	1 606.51	2 179.59	2 957.10	4 011.96	5 443.11	7 384.79
(7)城乡无差距	474.16	694.54	1 017.36	1 490.22	2 182.87	3 197.45	4 683.61	6 860.53	10 049.26	14 720.10

注：2011～2020 年人均产值按 1991～2011 年实际年均增长推算，文化消费与产值比：2011 年实值 2.46%；2020 年测算值（1）2.40%；（2）4.32%；（3）6.69%；（4）7.12%；（5）8.09%；（6）11.69%；（7）23.31%。2011～2020 年云南城乡人均文化消费年均增长：（1）13.80%（1991～2011 年实值);（2）21.46%；（3）27.51%；（4）28.40%；（5）30.23%；（6）35.67%；（7）46.48%。若产值按年均增长 7% 推算，则 2020 年文化消费与产值比测算值：（1）4.29%；（4）12.70%。2020 年云南城乡人均文化消费（2）1 529.33 元，年增 13.90%；（3）2 369.49 元，年增 19.57%；（5）2 864.35 元，年增 22.12%；（6）4 141.58 元，年增 27.23%；（7）8 255.41 元，年增 37.36%。

图 9　2011～2020 年云南城乡人均文化消费需求增长测算

（1）历年均增值测算：以1991～2011年云南城乡人均文化消费年平均增长率推算未来年度文化消费需求增长趋势，这是基于统计概率的最"可能"增长结果。如果2011～2020年同前保持13.80%的年均增长幅度（省域间实际增长第10位），那么到2020年云南城乡人均文化将达到1 518.07元。但是，由于1991～2011年间云南城乡人均文化消费与人均产值的比例值呈现下降态势，2020年城乡人均文化消费增长测算值与云南人均产值增长测算值之间的比例值将持续下降至2.40%。显然，继续维持这样一种常规增长态势，不能实现支柱性产业发展目标，尤其不能适应"十二五"期间"协调增长"的既定要求。

（2）支柱性产业测算：以文化产业支柱性发展目标测算未来年度文化消费需求增长趋势，即依据通常支柱产业的产值比重，按照文化生产与文化消费的供需协同增长，以文化消费增长目标来反推文化生产增长目标。基于文化消费测算值与产值测算值之间的比例值达到4.32%反推，到2020年云南城乡人均文化消费应达到2 726.92元，即2011～2020年年均增长幅度需达到21.46%，为以往20年实际年均增幅的155.44%（省域间目标距离第4位），却是到"十三五"末年云南文化产业达到支柱产业供需目标所必需的。

本项研究设定全国城乡人均文化消费与全国人均产值比3.76%（此项比值演算逐年修订，现为2011年数据修订值）为中国文化产业成为国民经济支柱性产业的必需"临界值"。其演算依据在于：2011年全国文化产业增加值为13 479亿元，占同期GDP的比重为2.85%；本项研究采用国家统计局公布数据演算得出可对应值：2011年全国城乡文化消费总量为10 126.19亿元，城乡人均文化消费为753.36元，与全国人均产值的比例值为2.14%（更精确小数为2.141 4%）。在文化产业增加值——文化生产数据与城乡文化消费——文化需求数据之间，存在着一定对应关系，其间的差额包括公共文化服务部分（大都未能进入城乡居民日常生活消费），当然也包括文化产业提供产品和服务没有进入城乡居民日常生活消费的部分（譬如公费书报刊购买订阅）。假定此间的对应比值关系在一定时期内大致恒定，那么当全国城乡人均文化消费与全国人均产值的比例值增高到3.756 8%（更精确小数）时，全国文化产业增加值占同期GDP

的比重也将达到5%。各地此项比值各有不同，云南2011年演算值为4.3179%（更精确小数）。

（3）最佳比例值测算：以1991～2011年间城乡人均收入与产值比、非文消费占收入比、文化消费与非文消费剩余比三项比例值的历年最佳值测算未来年度文化消费需求增长趋势，即假设维持曾有的三项比例关系"最佳状态"不至进一步失衡。如果到2020年云南城乡三项比例值实现"十五"以来最佳状态，那么城乡人均文化消费应达到4225.01元，即2011～2020年年均增长幅度需达到27.51%，为以往20年实际年均增幅的199.31%（省域间目标距离第3位），城乡人均文化消费增长测算值与云南人均产值增长测算值之间的比例值将上升至6.69%。尽快实现这一目标实属协调增长的基本要求，应当努力实现。

（4）消除负相关测算：以1991～2011年间云南城乡人均文化消费与非文消费剩余比例值的历年最佳值测算未来年度文化消费需求增长趋势，即假设文化消费增长不至继续受到"必需积蓄"增长的反向牵制。如果到2020年云南此项比值实现"十五"以来最佳状态，那么城乡人均文化消费应达到4497.28元，即2011～2020年年均增长幅度需达到28.40%，为以往20年实际年均增幅的205.74%（省域间目标距离第9位），城乡人均文化消费增长测算值与云南人均产值增长测算值之间的比例值将上升至7.12%。这是三项"最佳比例值"中影响文化消费需求增长最为重要、最为直接的一项单独测算。由于云南其中一项比例值呈现向好发展趋势，这一单项比例值测算的目标距离反而大于三项比例值测算。

（5）最小城乡比测算：在三项最佳比例值测算基础上，以1991～2011年云南文化消费城乡比的历年最小值测算未来年度文化消费需求增长趋势，即假设"回到"并维持原有的文化消费城乡比"最佳状态"不至进一步扩大，作为下一步缩小以至消除城乡差距的基础。如果到2020年云南城乡实现1991年以来三项最佳比例值，同时实现文化消费城乡比最小状态，那么云南城乡人均文化消费应达到5107.37元，年均增长幅度需达到30.23%，为以往20年实际年均增幅的218.99%（省域间目标距离第3位），城乡人均文化消费增长与人均产值增长测算值之间的比例值将上升至8.09%。尽快实现这一测算目标，实属控制文化消费需求城乡差距不再扩大的起码要求，应争取尽快做到。

（6）弥合城乡比测算：在三项最佳比例值测算基础上，以云南城乡文化消费城乡比的无差距理想值测算未来年度文化消费需求增长趋势，即假设城乡差距得以消除测算增长状况。如果到2020年云南城乡实现1991年以来三项最佳比例值，同时乡村人均文化消费增长幅度迅速提升，人均绝对值与云南城镇水平持平，那么云南城乡人均文化消费应达到7 384.79元，年均增长幅度需达到35.67%，为以往20年实际年均增幅的258.44%（省域间目标距离第7位），城乡人均文化消费增长与人均产值增长测算值之间的比例值将上升至11.69%。这是推进城乡共享文化发展成果的基本要求，有必要及早实现。

（7）城乡无差距测算：以人均收入、人均非文消费、人均文化消费三项城乡比的无差距理想状态实现最佳比例值测算未来年度文化消费需求增长趋势，即首先假设云南乡村方面加速增长逐步与城镇持平，其次取城镇标准保持曾有的三项比例关系"最佳状态"。如果云南乡村人均各项数值增长幅度迅速提升，至2020年各项人均绝对值与城镇水平持平，同时以云南城镇标准保持1991～2011年间三项"最佳比例值"，那么云南城乡人均文化消费应达到14 720.10元，年均增幅需达到46.48%，为以往20年实际年均增幅的336.74%（省域间目标距离第9位），城乡人均文化消费增长与人均产值增长测算值之间的比例值将上升至23.31%。这是按照云南城镇总体水平进行测算，属于推进城乡一体化，共享经济发展、民生进步成果的理想假设，属于未来既定努力方向。

如果按照国家"十二五"规划，把云南"十二五"期间产值年均增长控制在7%，并延续至"十三五"期间，则以上云南城乡文化消费需求人均值增长测算中，与产值演算间接相关的第（1）（4）类测算的文化消费绝对值不变，而与产值比将分别增高至4.29%和12.70%；与产值演算直接相关的第（2）（3）（5）至（7）类测算的文化消费绝对值相应减少，而年均增长幅度（其实是目标差距）将分别降低至13.90%、19.57%、22.12%、27.23%和37.36%（详见图10图下注），显然更加容易实现。总量值增长测算与之类似。在全面协调可持续发展中，不仅经济与环境（包括资源和能源）的关系要求适当控制GDP

增长，而且经济与社会（包括民生及文化民生）的关系也要求适当控制 GDP 增长。这正体现出一种应有的发展智慧。

同时，还应该看到，以云南经济（包括文化生产）增长、社会（一般民生）发展与文化需求（文化民生）增进的关系来看，实现"支柱性产业"测算目标并不算很难，但实现"最佳比例值""消除负相关""弥合城乡比"，尤其是"城乡无差距"测算目标却更不容易。毫无疑问，与"GDP 崇拜"和"文化 GDP 追逐"相比，增强经济与民生（包括文化民生）发展的协调性，增强城乡之间发展的协调性，更应当成为科学发展理念之下政府实绩考核的主要指标。

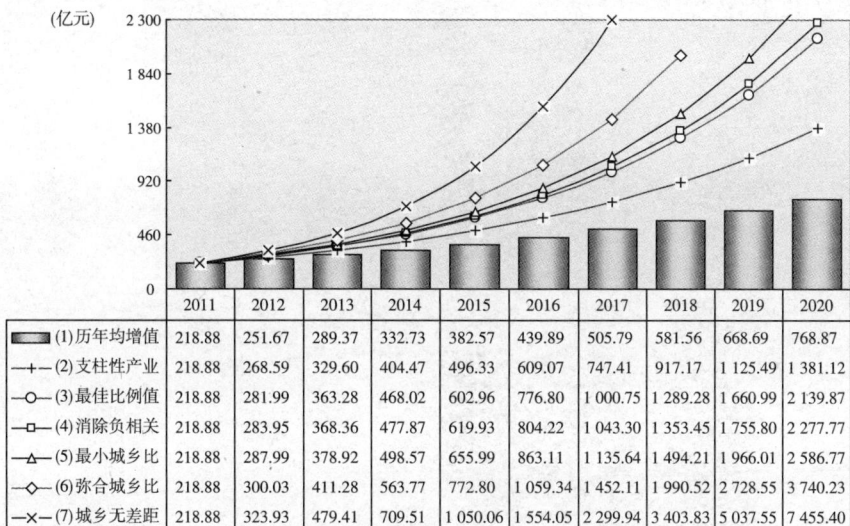

（亿元）	2011	2012	2013	2014	2015	2016	2017	2018	2019	2020
(1) 历年均增值	218.88	251.67	289.37	332.73	382.57	439.89	505.79	581.56	668.69	768.87
(2) 支柱性产业	218.88	268.59	329.60	404.47	496.33	609.07	747.41	917.17	1 125.49	1 381.12
(3) 最佳比例值	218.88	281.99	363.28	468.02	602.96	776.80	1 000.75	1 289.28	1 660.99	2 139.87
(4) 消除负相关	218.88	283.95	368.36	477.87	619.93	804.22	1 043.30	1 353.45	1 755.80	2 277.77
(5) 最小城乡比	218.88	287.99	378.92	498.57	655.99	863.11	1 135.64	1 494.21	1 966.01	2 586.77
(6) 弥合城乡比	218.88	300.03	411.28	563.77	772.80	1 059.34	1 452.11	1 990.52	2 728.55	3 740.23
(7) 城乡无差距	218.88	323.93	479.41	709.51	1 050.06	1 554.05	2 299.94	3 403.83	5 037.55	7 455.40

注：2011～2020 年产值按 1991～2011 年实际年均增长推算，2011～2020 年云南城乡文化消费总量年均增长：（1）14.98%（1991～2011 年实值）、（2）22.71%、（4）28.83%、（3）29.73%、（5）31.57%、（6）37.08%、（7）48.00%。若产值按年均增长 7%推算，则 2020 年云南城乡文化消费总量：（2）774.57 亿元，年增 15.08%；（4）1 200.10 亿元，年增 20.81%；（5）1 450.73 亿元，年增 23.39%；（6）2 097.62 亿元，年增 28.55%；（7）4 181.18 亿元，年增 38.79%。

图 10　2011～2020 年云南城乡文化消费需求总量增长测算

在人均数值增长测算基础上，测算 2011～2020 年云南城乡文化消费需求总量暨文化产业增长目标见图 10，图中同样提供云南城乡文化消费需求总量增长的七类测算结果。总量数值有利于总体把握基于扩大文化消费需求、促进城乡文化共享的云南文化产业发展目标。数据演算是对事实的数理抽象演绎，年度数据链所体现出来的增长走势已经说明了一切。需要补充说明一点，人均数值与总量数值测算在本项研究的演算测评数据库里同步分别完成，由于所依据的基础数据不同（总量增长会受到人口增长及其分布变化影响），所求取的目标数值不同，其间年均增长幅度演算结果略有差异。

作者为云南省社会科学院研究员，文化研究中心主任，中国文化消费需求景气评价中心首席科学家，《中国文化消费需求景气评价报告》系列主编。

公共文化服务建设

构建和完善云南公共文化服务
体系的思考①

刘佳云　马云华

　　当今世界，随着经济全球化、世界多极化的迅猛发展，文化在综合国力竞争中的地位和作用越来越突出。作为一种"软实力"，文化的重要性已越来越为更多的人所认识。在中国，改革开放特别是党的十六大以来，我国经济建设取得了巨大成就，同时，文化建设的重要作用得到从中央到地方各级政府的高度重视，文化建设与经济建设、政治建设、社会建设"四位一体"被纳入国家的重大发展战略，党的十八大，文化建设被纳入经济建设、政治建设、文化建设、社会建设与生态文明建设"五位一体"中国特色社会主义事业的总体布局。本着"以人为本"的执政理念，其着力点在于满足人民群众精神文化需求和促进人的全面发展。公共文化服务体系是文化建设的重要组成部分，是满足人民群众精神文化需求的主要途径。2005 年，党的十六届五中全会提出"逐步形成覆盖全社会的比较完备的公共文化服务体系"，从此，公共文化服务体系建设被列入党和国家的重要日程；2011 年党的十七届六中全会，将满足人民基本文化需求作为社会主义文化建设的基本任务，构建和完善公共文化服务体系成为建设社会主义文化强国的重要内容。

　　文化建设在云南的地位举足轻重。作为一个多民族的边疆省份，云南省委、省政府立足于我省社会经济发展水平的实际，在

---

　　① 本文系 2012 年度文化部文化艺术科学研究项目"边疆多民族地区完善公共文化服务体系建设保障机制研究——以云南为例"（批准号 12DH39）阶段性成果。

全国率先提出了建设"民族文化大省"的战略目标，首创了文化产业发展的"云南模式"；近年来，面对严峻的国际国内形势，根据云南社会经济发展的需要，提出了建设"两强一堡"的战略部署，建设"民族文化强省"，成为云南全面建设小康社会的重要任务之一。配合国家社会主义文化强国建设的大政方针，云南文化建设长足发展，公共文化服务体系不断完善，在不断的探索和实践中，结合云南实际，创造了文化惠民的"云南经验"，得到了社会各界的广泛认可。

经过多年的努力，云南公共文化服务体系建设取得了一定成效，但不可否认的是，公共文化服务还存在投入不足、设施滞后、供给不足、服务有限、发展不均等一系列问题，在云南"两强一堡"的发展战略中，如何完善云南公共文化服务体系保障机制，是我们面临的一个重要现实课题。

一、公共文化服务体系及其对云南的重要意义

（一）公共文化服务体系的基本内涵

"公共文化服务"的概念来源于国内，但其理念和内涵却来源于国外的公共服务和公共行政与管理理论。从现有研究成果来看，国外理论界的相关研究基本涵盖了公共文化服务政策制定、公共管理、公共产品与服务供给、公共服务均等化及政府提供公共服务的职责和效率等方面。从国内来看，对于公共文化服务体系的内涵，因研究的关注点与侧重点不同，对其界定也有多种。我们认为，公共文化服务体系是指由政府部门提供的，以公共财政为支撑，以保障公民基本文化权益、满足公民基本文化需求为目的的各种公益性文化机构和服务的总称，是服务型政府建设的重要内容。基于"公益性、基本性、均等性、便利性"原则，公共文化服务体系解决的是人民群众最关心、最直接、最现实的基本文化权益问题。公共文化服务体系涉及的内容众多，包含了公共文化的服务主体、主要服务方式、服务对象、服务内容、服务目的、实现途径以及相关制度、机构等，是一个庞大而复杂的体系。公共文化服务体系与市场化、产业化的经营性文化产业一

起，共同构成国家文化建设的完整体系。

（二）构建和完善云南公共文化服务体系的重要性和紧迫性

1. 构建公共文化服务体系是时代发展的需要

当今世界，随着经济全球化的迅猛发展，文化在综合国力竞争中的地位和作用日益凸显。作为一种"软实力"，文化的重要性已越来越成为国际社会的共识。国际上，以美国为首的西方国家凭借其强大的经济和先进的科技优势，向世界各国特别是广大的发展中国家大肆推行其价值观念和生活方式，积极进行文化扩张，文化成为实现其政治野心的主要工具。在国内，改革开放以来，我国经济建设取得了巨大成就，人民生活水平得到极大提高。随着文化在促进社会和谐进步、实现人的全面发展中的作用的日益凸显，文化建设的重要性逐渐得到从中央到地方各级政府的高度重视。党的十六大科学地论述了文化的重要地位和作用，在我党的历史上，首次将文化的地位和作用提高到民族生存的战略高度。随后，党中央将文化建设与经济建设、政治建设、社会建设"四位一体"相统一，共同纳入国家的重大发展战略，成为新时期全面建设小康社会的重要任务，基于"以人为本"的执政理念，其着力点在满足人民群众文化需求和促进人的全面发展。

公共文化服务体系是文化建设的重要组成部分，是满足人民群众精神文化需求的主要途径。2005 年，党的十六届五中全会通过的《中共中央关于制定国民经济和社会发展第十一个五年计划的建议》中提出"逐步形成覆盖全社会的比较完备的公共文化服务体系"，"公共文化服务体系"的概念随之进入人们的视野并不断引起社会的关注，公共文化服务体系建设成为社会主义文化建设的重要目标，被纳入党和国家的重要日程；随后，党中央、国务院先后出台了《关于进一步加强农村文化建设的意见》《中共中央办公厅　国务院办公厅关于加强公共文化服务体系建设的若干意见》，对构建公共文化服务体系、实施文化惠民工程进行了全面部署。党的十七大将文化作为和谐社会建设的指标体系，提出"推动社会主义文化大发展大繁荣"的发展目标，将 2020 年基本建立"覆盖全社会的公共文化服务体系"作为实现全面建设小康社会的重要指标之一；党的十七届六中全会在我党历史上第一次提出"建设社会主义文化强国"的奋斗目标，将构建和完善"覆盖城乡、结构合理、功能健全、实用高效"的公共文化服务体系作为社会主义文化强国的重要标志。加快建立覆盖城乡的公共文化服务体系，不断满足人民群众日益增长的精神文化需求，保障广大群众的基本文化权益，已成为我国经济社会发展的重大战略任务。

2. 构建和完善公共文化服务体系是全面建成小康社会的现实需要

云南地处祖国的西南边陲，是一个多民族的边疆省份，有25个世居少数民族生活在这片土地上。根据2010年全国第六次人口普查结果[①]，全省约4 600万的总人口中，各少数民族人口为1 533.7万人，占总人口的33.37%，约为全省人口总数的1/3；绵延4 000多公里的边境线上，有16个民族跨境而居。由于自然、历史、社会等多种因素的影响，民族地区特别是广大的边疆少数民族地区经济社会发展水平相对迟缓，2010年，我省经济总量居24位、人均GDP居第29位；城镇化率为35.20%，远远低于全国城镇化率49.69%的平均水平，落后全国10年。[②]改革开放以来，虽然我省经济社会有了较大的发展，但全省特别是民族地区贫困面大，贫困程度深，还有部分少数民族依然处于整体贫困状态。刚刚落幕的党的十八大，开启了全面建成小康社会的新征程，云南省第九届党代会提出的科学发展、和谐发展、跨越发展目标，擂响了"富民强滇"的战鼓，但云南全面建成小康社会的任务依然十分艰巨，其重点在民族地区，难点也在民族地区。从某种意义上来说，没有少数民族的小康，就没有全省人民的小康；没有少数民族的发展，就没有全省的发展。加快少数民族和民族地区发展，直接关系到全省全面建成小康社会的进程。构建和完善公共文化服务体系，充分发挥文化引领社会、教育人民、推动发展的作用，落实科学发展观的重要举措，对于提高我省各民族群众文化素质，加快云南小康社会的建设步伐，建设开放富裕文明幸福新云南，具有重要的推动作用。

---

① 《2010年云南省第六次全国人口普查主要数据公报》，云南省统计局政府信息公开网站，网址：http://xxgk.yn.gov.cn/tjjxxgk_model/newsview.aspx?id=1598422。
② 《云南城镇化率为35.20%，落后全国10年》，腾讯网，网址：http://news.qq.com/a/20110517/000761.htm。

3. 完善公共文化服务体系是贯彻科学发展观，构建云南和谐社会的需要

科学发展观是中国共产党在新的历史时期的伟大理论创造，"是中国特色社会主义理论体系最新成果，是中国共产党集体智慧的结晶，是指导党和国家全部工作的强大思想武器，是党必须长期坚持的指导思想"[①]；其实质就是坚持以人为本，统筹兼顾，推动社会经济全面协调可持续发展；实现科学发展，也是和谐社会建设的核心内容和重要标志。落实科学发展观、建设社会主义和谐社会，就是要坚持以人为本，把最广大人民的根本利益作为一切工作的出发点和落脚点，实现好、维护好、发展好最广大人民的根本利益，不断满足人民群众日益增长的物质文化和精神文化需求，让人民共享改革开放发展的成果，[②] 就是按照"五位一体"的总体部署，将文化建设纳入经济建设、政治建设、社会建设、生态文明建设的发展全局，实现区域全面协调可持续发展，实现各民族共同繁荣、共同发展。改革开放以来，我省经济社会发展状况有了显著变化，但民族地区生产力发展水平、群众生活水平、文化发展水平相对落后的状况依然没有得到根本改善，民族之间、地区之间、城乡之间的发展存在较大差距。在文化建设方面，民族地区、农村地区公共文化建设相对滞后，文化生活相对贫乏，群众基本文化权益难以得到有效保障等现象较为普遍，这种状况如果长期得不到改变，将会导致人们生存心理的严重失衡，影响民族团结和社会稳定。统筹兼顾城乡、民族和区域之间的不平衡性，加强边疆民族地区文化建设，构建和完善公共文化服务体系，尽可能多地提供公共文化产品和服务，实现和保障人民群众基本文化权益，对提高少数民族群众的生存能力和求生技能，提高群众的综合素质，繁荣和发展少数民族文化，充分调动各民族群众的积极性和创造性，对于加快少数民族和民族地区发展，不断巩固和发展平等、团结、互助、和谐的社会主义民族关系，实现民族地区可持续发展具有积极的作用；对于推进民族地区和谐发展、实现各民族共同繁荣，维护边疆稳定、民族团结，

---

① 《坚定不移沿着中国特色社会主义道路前进　为全面建成小康社会而奋斗》，胡锦涛在中国共产党第十八次全国代表大会上的报告。
② 《高举中国特色社会主义伟大旗帜　为夺取全面建设小康社会新胜利而奋斗》，胡锦涛在中国共产党第十七次全国代表大会上的报告。

维护国家文化安全有着重要而特殊的现实意义。

4. 构建和完善公共文化服务体系是建设云南民族文化强省、实现跨越发展的迫切需要

文化是一个民族灵魂和标志，党的十六大报告指出："当今世界，文化与经济和政治相互交融，在综合国力竞争中的地位和作用越来越突出。文化的力量，深深熔铸在民族的生命力、创造力和凝聚力之中。"精辟地阐释了文化在当今社会发展中的重要作用，揭示了文化建设在综合国力竞争中的战略地位。党的十八大将"完善公共文化服务体系"作为"增强文化整体实力和竞争力"的重要途径之一，成为扎实推进社会主义文化强国建设的重要内容。文化建设的重要意义对于一个国家如此，对于一个地区同样如此。依托丰富多彩的民族文化资源，云南于20世纪90年代在全国率先提出了建设民族文化强省的奋斗目标，经过十余年的建设，云南在公共文化事业与文化产业发展方面取得了令人瞩目的成效。进入21世纪，云南省委、省政府审时度势，提出了建设绿色经济强省、民族文化强省和将云南建设成为中国面向西南开放桥头堡的"两强一堡"战略目标，建设民族文化强省，成为现阶段云南文化建设的重要任务。如果说云南民族文化大省的建设是以丰富多彩的民族文化资源为依托的，那么，云南的文化强省建设则需要高素质的文化人才队伍做支撑，更与广大人民群众的精神面貌和综合素质有密切的关系；同样，云南要实现跨越发展，与云南的文化软环境密不可分。文化作为软实力，是一个国家或区域核心竞争力的最终体现，是经济发展的助推器，其影响虽然是潜移默化的，作用却是不可估量的。云南是一个多民族省份，同时也是一个以农业为主的省份，居住在乡村的人口占总人口数的64.80%；[1] 地形、地貌和地理环境的复杂多样性，使得除部分山间盆地地区外，大部分地区都处于经济欠发达状态；经济城乡二元结构明显，文化发展极不均衡，农民特别是山区农民的文化生活极度匮乏。建设云南民族文化强省，就必须构建和完善云南公共文化服务体系，在保障人民群众基本文化权益的同时，提高全民的综合素质；在保持文化多样性的前提下，创新文化氛围，形成文化合力，为实现云南跨越发展提供强大的精神动力。

[1] 《2010年云南省第六次全国人口普查主要数据公报》，云南省统计局政府信息公开网站，网址：http://xxgk.yn.gov.cn/tjjxxgk_model/newsview.aspx?id=1598422。

二、云南公共文化服务体系建设现状

从 20 世纪 90 年代起，云南将"建设民族文化大省"作为战略目标，多年来，通过"千里边疆文化长廊"等一系列重大公共文化项目和基础设施的建设以及全省边疆"解五难"、广播电视村村通、文化信息资源共享、社区和乡镇综合文化站、农村电影放映、农家书屋等重点文化惠民工程的实施，公共文化服务设施网络初步建成、公共文化服务产品供给能力、公共文化服务能力逐渐增强，群众文化活动日益活跃，城乡公共文化服务体系得到明显改善。

（一）政策规范体系初步形成

为丰富农村群众精神文化生活，保障农民基本文化权益，我省制定并颁发了省级公共文化服务体系建设意见，得到地方各级政府部门的积极响应。2009 年，《中共云南省委办公厅、云南省人民政府办公厅关于加强农村公共文化服务体系建设的意见》发布；为贯彻落实党的十七届六中全会精神及《中共云南省委关于贯彻落实党的十七届六中全会精神　加快建设民族文化强省的意见》，统筹云南城乡公共文化发展，2012 年《云南省人民政府关于加强公共文化惠民服务体系建设的意见》颁布，为配合此意见的实施，我省各级政府相继出台了相应的实施意见和管理办法，如文山州富宁县出台的《中共富宁县委、富宁县人民政府关于加强村级文化建设的若干意见》《富宁县公共文化服务管理办法》，对公共文化服务的实施、管理和服务进行了有益探索，对保障基层公共文化服务体系建设的顺利实施、保障基层群众的基本文化权益具有重要的作用。

（二）设施网络体系粗具规模

"十一五"时期，省级共投入 4.78 亿元，争取中央补助 3.65 亿元，实施文化基础设施建设项目 1 398 个，竣工面积 39 万平方米①。新建和改扩建一大批图书馆、文化馆、博物馆和歌舞团（文工团），基本完成综合文化站建设任务，建成一批村文化室和社区文化中心。据统计②，全省目前共有公共图书馆150个，博物馆120个，群众艺术馆、文化馆148个，文化站1 369个。初步形成了省、州（市）、县（市、区）图书馆、群艺馆（文化馆）、博物馆、乡（镇）文化服务中心（文化站）、村（社区）级文化大院（文化活动室）等多层级的公共服务网络体系。

（三）组织保障体系逐步健全

全省每年从省级机关优秀年轻干部中选派一批文化副县（市、区）长、由大学生"村官"兼任"文化辅导员"、从农村有知识的优秀青年农民中聘用一批"文化干事"、从乡（镇）站所专业技术人员中聘请一批"文化教员"、从热心文化事业的村民中招募一批"文化志愿者"，逐步形成了从省级到县（市、区）、乡（镇）、村各级文化建设组织保障体系。正是因为有了这些文化建设的实践者，才能保障各级文化工作的层层落实。

（四）资金保障体系日渐形成

资金保障方面，建立了从省到州（市）县（市、区）级的资金保障系统，并制定了相应的资金管理规则。从2009年起，云南省财政每年按照农民人均0.5元的标准安排文化惠农活动补助经费，用于开展文化惠农活动。今年颁布的《云南省人民政府关于加强公共文化惠民服务体系建设的意见》，将公共文化民生工程纳入政府公共财政经常性支出预算。2012~2015年，省财政每年安排农村文化建设专项资金5 000万元、基层文化惠民活动专项经费1 000万元、文物保护经费2 000万元、非物质文化遗产保护专项经费1 000万元、对外文化交流合作经费300万元，共计9 300万元。要求各州（市）、县（市、区）结合财力情况，设立文化专项资金支持本地区文化事业发展。

（五）人才保障体系改善较大

在人才保障方面，通过对现有人才的组织培训，公共文化队

---

① 《云南省公共文化服务体系建设"十二五"规划》，云南省文化厅。
② 2010年度《云南省文化文物事业简明统计资料》，云南省文化厅财务处。

伍建设得到加强。"十一五"期间，举办了我省规模最大、时间最长、范围最广的一次基层文化专业人员集中轮训，共对全省1 400多名乡镇文化站站长进行了任职资格培训，提高了服务能力；同时，举办了一系列图书馆、文化馆、博物馆、行政执法等业务和管理人员专题培训班；公共文化队伍整体政治素质和业务素质明显增强。

（六）产品供给能力和服务水平明显增强

"十一五"期间，云南通过文化信息资源共享工程，建成省级中心1个、州（市）中心15个、县级支中心129个、乡镇（社区）服务站1 131个、村级（社区）服务点10 567个，实现县以上覆盖率100%、乡镇覆盖率84%、村覆盖率82%。① 文化遗产保护取得显著成效，基本形成了具有云南特色的文物史迹网络和非物质文化遗产名录保护体系，文化遗产保护、开发、利用继续走在全国前列。截至2012年上半年②，全省拥有国家级非物质文化遗产保护项目90项，省级197项，州市级2 881项，县级5 422项，各级非物质文化遗产传承人3 542人，其中国家级传承人51人，省级824人，州（市）级970人，县（市、区）级1 697人。在文艺作品创作、文化产品生产、文化市场规范，文化产业发展等方面成效显著，公共文化产品的选择空间不断拓展，产品供给能力增强。同时，在全国首创"农民素质教育网络培训学校"，"十一五"期间，建成408所，举办培训班5 000多期，培训农民20多万人次。文化（文物）系统国有博物馆、纪念馆全部实现向社会免费开放，年均开办各类文化培训、文化展览、文艺活动次数大幅提升。因地制宜实施的云南"文化大篷车""千乡万里送戏行"活动，极大地丰富了广大基层群众的文化生活。公共文化服务能力和服务水平明显提高。

（七）"云南经验"内涵不断丰富

通过多年的探索和实践，在全国创造了基层文化惠民的"云南经验"，得到了社会各界的广泛认可。"云南经验"是以"文

---

① 《云南省公共文化服务体系建设"十二五"规划》，云南省文化厅。
② 云南省文化厅政策法规处编：《云南省公共文化惠民服务体系建设五十问题辅导》，第20页。

化乐民、文化育民、文化富民"为核心内容的基层公共文化发展模式。创建"农民演艺协会",通过"文化乐民"服务农村,促进和谐乡村建设;创建"农民素质教育网络培训学校",通过"文化育民"提高群众的综合素质和能力;创立"农村文化产业合作社",通过"文化富民"服务农业,推动农村的经济结构的调整。在不断的实践中,文化"在政治建设中创造价值、在经济建设中创造财富、在社会建设中创造和谐、在生态文明建设中创新观念"即"文化四创"的理念,丰富和发展了"云南经验"的基本内涵。

三、云南公共文化服务体系建设存在的主要问题

"十一五"期间,云南公共文化服务体系建设取得了可喜的成就,但不可否认的是,我省公共文化服务总体水平不高,与人民群众日益增长的精神文化需求还不相适应,与文化强省建设的目标任务还不相适应,与我省经济社会发展的要求和进程还不相适应。具体表现在:

第一,认识不到位,法规体系不完善。体现在一些地方政府和单位对公共文化服务体系建设重要性、紧迫性认识不够,重经济发展、轻文化建设的现象尚未根本改变,不同程度地存在对公共文化的财政投入、对基层文化单位、文化人才队伍的漠视、忽视等问题,公共文化"说起来重要、干起来次要、忙起来不要"的现象在基层较为普遍。尽管《云南省人民政府关于加强公共文化惠民服务体系建设的意见》已正式颁布,一些州(市)、县也纷纷出台相应的指导性意见和办法,云南省文化厅政策法规处也在为全省公共文化服务体系建设和完善、为保障公民基本文化权益酝酿相关的法规、制度和管理条例,但由于缺乏制度化、规范化、系统化的政策法规,一些既已出台的规章要求在执行中落实不到位,随意性较强,不利于公共文化事业的健康发展。

第二,投入不足,基层公共文化基础设施滞后。尽管省级财政对全省公共文化服务体系的建设有固定的投入,但历史欠账多,投入总量少、比重低,基层特别是村级公共文化设施建设滞后,文化产品供给严重不足,影响了公共文化设施的正常运营。

目前，我省乡镇文化站达到省颁标准的仅为66.5%，公共图书馆、博物馆、文化馆达到国家三级馆的分别只有80.4%、17.3%和68.92%①，难以满足群众日益增长的精神文化需求。基层公共文化设施和资源被挪用、挤占、闲置的问题较突出。

第三，文化产品有效供给不足，服务能力和水平有待提高。虽然国家和各级政府对公共文化服务体系建设的重视有所增强，但文化产品单一，针对性不强，公共文化产品和服务的供给和群众的文化需求存在不同程度的脱节。长期的单向度为基层输送文化产品和服务的"送文化"供给方式，基层只能被动接受，一些产品和服务与基层群众的现实需求不适合。如已100%覆盖云南全省各个行政村的"农家书屋"，虽然每个"农家书屋"都有相应的占地面积、藏书量、报刊种类等"硬指标"的要求，但由上级主管部门统一配给的图书，缺乏针对性与实用性，使得许多图书几乎无人问津。随着全省各地社会经济的长足发展，人民群众的物质生活水平不断提高，同时，人们的文化需求呈现出多层次、多方面和多样化的特征，但由于文化产品单一，精品力作匮乏，多层次的文化供给不足，与群众期待的文化需求存在较大差距，公共文化服务能力和水平有待提高。

第四，资源配置不均，区域差距和城乡差距较大。据统计②，2010年，昆明市文化事业费财政拨款额为122 783千元，人均19.09元；玉溪为72 334千元，人均31.39元；临沧市文化事业费财政拨款额为17 683千元，人均7.28元；昭通市为36 145千元，人均6.93元。从云南各州市文化站及业务活动专项经费的投入情况看，2010年，昆明市131个基层文化站，财政拨款业务活动专项经费2 839千元，平均每馆21.67千元；玉溪市76个基层文化站，财政拨款业务活动专项经费369千元，平均每馆仅4.86千元；拥有32个基层文化站的西双版纳傣族自治州，2010年财政拨款业务活动专项经费仅8千元，平均每馆仅为0.25千元；怒江傈僳族自治州，29个基层文化站，年度财政拨款业务活动专项经费为零。从以上数据可见公共文化建设在云南区域之

---

① 云南省文化厅政策法规处编：《云南省公共文化惠民服务体系建设五十问题辅导》，第22页。
② 云南省文化厅财务处：2010年度《云南省文化文物事业简明统计资料》，第187~188页。

间、城乡之间的明显差距。

第五，文化人才队伍匮乏，业务素质有待提高。云南基层特别是乡镇文化站普遍缺乏稳定的专业化队伍，无编制、无人员现象突出；人员年龄偏大，观念较为落后，知识结构陈旧，专业素质偏低，难以适应新时期基层文化工作的开展；文化干部不专职、不专业、不专心、变动快的问题比较突出，极大地影响了基层文化工作的正常开展。培训机制不健全，培训资金短缺，难以提供专业培训。

第六，文化管理体制尚不健全，评估监督机制有待完善。目前，云南公共文化服务体系是沿袭计划经济体制下群众文化体系的管理模式，导致管理机制僵化，对于薪酬、绩效考核、激励机制、人才选拔等方面未能予以重视；还存在政出多头、条块分割等问题；多个部门各自为政，有限的公共文化资源难以有效整合，造成资源分散，整体效益难以发挥。科学合理的公共文化服务体系评估监督机制，是推动公共文化事业持续健康发展的重要途径。云南公共文化服务体系在公共文化场馆建设等一系列"硬"指标的等级评价方面有一系列完备的标准，但尚缺乏对整个公共文化服务体系如投入、设施、队伍以及服务形式、服务内容、服务效果、社会参与等"软"指标的考量标准。

四、构建和完善云南公共文化服务体系的对策建议

构建和完善公共文化服务体系是新时期云南文化建设的重要内容，是保障公民的基本文化权益、满足人民群众日益增长的精神文化需求的重要途径，是实现云南科学发展、和谐发展、跨越发展的基础性工程。构建和完善布局合理、设施完善、功能齐备、服务便捷的公共文化服务体系，对于经济欠发达的多民族边疆省份——云南来说，意义深远，任务艰巨，还需在以下方面加以完善：

第一，完善政策法规，强化政策保障。近年来，尽管云南不断加强文化领域的政策法规建设，云南省文化厅专门设立政策法规处，制定了一系列政策法规，为推动云南文化建设起到了积极作用；2012年初出台的《云南省人民政府关于加强公共文化惠

民服务体系建设的意见》，对云南公共文化服务体系建设的重要意义、总体要求、主要任务和保障措施等内容提出了具体的指导性意见和要求，但由于相应的管理法规不完善，政策性规章和要求规范力度有限，实践中的执行效果难以到位，因此，要尽快完善相关政策法规，为云南公共文化服务体系建设提供政策保障。当下是将已有的一部分相对重要的政策法规通过法定程序上升为地方性法规，进而为国家层面的公共文化服务体系建设法律的制定打下基础。

第二，创新投入机制，夯实建设基础。"公益性"是公共文化服务的基本原则之一，政府作为公共文化服务的主体，应该责无旁贷承担主导作用，要继续加强公共文化设施特别是基层公共文化基础设施建设，进一步完善公共文化设施网络布局，要加大对设施的运行与维护、公共文化产品的生产、服务供给等方面的投入力度，以保障公共文化服务体系的正常运行；积极争取国家层面的政策倾斜和财政扶持，不断提高财政资金的使用效益，为云南公共文化服务体系建设夯实基础。相较于群众不断增长的精神文化需求，国家的投入总是有限的，应该创新投入机制，运用政策手段鼓励和吸引各种经济成分的投入，注意发挥市场和社会在云南公共文化服务供给中的作用，建立和完善鼓励企业、个人捐赠公益性文化事业的税收减免政策，通过各种优惠政策吸引和鼓励社会力量以参股、赞助、冠名、免费提供设施和产品等多种形式参与公共文化服务体系建设，建立以政府投入为主、社会力量积极参与的多元化的公共文化服务体系投入机制。

第三，建立以需求为导向的公共文化服务供给模式。提供多渠道了解群众公共文化诉求的有效平台，将公共文化供给模式由"单向输送"向"双方互动、供需对接"模式转变。同时，充分发挥公共文化单位在公共文化产品创作、提供和服务方面的重要作用。建立公共文化资源提供平台，鼓励国家投资、资助或拥有版权的电影电视、舞台艺术、出版物等文化产品无偿用于公共文化服务，为基层群众提供高质量的公共文化产品。推广政府购买、集中配送、连锁服务等公共文化产品提供方式，引导社会力量有序参与公共文化服务。支持各种民办公益性文化机构发展。

第四，加强队伍建设，提供人才保障。一支高素质的人才队伍是推动公共文化体系建设成功的重要保障。要根据各地公共文化事业发展的需要为各级公共文化机构配备专职文化干部,实施严格的从业人员准入、职业资格认证等制度,加强对现有文化队伍的培训,以提高从业人员的服务意识、业务水平、工作与创新能力;重视高素质文化人才的引进,严格新增人员的选拔和资格认证;逐步建立一支高素质的、稳定的公共文化服务队伍。建立和稳定基层文化服务人员队伍,依托"非物质文化遗产传承人"、民间艺人等特殊人才,积极发展公共文化自愿者队伍。

第五,合理配置资源,推动均衡发展。"均等性"是公共文化服务的又一基本原则,由于历史原因形成的城乡"二元结构",直接导致城乡公共文化资源配置的不均衡,加之自然地理、社会发展等因素造成的区域之间、民族之间的差异,使云南各地群众享有公共文化服务的基本权益存在着较大差距,要改变现有状况,必须统筹兼顾,科学规划,合理调整资源配置,在保持城乡现有公共文化资源存量的基础上,实行增量部分向公共文化服务设施建设基础差、底子薄的农村、边疆、民族、贫困地区倾斜的政策,让公共文化服务惠及全体公民;扩大公共财政对上述地区的投入比例和覆盖范围,尽快改变公共文化基础设施不足和落后的状态,逐步建立覆盖城乡、布局合理的公共文化服务体系。

第六,深化体制改革,创新运营模式。公共文化服务体系建设是一个庞大而复杂的系统工程,不仅涉及文化、广电、科技、新闻出版、体育等主管部门,还涉及财政、人事、土地管理、城建、税收等相关部门。文化行政主管部门应顺应公共文化发展要求,进一步转变政府职能,强化宏观调控和公共服务职能,深化文化行政体制改革,整合职能,探索"大文化"管理体制,实行统一领导、统筹规划、合理配置与资源共享。同时,消除行政壁垒和区域分割,突破管理、流通等体制障碍,加大跨地区、跨部门、跨领域、跨系统的交流与合作,加大资源整合,实行共建共管,促进基层文化、教育、科技、体育等公共文化服务资源的有效利用。

第七,建立绩效评估体系,提高公共服务效率。评估是遵循一定的原则、程序和指标,运用科学、公正、可行的方法,对政策、项目、机构或技术等进行评判的方式,是实行科学化、程序化管理的重要手段。科学合理的公共文化服务体系评估机制,有利于实现资源的优化配置,最大效率地发挥有限的公共文化资源的功能，强化责任意识，健全和完善行政问责机制，提高文化管理部门的管理水平，发挥监督作用。公共文化服务的绩效评估体系应包含对"硬指标"和"软指标"的考核，至少包括公共文化服务的供给指标、保障指标、组织管理指标和社会参与指标，具体可细化为公共文化实施的供给量、人才资金投入量、政策法规的完善度、群众满意度、社会参与度、公共文化设施的使用率等指标。

按照《云南省人民政府关于加强公共文化惠民服务体系建设的意见》，加快云南公共文化服务体系构建，加快建成以图书馆、博物馆、文化馆（站、室）等公共文化设施为骨干，以文化信息资源共享工程、广播电视村村通、多媒体数字网络等现代文化传媒手段为载体，流动服务网络为补充，覆盖全省的公共文化服务体系是现阶段云南文化建设的首要任务，要构建和完善云南公共文化服务体系，建立健全公共文化服务的长效机制，需要各级政府的高度重视和正确引导，需要各级主管部门的通力合作，需要社会各界的大力支持，需要各级从业人员的共同努力，从而不断满足广大人民群众日益增长的精神文化需求，为提升全民素质、为全面建成云南小康社会提供坚实的文化基础和精神动力。

参考文献：

[1]云南省文化厅政策法规处：《云南省公共文化惠民服务体系建设五十问题辅导》。

[2]《云南省人民政府关于加强公共文化惠民服务体系建设的意见》（云政发〔2012〕52号）。

作者：刘佳云，云南省民族艺术研究院副研究员；马云华，云南省民族艺术研究院院长、主任编辑。

云南十六州市公共文化场馆服务效率调查

林　艺　蒋泽苇　石红梅

文化场馆是衡量一个地区文化建设与文化发展的标志性基础设施，是保障群众基本文化需求和权益的硬件工程。中国改革开放 30 多年，经济发展举世瞩目，人民生活水平日益提升。物质的改善带来了精神的追求，人们对提升自己综合素质与审美境界的文化需求提出了新的要求。为保障群众最基本的文化需求，体现国家"公益性、基本性、均等性、便利性"特征的公共文化服务成为全国上下文化建设与发展中的头等大事。中共中央十七届六中全会通过的《中共中央关于深化体制改革　推动社会主义文化大发展大繁荣若干重大问题的决定》提出，要完善覆盖城乡、结构合理、功能健全、实用高效的公共文化服务体系。其目的就是要改变长期以来对文化建设投入不足、重视不够、服务不周的现状。

文化需求在本质上是人的精神活动和发展的需求。相较于衣、食、住、行等"物质化"的需求，文化需求更多的与政治、历史、宗教、民族、艺术、伦理等非物质性因素相关，并且具有较强烈的区域性、群体性和个体性差异。比起其他领域，公共服务在文化方面的供给与群众现实的文化需求之间显然更容易发生脱节，在贯彻落实服务的公平可及、保障发展成果惠及全民的过程中也会遇到更多的困难和矛盾。云南作为中国西南的边疆、山区、多民族和经济欠发达省份，与经济发展较好的东中部地区相比，公共文化服务建设的"欠债"情形依然严重，16 个州市中尚有 30% ~ 40% 地区依然维持在 20 世纪六七十年代所建的场馆，场馆建设严重不达标，有的场馆设施被其他机构所挤占；博物馆建设更无从谈起。

2006 年 2 月，云南省委、省政府下发《关于加强公益性文化事业建设的若干意见》，界定了公益性文化事业的性质和范围，明确提出加强公益性文化事业建设的指导思想和必须坚持的五项基本原则。2012 年 4 月，为贯彻落实中央十七届六中全会精神，云南省政府特制定、颁布了《关于加强公共文化惠民服务体系建设的意见》（云政发〔2012〕52 号），对公共文化服务体系建设做出制度性安排。

云南山地多、平坝少，山区半山区面积占了国土面积的94%，特殊的地理环境给公共文化服务体系的建设客观上造成了较大的困难。如果说涵盖省、州（市）、县（市）、乡（镇）行政四级的公共文化服务体系是支撑全省文化大发展、大繁荣的骨骼支架的话，16 州市级文化场馆的建设即是建设中的重中之重，因为它位于区域的政治、经济和文化中心，具有凝聚人心、营造文化气场的巨大作用。

一、十六州市公共文化场馆建设现状

（一）场馆基本建设情况

本课题所指的场馆主要包括图书馆、文化馆、博物馆三类馆，与文化部所指的"三馆一站"中的"三馆"为同一个内容，没有他指。

图书馆：是一个专门收集、整理、保存、传播文献并提供利用的科学、文化、教育和科研机构。图书馆通过大量文献对保存人类文化遗产、开展社会教育、传递科学情报、开发智力资源、提供文化娱乐意义重大，能够提高读者的知识文化水平、提升文明素养，满足社会对文化娱乐的需要，丰富和活跃人民群众的文化生活，在精神文明建设当中，起到了不可磨灭的作用。

文化馆：是政府设立的群众文化事业机构，承担的主要任务是组织、指导群众性的文化艺术活动，用文艺的形式向广大人民群众进行宣传教育，丰富群众的文化生活，辅导、培训业余文艺骨干，收集、整理民族民间艺术作品并组织民间艺术活动，编辑文艺材料、群文信息和整理群文文艺档案，开展各类文化艺术理论研讨和对外群众文化艺术交流活动等。

博物馆：是文物和标本的主要收藏机构、宣传教育机构和科学研究机构，是我国社会主义科学文化事业的重要组成部分。博物馆通过征集收藏文物、标本，进行科学研究，举办陈列展览，传播历史和科学文化知识，对人民群众进行爱国主义教育和社会主义教育，对提高全民族的科学文化水平和现代化建设发展作用巨大。

下面表1至表5为云南16州市三类场馆的基本情况。

表1　云南省十六州市三馆数量基本情况

名称 州市	文化馆（个）	图书馆（个）	博物馆（个）	备注
昆明市	15	15	109	其中，国有博物馆22个、行业博物馆55个、民办博物馆32个
楚雄州	11	11	4	——
大理州	14	13	7	国有博物馆3个
丽江市	6	6	5	国有博物馆2个
迪庆州	4	4	3	——
玉溪市	10	10	3	——
曲靖市	10	11	8	另有美术、科技、规划展览馆各1
普洱市	11	11	3	配有美术馆、大剧院各1个
红河州	14	14	4	——
昭通市	12	12	4	——
保山市	6	7	2	——
德宏州	7	7	—	无州博物馆
西双版纳州	4	4	1	——

续 表

州市 ＼ 名　称	文化馆（个）	图书馆（个）	博物馆（个）	备　注
怒江州	5	5	—	无州博物馆
临沧市	9	9	1	1 为永德博物馆
文山州	5	9	—	无州博物馆

　　上述表格中反映出，云南 16 州市中，无州级博物馆（或立项，尚未建成）的 4 个州市是：文山、临沧、怒江、德宏，占全省总数的 25%。

表 2　云南省十六州市文化馆基本情况

文化馆 ＼ 项目	馆舍面积（平方米）	建馆时间	评级情况	备　注
昆明市文化馆	8 000	1987 年	一级馆	改扩建
楚雄州文化馆	6 000	2012 年	一级馆	新建
曲靖市文化馆	6 842	2002 年	一级馆	新建
玉溪市文化馆	5 411	1991 年	一级馆	改扩建
大理州群艺馆	4 200	1996 年	二级馆	改扩建
丽江市文化馆	3 520	1965 年	二级馆	旧馆
迪庆州文化馆	3 860	1976 年	二级馆	旧馆
德宏州文化馆	3 947.49	2007 年	二级馆	改扩建
保山市文化馆	2 527.12	1999 年	三级馆	改扩建
昭通市文化馆	2 600	1980 年	三级馆	旧馆
普洱市文化馆	4 300	2010 年	未评	2011 年投入使用
红河州文化馆	>5 000	新建	未评	已建成在装饰中，未投入使用
怒江州文化馆	600	1955 年	—	严重不达标
西双版纳州文化馆	1 979	1995 年	—	不达标
文山州文化馆	2 461.64	1959 年	—	不达标
临沧市文化馆	—	1974 年	—	无馆址

表中数据说明，云南州市文化馆中：一级馆4州市，占总数的25%；二级馆4州市，占总数25%；三级馆2州市，占总数12.5%；新建未评级别2州市，占总数12.5%；建于20世纪五六十年代的文化馆目前还有3州（市），70年代的1市，且有的已经不复存在，场馆面积不达标的有4州市，占总数的25%。

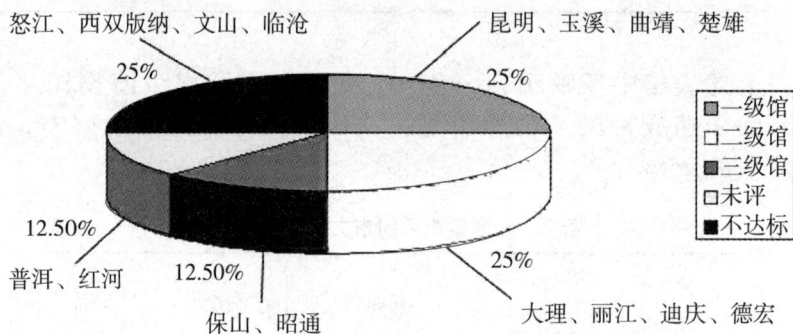

图1 云南省十六个州市级文化馆评级情况

表3 云南省十六州市图书馆基本情况

项目 图书馆	馆舍面积 （平方米）	建馆时间	评级情况	备注
昆明市图书馆	9 767.61	1986年	一级馆	改扩建
楚雄州图书馆	6 779	1986年	一级馆	旧馆
曲靖市图书馆	2 080	1979年	一级馆	旧馆
玉溪市图书馆	14 484	2008年	二级馆	新馆
大理州图书馆	6 273	1986年	一级馆	改扩建
丽江市图书馆	8 900	2012年	—	新建未定级
迪庆州图书馆	3 360	2007年	三级馆	新馆
德宏州图书馆	2 350	1995年	三级馆	旧馆
保山市图书馆	2 700	1999年	三级馆	旧馆
昭通市图书馆	3 020	1979年	三级馆	旧馆
普洱市图书馆	6 728	2012年	三级馆	新馆
红河州图书馆	7 265	2003年	三级馆	新馆

续 表

项 目 图书馆	馆舍面积 （平方米）	建馆时间	评级情况	备 注
怒江州图书馆	2 230	1979 年	——	严重不达标
西双版纳州图书馆	3 520.88	1976 年	三级馆	旧馆
文山州图书馆	10 554	2005 年	三级馆	新馆
临沧市图书馆	2 500	1984 年	——	无级别，不达标

　　表中数据说明，云南图书馆中：一级馆的有 4 州市，占总数的 25%；二级馆仅 1 市，占总数的 6.25%；三级馆为 8 州市，占总数的 50%；不达标的 2 州市，占总数的 12.5%；新建未定级的 1 市，占总数的 6.25%。

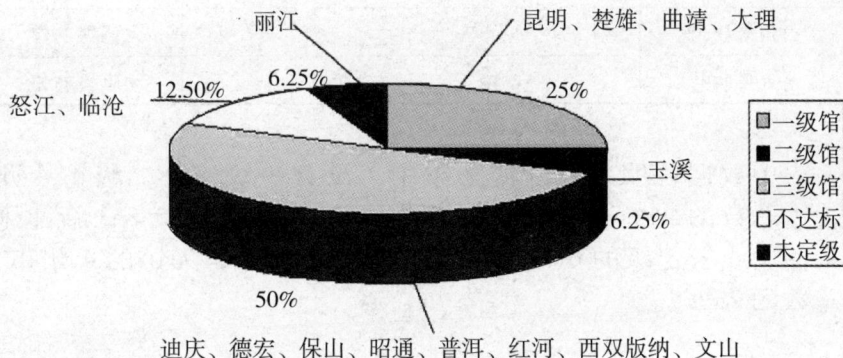

图 2　云南省十六个州市级图书馆评级情况

表 4　云南省十六州市博物馆基本情况

项 目 博物馆	馆舍面积 （平方米）	建馆时间	评级情况	备 注
昆明市博物馆	20 331	1997 年	三级馆	改扩建
楚雄州博物馆	11 200	1995 年	二级馆	老馆
曲靖市博物馆	18 800	2010 年	——	新建未投入使用
玉溪市博物馆	12 115	1999 年	二级馆	新馆

续　表

项　目 博物馆	馆舍面积 （平方米）	建馆时间	评级情况	备　注
大理州博物馆	8 800	1986 年	二级馆	老馆
丽江市博物馆	7 000	1994 年	—	未定级
迪庆州博物馆	5 600	2007 年	—	未定级
德宏州博物馆	—	—		无州博物馆
保山市博物馆	4 022.17	1999 年	三级馆	二级馆待审
昭通市博物馆	13 400	2011 年	—	新建未定级
普洱市博物馆	9 085	2011 年	—	新建未定级
红河州博物馆	8 121	2003 年	二级馆	新馆
怒江州博物馆	—	—		无州博物馆
西双版纳州博物馆	16 000	2010 年	—	新馆未定级
文山州博物馆	—	—		无州博物馆
临沧市博物馆	—	—		无市博物馆

表中数据说明，云南博物馆中：没有一级馆；二级馆 4 州市，占总数的 25%；三级馆 2 州市，占总数的 12.5%；新建未投入使用或未定级的 6 州市，占总数的 37.5%；无馆的 4 州市，占总数的 25%。

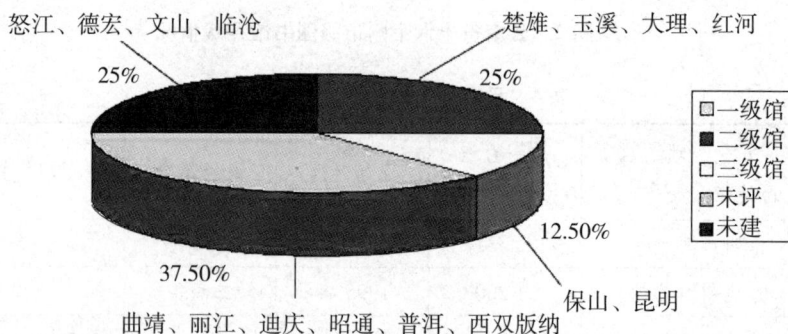

图 3　云南省十六个州市级博物馆评级情况

表 5　十六州市三馆服务人群比较分析

州市名	所在地人口（万人）	全州市人口（万人）	场馆平均覆盖人数（万人/场馆）		
			文化馆	图书馆	博物馆
昆明市	四个主要城区：354.4	648.6	43.2	43.2	6.1
楚雄州	楚雄市：58.8	278.4	25.3	25.3	69.6
曲靖市	麒麟区：74.0	585.5	58.5	53.2	73.1
玉溪市	红塔区：49.5	230.3	23.0	23.0	76.7
大理州	大理市：65.2	345.6	24.6	26.5	49.4
丽江市	古城区：21.1	124.5	20.7	20.7	24.8
迪庆州	香格里拉县：17.3	40.0	10.0	10.0	13.3
德宏州	芒市：38.9	121.1	17.3	17.3	—
保山市	隆阳区：93.6	250.6	41.7	35.8	125.3
昭通市	昭阳区：78.8	521.3	43.4	43.4	130.3
普洱市	思茅区：29.6	254.3	23.1	23.1	84.7
红河州	蒙自县：41.7	450.1	34.6	32.1	112.5
怒江州	泸水县：18.5	53.4	10.6	10.6	—
西双版纳州	景洪市：52.0	113.3	28.3	28.3	113.3
文山州	文山市：48.1	351.8	—	39.0	
临沧市	林翔区：32.3	242.9	26.9	26.9	242.9

表中人口数据来自云南省第六次人口普查数据公告。

　　表 5 是对一个地区场馆覆盖人群、服务辐射力的状态分析几万人拥有，一个场馆，以万人为单位，可以看出几万人拥有，一个场馆，数值越高，说明场馆数量越少，单个场馆的负荷率就越高，服务质量便会呈反比。

　　综上所列，云南十六州市三馆建设情况不容乐观。从整体上看，全省州市级范围内三馆的建设及覆盖的人口数至少在十万以上，而各州市现有单个场馆的服务力与承载力目前并不足以发挥与其覆盖人数相对应的公共文化服务效用。德宏、怒江、临沧、文山都存在馆场建设的空白，全省博物馆数量更是严重滞后，平均近百万人数才拥有一个博物馆，这还不包括场馆中的软性服务力。

（二）场馆实行免费开放服务后的基本情况

随着国家公共文化服务体系建设的全面启动，从 2010 年开始，云南各州市依据各自具体情况，开始逐一落实公共文化场馆的免费开放，包括：门票费、自修室使用费、电子阅览室上网费，公益性展览、培训等基本服务项目的全部免费以及办证、存包等服务的全免费。开放后，在服务内容上，各州市文化馆先后开设了多功能厅、书画室、器乐室、培训室、阅览室、电子阅览室、老年培训室、少儿培训室等活动场所，通过举办展览、讲座、文艺演出、培训等群众喜闻乐见的文化活动提高群众的参与度，受到群众普遍欢迎。图书馆通过为读者延长借阅时间、共享图书资源、特殊服务（比如盲文、民族文献、少儿图书）等增强服务，使受众人群有了大幅度提升；博物馆在突出地方特色、历史文化和科学技术普及方面发挥了积极作用。三馆的受众人群均比过去有了较大增加，覆盖面比过去增大。

有数据表明，在实行免费开放前后，全省几乎所有文化馆、图书馆、博物馆的人数变化前后相差 4~5 倍。特别是在增强了流动式服务后，服务效能提高显著。以课题组所重点调研的楚雄、普洱为例：楚雄州博物馆在实行免费开放后，不仅是简单地打开博物馆大门，广迎四方来客，更为重要的是，通过建立"流动博物馆"，走进了过去难以想象的革命老区南华县、姚安县光禄古镇、大姚苴却矿矿区，走进了移民搬迁的栗子园社区、李家坝村的田间地头以及黑井古镇，使免费开放后的博物馆年接待观众增加了近五成；楚雄图书馆，开放开架取代原来的图书借阅形式后，实行无人值守图书的超市服务管理，年接待读者新增数千人。楚雄州最具示范效应的"农文网培学校"建设，以加大对群众科学文化素质的培训为重点和突破口，根据群众需要采取网络教学、多媒体教学、文化科技讲座与辅导员现场教学、流动培训等形式多样的培训方式，积极举办各类培训班，为群众提供文化信息、图书借阅、公共文化鉴赏、文化娱乐、影视放映、公益文化讲座等公共文化服务。

课题组所到过的昆明富民、晋宁、石林，普洱江城、宁洱、澜沧，临沧永德、镇康、沧源、耿马，曲靖麒麟、陆良、富源，红河开远、蒙自、弥勒、个旧、建水、石屏等，玉溪红塔、大营、江川、澄江等基层图书馆、文化馆实行免费开放后，馆内出现生机盎然的状态。

总的来说，自免费开放工作启动以来，云南各州市广大群众通过参观博物馆、进图书馆读书学习、在文化站开展文艺活动等，不仅丰富了业余文化生活，还充分享受到文化发展的成果。

二、十六州市公共文化场馆使用情况

（一）图书馆纸质图书借阅使用情况

纸质图书的借阅是所有图书馆的主营业务。在十六州市中，对纸质图书普遍存在近年来购置不足的状态，陈年旧书成了图书馆中的主角，使用借阅率受到极大影响。图书馆建设，目前面临两个主要的问题，在此，我们以主要调研点普洱市图书馆与楚雄州图书馆的数据为例，试图给予一定程度上图书馆建设的分析。

1. 普洱市图书馆

普洱市图书馆是一个于 2011 年建成的新馆，硬件设施的建设走在了云南省前列，一定程度上代表了云南今后公共文化场馆建设的趋势，其基本情况为：

（1）藏书情况：至 2012 年上半年，该馆藏书总量约 20 万册。思茅区常住人口为 30 万，人均藏书约 0.67 册。从 2011 年开始，预计平均每年购书近 10 000 册，涉及种类包括文学类畅销书、农业技术、社科等。按照我国 2008 年出台的《公共图书馆建设标准》中制定的辐射 20 万～50 万人的地方级中型公共图书馆总藏书量为 24 万～45 万册，人均藏书量 0.9～1.2 册的指标，普洱市图书馆属于硬件投入达标，图书数量供给不达标的场馆。据普洱市图书馆提供的资料显示，1980～2011 年总购书 76 000 册，2001～2011 年总购书 50 000 册，接受政府、社会赠书共31 000 册，从 1980 年至 2011 年人均年新增仅 0.026 册，图书资源的更新极为缓慢。

（2）接待读者及借阅情况：2011 年全年流通人次 19 万（包含流动点），每日接待到馆人次约 100 人，占全市人口 0.034%；

年外借册次20万册，平均人次0.6，人均册次0.7；全年办理借书证250个，仅占全市人口的0.083%。自2011年新馆正式使用至今，科技信息服务部接待登记在册读者总共108人，其中，50岁以上读者52人，占48%，高校学生和科研机构44人，占40%，20岁到40岁的普通市民仅占12%。由于新馆远离主城区，又无公交车抵达，交通不便等因素导致新馆开设一年后，仍有许多公众实际上从未真正享有过图书馆的服务。

（3）购书经费：2001年至2011年10年购书经费为180万元，其中订购报纸杂志花费41万元，购置书籍花费139万元，年均图书投入仅13.9万元。从2012年开始，每年购书经费上调为50万元，达到人均购书费1.66元。

（4）流动站情况及流通率：市图书馆在全市范围内的部队、小学、高校、监狱、事业单位、社区下设了33个图书流动站，其中，部队11个，小学9个，监狱2个，事业单位5个，高校3个，社区3个，流动站平均藏书1500册，2009～2011年，普洱市图书馆年度流通总量（包括流动站）20万册以上，主要服务对象集中在部队、小学、团体事业单位和监狱等区域，公众流动量最大的社区服务人数仅占总数的10%左右。

（5）开放时间：已实现全年365天免费开放日，开放时间每天为8：30～19：30，双休日为9：00～19：00，平均每周开放时间80小时。工作日的开放时间与城镇居民及学生的工作、学习时间基本重合，读者借阅数量受到影响，用来弥补有效服务时间的夜间开放时间显得不足，服务效率不高。

2. 楚雄州图书馆

楚雄州图书馆于1986年建立新馆，地处楚雄市人口密集度的中心位置。与远离市中心的普洱市图书馆相比较，代表的是另一种云南图书馆建设的模式，其服务与使用效率都具有一定的代表性。

（1）藏书情况：截至2012年7月，该馆藏书总量36万册。全市人口59万，人均藏书0.6册，馆内专设有彝族文献室，总藏彝族文献2万余册，彝文古籍手抄本1032册，展示了楚雄彝族文化的特征。

（2）接待读者及借阅情况：2011年全年流通人次24万（包含流动点），每日接待到馆平均681人次，占全市人口0.11%，外借册次数 69 万册，平均人次 0.40，平均册次 1.16。

（3）购书经费：市政府财政从 2011 年开始每年为州图书馆拨款 60 万元，其中的 10 万用于彝族文献查阅室的专项建设经费，人均购书费 1.01 元。

（4）流动站情况：楚雄市有馆外流动点 19 个，平均每站藏书 2 000 册。

（5）开放时间：全年开放，每日开放时间为 8：30 ~ 21：30，每周开放时间 91 小时。

通过比较上述两馆的各项人均数据发现：在藏书量和购书经费等硬性指标上，两馆的情况基本相近。但楚雄州图书馆每日接待到馆人次远远高于普洱市图书馆，形成这种差异的主要原因有两点：第一，馆址地理位置的差异，普洱市图书馆离市中心较远，无公交车前往，交通明显不便，市民不愿多花时间跑到远离生活中心区的图书馆看书，他们或更愿意选择去较近的经营性书店或书吧，这是云南部分图书馆建设中的共性。有人形象地将此描述为"云南新十八怪，图书文化馆新建在郊外"。楚雄州图书馆因地处市民工作生活的中心区域，在方便出行上有明显优势，体现了公共文化服务的"便捷"所在。第二，市民阅读习惯的差别，只因民众普遍受教育的程度影响，读书习惯未建立起来，从而导致图书馆使用利用率偏低，书刊资源闲置浪费等问题的出现。

（二）文化信息资源共享工程使用情况

现代社会的图书馆、文化馆、博物馆已经与传统的场馆有很大的不同，互联网的发展促进了信息资源的数字化，拓展了"馆"的空间，文化信息资源共享工程建设方便了城乡人民群众的文化生活。依托场馆建设的硬件设施，利用窗明几净的条件，提供各种文化熏陶的内容服务，是公共文化场馆的发展趋势。云南省公共文化信息资源共享工程现有 1 个省级中心，16 个州市分中心。公共文化信息资源共享工程是一个自上而下的体系，囿于本课题所限，在此不对县级以下站点进行分析。

利用公共电子阅览室、多媒体平台，举办各类培训班是促进场馆建设的重要方式。数字化流动图书馆、文化馆、博物馆可以形成流动的文化资源，为群众提供文化信息、图书借阅、休闲娱乐、影视放映、公益文化讲座，其形式更加方便。另外，"农文网培学校"由于培训对象更加具体，培训内容主要在种养殖技术、病虫害防护和农副产品销售方面，培训清晰、明了，作用发挥更大。课题组对楚雄州禄丰县和平镇、仁兴镇进行调研，当地农民群众对这样的流动图书馆、文化馆、博物馆认可感较强。

（三）特殊人群（残疾、儿童）对场馆的使用情况

2011年，普洱市图书馆挂牌成立残疾人阅览基地，针对失明人群，专设了盲人阅览室，内设座位10个，共藏盲文书籍50册，内容多为文学、历史等人文社科类，一定程度上为这些特殊人群提供了基本需求。儿童阅览室的开辟，既方便了到馆活动的成人，解决了这部分人群的后顾之忧，又促进了儿童读者的阅读兴趣，阅览室还配有工作人员负责指导阅读。双休日与寒暑假接待率较高，平均每日接待儿童读者30人左右。

文化馆则在两个假期为少年儿童开设一些声乐、绘画、舞蹈等文化艺术类培训，培训周期为两周左右，每个假期开办3～4期，每期培训的人数约为20人，受到群众好评。

（四）群众自觉的文化活动与使用场馆的情况

在新建的普洱文化活动中心，除了场馆以外，美观的建筑，开阔的空间是群众文化活动开展的场所。场馆开放时间可能会与学生上课、职员上班发生冲突，但却不会与退休人员发生时间碰撞。在普洱文化活动中心，每天会有老年人来此活动，他们或练剑、打太极，或组乐队、唱歌等，彰显出老年人紧跟时代潮流的心境。楚雄新建的文化活动中心，将"四馆四中心一剧院"（图书馆、文化馆、博物馆、科技馆，全民健身运动中心、会展中心、广电中心、非遗文化展示中心，大剧院）的文化服务、文化活动和文化消费集聚为一个"文化超市"，形成满足全州以固定文化设施、流动文化设施、数字化阵地及各类群众文化活动相结合的公共文化服务"广覆盖、高效率"的交互格局。

三、主要问题

在取得云南16州市公共文化服务体系建设了解的情况下，

课题组还发现以下一些问题：

1. 场馆远离人群，活动不便，使用不足

图书馆、文化馆、博物馆面向公众免费开放，是体现国家公共文化服务"公益、基本、均等、便利"的重要手段，其最终目的是通过树立核心价值体系，提高全民文化素养，满足人们不断丰富的精神生活的需要。目前，一些州市场馆一方面是还缺少必要的硬件投入，另一方面则是伴随着场馆建设又出现"有场馆无内容、有机构无人才、有设施无活动"的现象，有些地方政府将这些文化基础设施看作是当地的"地标性"建筑，在规划、设计阶段没有考虑到群众活动的便捷，或建成之后没有做好相关的公交协调工作，致使效率偏低，受众人群不广。

2. 文化活动的偏好，影响场馆使用

无论文化供给有多少，还必须有强劲的需求促动。文化需求的促动，根源于对文化的偏好与自觉行为。云南良好的自然生态环境，造就了云南人热爱生活、乐于歌舞的性格，云南 4 500 多万人口中，占 1/3 的少数民族，他们历史上的生活方式让他们更容易在广场上再现，集歌舞、运动、休闲为一体的文化活动方式似乎更适合他们。现代版的民族乐舞、花灯汇集各种广场，一片空地，一套简单的音响设备，看上去更能吸引成百上千的民众参与其中，而耗资千万打造出的公共文化场馆却往往门可罗雀。这种文化活动上的偏好，也使得"三馆"的使用率直观上低于广场的配置率。

3. 引导和投入不足，导致场馆效率偏低

公共文化服务体系投入"重硬件、轻软件"是一个普遍的现象，云南 16 州市中的情况更为突出。"三馆"作为公共文化服务的有形载体，有着其难以替代的作用。云南长期以来文化建设的历史"欠债"太多，非常需要建设这类具有"标志性"意义的硬件设施。一方面，云南目前尚有 56.6% 的县份属于国家级贫困县，一些州市在文化领域的公共财力投入本身就很有限，哪怕在依靠中央和省财政完成了对文化建设硬件的大投入之后，州市地方政府也并不一定都有能力为设施的正常运行提供必需的经费保障，因此难免会影响到提供的正常服务；另一方面，群众对公共文化服务设施的需求因受到文化消费习惯和城镇化发展的制约，一些地区的硬件投入与地方经济发展水平不相符、地方财政没有足够的能力维持场馆的运作，同时也因为缺乏引导，导致这些地区人民的文化需求得不到满足。

4. 服务方式的欠妥拖累了使用效率的提高

在16州市中，有不少地方出于城乡统筹的发展需要，已经考虑到城市的不断扩展，故新建场馆选址于远离中心地区的郊外。在很长一段时间里，鲜为人知。其中，既有场馆宣传力度不到位的问题，更有场馆服务工作不尽如人意的地方。三馆中普遍存在非专业人员在职在岗，而又缺乏专业知识；甚至很多场馆的工作人员要么身兼数职，要么身在其位不谋其政，缺少对自己工作创新的意识。三馆的营运经费本来就捉襟见肘，不可能再产生有效可行的奖励机制，一些馆内工作人员没有工作热情，工作方式僵化陈旧，缺乏活力与动力。

四、措施与建议

在刚刚结束的中共十八大代表大会上，胡锦涛总书记作了题为《坚定不移沿着中国特色社会主义道路前进 为全面建成小康社会而奋斗》的报告，指出："丰富人民精神文化生活，让人民享有健康丰富的精神文化生活，是全面建成小康社会的重要内容。要坚持以人民为中心的创作导向，提高文化产品质量，为人民提供更好更多精神食粮。坚持面向基层、服务群众，加快推进重点文化惠民工程，加大对农村和欠发达地区文化建设的帮扶力度，继续推动公共文化服务设施向社会免费开放。建设优秀传统文化传承体系，弘扬中华优秀传统文化。推广和规范使用国家通用语言文字。繁荣发展少数民族文化事业。开展群众性文化活动，引导群众在文化建设中自我表现、自我教育、自我服务。开展全民阅读活动。"贯彻落实十八大精神，需要云南对提供满足群众基本文化需求和权益保障的三馆发挥更实效的作用，故此建议：

（一）从无场馆到有场馆

公共文化服务体系的建设是关系到群众文化权益公益化、基本化、均等化的重要保障。目前，尚缺场馆的州市还有30%，在群众基本文化需求都无法满足的情况下，又如何提使用效率的问题。加大场馆的投入，是云南公共文化服务体系中基础设施建设最亟待解决的问题。群众文化的需求与供给，在面临基础条件困难的情况下，弱不禁风，又何谈改变人的精神面貌与文化素养。

（二）变文化场馆为文化空间

文化空间，通俗地说，就是指经过大家认可的、约定俗成的、定期定时举行文化活动的场所。1998 年，联合国教科文组织制定了《宣布人类口头和非物质遗产代表作条例》，将文化空间定义为"定期举行传统文化活动或集中展现传统文化表现形式的场所"。应该以公共文化服务体系建设中强调的各类文化馆、博物馆、图书馆为依托，既养护原来的传统文化资源，又营造符合当地人群生活方式和习惯的文化场域，激活当地社会的文化创造活力。事实上，公共文化服务体系需要的并不只是将群众聚集在一起喝彩的公共文化场所，而是一个以实现社会平等、公平、正义为价值取向，通过定期或经常举行各种类型的文化活动来促进人们的自由交往的"公共文化空间"。三馆所形成的综合效应是每个州市良好的"公共文化空间"，具有集人气、造气场的功能。

（三）服务与管理的"正当程序"的引入

所谓"正当程序"是一个法律用语，主要指在提高管理水平和服务质量过程中具有合法性和合理性的程序，它不仅有利于实现权利平等和权力的制衡，也是法律和政府权威的有力保障。三馆的免费开放，即是从计划经济向市场经济转化中，体现政府"公益性、基本性、均等性、便捷性"的所为，但同时也就必须提高管理与服务质量，三馆开放除了要筹集资金和公示相关服务信息以外，更应充分尊重服务对象，建立跟踪检测和效果评估以努力保障在与服务对象广泛、深入的相互沟通中更加合理、尽善尽美。

（四）关注群众的参与频率和参与程度的变化

关注如图书馆年流通总人数、年外借总次数、年内人均借阅次数、藏书的借阅率，文化馆年举办文化活动的次数、参与人数、活动类型等；重视对群众文化需求的主动引导，每年对在文化场馆举行的活动按教育培训、休闲娱乐、纪念祭典、广告宣传的分类分别统计活动次数、参与人数、年龄构成，鼓励利用公共文化设施开展公益性的教育培训、在重大历史事件纪念日举办纪念活动。创新拓展场馆的使用功效。

（五）拓宽社会公众对三馆服务的参与途径

重视以问卷、访谈等形式收集群众的意见和建议，并将其用于文化场馆的评级、评先中；积极鼓励、扶持在公共文化服务体系的三馆运行中开展志愿服务；为公共文化服务的私人或非政府组织供给提供制度化的激励，依法对其进行监督规制；建立公共文化服务三馆志愿者的褒扬制度，对志愿服务达到一定时间标准的志愿者由政府在媒体上予以公开表彰。

（六）尊重群众文化活动方式的选择权

文化的活动的方式选择是公共文化服务中的个性化选择。个性化文化活动的满足可以通过文化商品的选择来完成，但也可以通过"公益性、均等化"的大型活动来达到基本化的实现。在三馆使用中，尊重群众对文化活动方式的选择权，让其在参与式活动中达到自己的文化满足其实就是对使用效率的提升。

本文的完成得到了云南省统战部、民进云南省委、云南省文化厅及各州市文化局的大力支持，谨此表示衷心地感谢！

作者单位：云南大学文化产业研究院。

云南公益性文化事业跨越式发展的思考与建议

赵　娟

继党的十七届六中全会提出推动社会主义文化大发展大繁荣、努力建设社会主义文化强国的重大战略任务后，党的十八大报告进一步要求解放和发展文化生产力，推动文化事业全面繁荣、文化产业快速发展，并从建设社会主义文化强国和构建社会主义和谐社会全局的高度突出强调了发展公益性文化事业的重要性。对于积极推进民族文化强省建设的云南而言，加快推进公益性文化建设跨越式发展，是贯彻落实党的十八大精神的必然要求，也是推动云南文化大发展大繁荣、提升云南人民综合幸福指数的迫切要求。

一、发展公益性文化事业的重要意义

公益性文化是一个国家和地区文化底蕴和文化积累的重要展示，是衡量一个国家文明进步程度的重要标志，是文化建设的重要组成部分。发展公益性文化事业是社会主义制度下保障人民基本文化权益的主要途径，是提高国民整体文化素质的重要基础，是实现文化发展成果由人民共建共享的制度保障。公益性文化事业关乎文化大发展大繁荣，关乎亿万人民群众的福祉，按照党的十八大部署，加快推进公益性文化事业发展，让广大群众共享文化发展的丰硕成果，乃是建设社会主义文化强国的题中之意和重要举措。

（一）公益性文化事业是社会主义文化的重要组成部分

十八大报告强调，全面建成小康社会，必须推动社会主义文化大发展大繁荣。在现代社会，文化活动在公共生活中分为公益性文化事业与经营性文化产业两大门类。社会主义文化建设，既要创造物质财富，更要创造精神财富。前者主要是由文化产业来承担的，后者则主要是由文化事业来完成的。公益性文化事业是指非营利性的文化生产和文化服务事业，是一种主要由政府提供的、面向全体公民、能够丰富人们日常生活内容的公共产品。

公益性文化事业由一定的文化机构和组织来承担，如艺术（文化）馆、博物馆、美术馆、图书馆、科技馆、文化中心等。其性质是文化成果为公众服务、使公众受益，其主要任务是不断满足人民群众的基本文化需求。可见，公益性文化事业是社会主义文化事业的重要组成部分，是衡量我们国家文明水平的显著标志，对于体现社会主义的优越性具有重大意义。为此，文化建设应坚持"双轮"驱动、协调发展文化事业和文化产业。

（二）公益性文化事业是社会主义文化建设的基础

发展公益性文化事业，要按照公益性、基本性、均等性、便利性的要求，以政府为主导、以公共财政为支撑、以全民为服务对象、以基层特别是农村为重点，构建覆盖全社会的公共文化服务体系，实现公共文化服务的均等化。由此可见，文化事业具有服务性、保障性特征，是社会主义文化建设的基础。没有事业性的基础设施建设，缺乏对公民基本文化保障和服务，就谈不上真正意义上的文化产业经营和发展；而文化产业是文化与经济的融合，是按照规模化、市场化的方式去经营文化生产和服务，它具有竞争性、营利性特征。没有产业发展，文化产品生产和消费将受到限制，文化品牌也难以培育，其影响难以扩大，文化事业的社会效益得不到提升，并可能导致经济支持不足而难以可持续发展。因此，文化事业和文化产业是相互统一和相互促进的，文化事业是社会主义文化建设的基础，文化产业是文化建设的推动力。

（三）公益性文化事业是实现人民基本文化权益的主要途径

文化事业承担着提供公共文化服务的重要功能，是实现和保障公民文化权益的主要手段。这意味着只要是属于人民基本文化权益的都要纳入公益性文化事业范畴，都要予以保障。人民群众基本文化权益包括看电视、听广播、读书看报、进行公共文化鉴赏、参与公共文化活动等。基本文化权益属于人权范畴。1948年联合国大会通过的《世界人权宣言》第一次把文化权益纳入人权范畴，提出人人有权通过国家的努力和国际合作，实现自己的文化权利，文化权利是个人尊严和人格自由发展中不可剥夺的一部分。1998年3月联合国教科文组织发表的《文化政策促进发展行动计划》提出：可持续发展和文化繁荣是相互依存的；人的发展的主要目的之一是使个人在社会和文化方面得到充分发展；文化创造力是人类进步的源泉，文化多样性则是人类的财富，是促进发展的一个不可缺少的因素；文化政策的基本目的是确定目标，建立结构和争取得到适当的资源，创造一个充分发展的人文环境，等等。这些表述充分说明，人类的发展最终是以文化来定义的，而文化首先体现在人人享有的基本文化权益上。公益性文化事业着力于屏蔽市场的影响，使基本文化活动成为所有人民群众的生活方式，这是一个国家、一个社会发展水平的重要评价指标。

（四）公益性文化事业是云南"两强一堡"建设的重要支撑

党的十七大召开后，云南省委、省政府审时度势，及时提出了推进民族文化大省向民族文化强省迈进的战略思路；省委八届八次全委会正式把建设民族文化强省与建设绿色经济强省和中国面向西南开放重要桥头堡一起，确定为云南未来发展的三大战略目标。这对云南来说，是发展的动力，也是前进的压力。在这样的历史机遇下，文化作为衡量一个地区竞争力和软实力的重要指标，其地位越来越突出，作用越来越凸显。

加强公益性文化事业建设，可以充分发挥文化的引领作用，提升地方的文化软实力，不断增强文化对经济社会发展的支撑和服务能力，促进全省经济社会的协调发展；加快公共文化服务体系建设，有助于弘扬社会主义先进文化，传播文明新风，净化社会风气，提升群众的文明素质，能充分发挥文化凝聚人心、引导疏通、沟通协调的作用，有助于营造和谐稳定的社会氛围；同时，作为中国面向西南开放的重要桥头堡，加强国际文化交流，能增强云南作为边境省份的文化国际辐射力和影响力，使文化成为引领区域性国际社会发展的新动力和新支撑。

二、云南公益性文化事业发展的现状及问题

（一）成就方面

云南省委省政府历来重视公益性文化事业的发展，注重城乡公共文化服务体系的建设，自 1996 年提出建设民族文化大省战略目标以来，尤其是 2007 年提出推进民族文化大省向民族文化强省迈进的战略思路以来，云南文化事业快速发展，取得了较为显著的成绩，创造了令人瞩目的文化事业建设"云南经验"。

1. 公益性文化事业投资逐步增长

近些年来，中央及各地方政府均高度重视发展公益性文化事业的投入，采取了一系列政策措施，如政府主导、整合财力资源、增加资金投入等。云南省在财政较为困难的情况下，将省级文化事业建设费由每年 4 500 万元增加到了 8 000 万元，从 2011 年起，全省财政的文化事业经费支出占财政总支出的比例达到 1% 以上。省级财政还设立了公共文化服务设施建设专项资金，省委、省政府先后投入 35 亿元，着力推进一批重大标志性公共文化设施建设；在边疆解"五难"工程上，中央和省级财政共投入资金 55.8 亿元，实施了一大批基础设施建设项目。[①] 总体而言，云南对于公益性文化事业的投资一直处于增长态势。

2. 公共文化设施建设加快推进

随着公益性文化事业的发展加快，云南公共文化设施建设大幅推进。一是建设了一批重大标志性公共文化设施。如云南省博物馆新馆、云南省科技馆新馆、云南亚广影视传媒中心、滇西抗战纪念馆等十大省级标志性文化设施建设，西双版纳民族博物

---

① 云南省委宣传部课题组：《推进云南文化建设的总体思路、重点任务、战略举措研究》，载《云南文化蓝皮书 2011~2012》，云南大学出版社 2012 年版。

馆、玉溪聂耳文化艺术中心等一批历史内涵丰富、民族特色突出的重大公共文化设施建成投入使用。二是基层文化基础设施得到大力改善。全省广播电视人口覆盖率分别达到 95.37% 和 96.39%，农家书屋覆盖全省 85% 的建制村，建成 1 个文化信息资源共享工程省级分中心、15 个州市支中心、129 个县级支中心、1 094 个乡镇基层站点，新建和改扩建图书馆 52 个、文化馆 53 个、乡镇综合文化站 836 个。①

3. 各族群众文化活动蓬勃开展

积极筹办全国性的高端文化活动，如举办了两届的中国聂耳音乐周活动，被列为庆祝中华人民共和国成立 60 周年、庆祝中国共产党成立 90 周年全国重大文艺活动，在全国产生广泛影响，已经成为全国知名的文化品牌。积极举办各种文艺会演，如全省新农村文艺会演、行业文艺会演、庆祝建党 90 周年文艺会演等，广泛调动了全省范围内各行各业的参与性和积极性，产生了良好的社会效应；广泛组织开展富有地方特色的"文化大篷车千乡万村送戏行"活动和文化科技卫生"三下乡"活动，使农村基层群众共享文化事业发展带来的成果；此外，自发性的群众文化活动也在全省各地各族群众中蓬勃开展，如群众广场"打跳"活动参与人数不断攀升，各大免费公园里的吹拉弹唱之声不绝于耳，这都成为基层群众因地制宜开展的特色文化娱乐活动。

4. 文化遗产保护不断加强

文物保护工作全面开展，全省公布了 4 000 多个文物保护单位，初步形成具有地方特色的文物史迹网络。实施民族民间传统文化保护工程，率先颁布民族民间文化保护地方性法规、率先命名民间艺人、率先开展全面的民族民间文化普查，成立非物质文化遗产保护中心。全省拥有国家级非物质文化遗产保护项目 75 项，省级 217 项；确定各级非物质文化遗产传承人 3 542 人，其中国家级传承人 51 人；② 设立专项资金，对国家级传承人进行补助。划定特色文化村，进行民族文化传承保护。

---

① 云南省委宣传部课题组：《推进云南文化建设的总体思路、重点任务、战略举措研究》，载《云南文化蓝皮书 2011～2012》，云南大学出版社 2012 年版。
② 云南省委宣传部课题组：《推进云南文化建设的总体思路、重点任务、战略举措研究》，载《云南文化蓝皮书 2011～2012》，云南大学出版社 2012 年版。

（二）不足方面

虽然云南公益性文化事业建设近年来已取得了显著成绩，全省公共文化设施网络日趋健全，重大文化惠民工程不断推进，群众文化生活日益丰富，公益性文化事业呈现繁荣发展的良好局面。但也要看到，与经济社会发展的进程和水平相比，与人民群众日益旺盛的精神文化需求相比，公益性文化事业发展仍然滞后，离实现基本建成公共文化服务体系和文化大发展大繁荣的战略目标还有不小差距。和全国其他省份一样，云南在公益性文化事业发展方面也还存在一些困难和问题，主要体现在如下几个方面：

1. 文化事业基础薄弱，历史欠账多

由于云南地处祖国西南边陲，经济社会发展较之发达地区还有较大差距，在文化事业建设上历史欠账尤其为多。全省至今还未完全实现国家"六五"期间提出的"县县有达到符合国家规范标准的图书馆、文化馆，乡乡有文化站"的目标；许多基层文化站、图书馆、博物馆等文化设施不配套，设备老化，运行困难，所提供的文化产品和文化服务与人民群众日益增长的精神文化需求不相适应。尤其是边远山区和边疆民族地区的农村，文化事业发展基础最为薄弱，群众的文化生活尤其匮乏，而境外思想文化渗透乘虚而入，直接影响边境地区经济社会稳定和国家文化安全。

2. 事业经费不足，投资数量增长缓慢

政府投资增幅难以提高和社会资金融入的积极性难以调动，是目前公益性文化事业投资面临的主要问题。虽然全省投资绝对数量有所增加，但公益性文化事业投入总量偏少、比例偏低的状况仍没有得到根本改变。此外，还有文化事业经费的增速不稳定。近些年来，中央强调要加大财政资金对发展公益性文化事业的投入力度，并强调其增幅要保证略高于同期财政收入的增长幅度，但落实到各级地方财政，实际情况却不尽如人意。因为大多数县级财政仍处于困难状态，需保障的硬性支出大，对公益性文化事业的投入一时还难以大幅增加。加之文化事业吸引社会资金的投入体制机制还不够完善，社会资金进入公益性文化事业十分有限，这就导致公共文化服务体系建设所需的投入缺口仍然

较大。

3. 城乡、区域之间发展不平衡,文化事业均等性欠缺

公益性文化事业建设重点在基层,主要是农村。然而,基层尤其是农村却是公益性文化覆盖最为薄弱的地方。在一些边远山区的农村,群众看书、看报、看电视、收听广播都还存在困难,更别谈享有与城市同等的公共文化服务了。据统计,"全省还有48 386 个20 户以下已通电自然村的119. 6 万户约500 万农民存在收听收看广播电视困难,2 418 个自然村 7.51 万户农户尚未通电"①。即使是广播电视已覆盖的广大农村,因为设备服务网点少,服务保障水平低,也难以保证"长期通""优质通"。而在一些偏远少数民族地区,还存在因语言不通而听不懂广播、看不懂电视的现象。目前省电台电视台中,只有电台办有民族频道,各州市中虽有迪庆、文山、红河、西双版纳、德宏、怒江6 个州办有民族语广播,但译制能力还十分有限。可见,不同山区、城郊、坝区之间的公共文化服务差距较大。

4. 公益性文化资源大量闲置,利用率不高

近年来,云南公益性文化事业有了长足发展,尽管增加了很多公益文化设施,却有相当一部分设施自始至终只是起到了彰显政府政绩的作用,公众并未能享受到其益处。这是因为传统的基层文化设施建设是按地方和行业的条块分割方式设立的,由于工作任务和具体利益的不同,使有限的文化资源得不到充分的利用,导致一方面人民群众的公益性文化需求无法得到满足,另一方面文化设施资源长期闲置浪费,从而加大了设施不断增多过程中规模膨胀与资源闲置之间的矛盾。这一问题突出体现在基层尤其是农村,在很多农村地区,"农家书屋"、乡镇综合文化站形同虚设,长期处于关门状态,利用率极其低下。

三、云南公益性文化事业跨越式发展的对策建议

十八大报告明确指出,发展公益性文化事业是满足人民群众基本文化需求的主要途径。对于云南来说,加快推进公益性文化

---

① 郭培阳:《"十二五"时期云南农村广电公共服务能力建设思考》,载《云南文化发展蓝皮书2011 ~ 2012》,云南大学出版社2012 年版。

建设跨越式发展，是贯彻落实党的十八大精神的重要任务，也是推进云南文化大发展大繁荣的迫切要求。基于云南公益性文化事业发展的现状以及存在的问题，笔者特提出如下对策建议，以期裨益于云南公益性文化事业跨越式发展：

（一）强化政府职能，充分发挥行政手段在公益性文化事业中的作用

首先，政府作为公益性文化建设的主要投资者，要不断加大财政投入的力度。公益性是公共文化服务所具有的共性特征，必要的财政投入是公益性文化事业建设的前提和基础。云南要构建覆盖城乡的公共文化服务体系，必须按照公益性、均等性、便利性、基本性的要求，在政府的财政投入上加大力度，把主要公共文化产品和服务项目、公益性文化活动纳入公共财政经常性支出预算，进一步加强公共文化服务体系建设、城乡文化一体化发展、优秀传统文化保护与传承等重点文化领域经费保障。要建立科学、精细的财政预算体系，确保公共财政对公益性文化建设的投入增长幅度高于财政经常性收入增长幅度，有条件的地方要高于财政支出增长幅度，提高文化支出占财政支出比例。切实解决文化事业投入总量偏少、比例偏低的问题。

其次，政府作为社会公共事务的管理者，要推动完善与公益性文化相关的税收政策、评价体系和问责机制。要完善公益性文化单位和文化产品的税收优惠政策、资助政策和其他企业机构投资公益性文化单位的税收鼓励政策。作为典型的社会政策，公益性文化事业必须解决好"谁出资、谁提供、谁监管"的问题，建立健全公益文化事业单位及其领导人的考核评价体系，明确产品和服务的标准。要建立刚性、合理的投入考核体系。将公益性文化事业发展指标纳入地方政府政绩考核。健全以被服务对象为中心的政府投入绩效评价机制，积极引入被服务对象和第三方参与考核评价机制。有条件的地方要探索公益性文化事业投入不足的问责机制，让文化建设从各级领导干部的"软功夫"变成"硬任务"。必须杜绝单纯由上级考核下级、自己评价自己的做法，尤其是不能让 GDP 成为评价公益性文化事业发展的唯一指标。运用行政性手段有效约束、引导公益性文化事业单位做好公益性文化产品的供给。

（二）加强基础设施建设和利用，不断完善云南公共文化服务体系

文化基础设施是公益性文化建设的重要载体和依托。实践证明，基础设施兴，则文化事业兴。文化基础设施的不断完善，不仅可以为广大群众开展文化活动提供必要的场所，而且能够让人们置身于良好的社会文化氛围之中，有助于提升城市文化形象和公民文化素质。云南加快发展公益性文化事业，要结合实际，统筹规划和建设基础公共文化服务设施，加快城乡文化一体化发展，将城市文化和农村文化建设作为统一的整体，统筹协调，整体推进，特别要在文化设施布局、文化经费投入、文化活动安排、文化产品生产等方面，向农村地区倾斜，遏制城乡文化发展差距拉大的趋势，让文化发展成果惠及全体人民。

一要在省级和州市级层面规划和建设一批既有民族特色、地域风格，又具有时代特征、为大众认可的标志性公共文化设施，并真正发挥好它们作为先进文化的传播阵地和发展天地的现实功能，如文化馆、博物馆、图书馆、美术馆、科技馆、纪念馆、工人文化宫等公共文化服务设施和爱国主义教育示范基地建设。

二要大力改善基层文化基础设施，增强文化发展均衡性。大力推进社区和乡镇综合文化站、广播电视村村通、文化信息资源共享、农家书屋、农村电影放映、公共电子阅览室等文化惠民工程的建设，构建全省公共文化基础设施网络，满足基层群众读书看报、看电影看戏、收听收看广播电视等基本文化需求。

三要抓好公共文化设施的综合利用，完善向社会免费开放服务。推动各级文化馆、博物馆、图书馆、美术馆、科技馆、纪念馆、工人文化宫等公共文化服务场馆向社会免费开放，把基层文化站建成集图书阅览、广播影视、宣传教育、文化娱乐、科技推广等活动于一体的多功能综合文化站，提高公益性文化设施的使用效率，避免资源闲置和浪费。

（三）突出云南本土特色，着力打造一批公益文化品牌

公益文化品牌是文化事业发展成果的重要体现，是一个国家、一个地区重要的文化标识，是文化事业发展繁荣的重要标志。公益文化品牌是精神、价值、观念的重要载体，是一种重要的文化引领，可以极大地激发公民的文化参与感、文化热情和潜能，在满足公民的高层次文化需求中提升公民的文化自觉。人民群众是公益文化活动的主体，是推动文化大发展大繁荣最深厚的力量源泉。以突出文化特色为重点，着力打造群众文化品牌是加快发展公益性文化事业的客观要求，也是调动广大人民群众参与热情，让更多人关心、参与文化建设，形成有利于文化创新的社会环境的重要举措。云南是中国的文化资源大省，拥有浓郁地域特色的多元民族文化。

为此，云南要深度挖掘现有历史文化资源、发挥资源禀赋优势，打造文化发展的"亮点效应"，打造云南自己的文化品牌。要树立品牌意识，着力打造文化精品，大力发展和巩固在全省有较大影响的群众文化活动和体现地方特色的区域性群众文化活动，进一步丰富品牌活动内涵。如继续开展好我省公益性群众文化活动示范品牌的"云之南"艺术团慰问演出、文化大篷车送戏下乡、科技文化卫生"三下乡"、"送欢乐下基层"等公益性文化活动。要最大限度地发挥各方面的积极性、主动性，鼓励其他国有文化单位、教育机构、宣传文化单位等开展公益性文化活动。如继续巩固现有的"云岭大讲坛""云南智库学术交流活动"等面向学者和公众的文化学术交流品牌，支持其进一步扩大社会影响，提高知名度。广泛开展群众性文化活动，积极推进农村文化、广场文化、社区文化、企业文化、少儿文化、老年文化的开展。要发挥文艺院团的引领示范作用，鼓励支持文艺团体创作优秀作品，充分调动人民群众和广大文化工作者文化创造的积极性和主动性，更好地挖掘释放蕴藏于人民群众中的智慧和力量，让全省人民享受更多更好的文化成果。

（四）加强文化遗产保护，大力弘扬优秀民族民间传统文化

优秀传统文化凝聚着人民自强不息的精神追求和历久弥新的精神财富，是发展社会主义先进文化的深厚基础。要全面认识传统文化，加强对优秀传统文化思想价值的挖掘和阐发，加强文化遗产的保护、传承与利用，弘扬优秀传统文化，维护民族文化基本元素，使优秀传统文化成为新时代鼓舞人民前进的精神力量。云南是文化资源大省，拥有丰富多彩的民族民间文化和积淀深厚的历史文化资源。要促进云南公益性文化事业跨越式发展，势必要不断加强文化遗产保护和传承，使优秀传统文化得以发展和弘

扬。要认真贯彻"以保护促开发,以开发促发展"的方针,实施民族民间传统文化保护工程,切实加强对重点文物古籍、非物质文化遗产的保护和利用。

首先,进一步摸清家底,继续开展民族民间传统文化普查,加强文化遗产普查登记,加快建立覆盖全省的文物和非物质文化遗产保护体系。

其次,在民族民间文化特色突出、资源集中的区域积极创建各级民族文化保护区、特色文化保护区和民族民间文化艺术之乡,使其得到整体活态保护。

再次,对确有一技之长的民族民间艺人进行命名保护,对各级非物质文化遗产传承人进行补助,大力建设各类文化传习馆,着力培养民族民间文化传承人,让非物质文化遗产薪火相传。

复次,加强少数民族语言文字党报党刊、广播影视节目、出版物等译制播出和出版。

最后,把民族民间文化资源保护纳入经济社会发展计划,纳入城乡发展规划,同时加大对民族民间传统文化保护的地方性法规的宣传力度,营造全社会共同保护民族民间文化资源的良好氛围。

(五)引导整合社会力量,拓宽社会办文化的渠道

构建公共文化服务体系,不仅需要党委政府的组织领导、相关职能部门的具体实施,更需要探索建立集社会各方力量参与推动的运行机制作保障。在公益性文化事业建设中,应拓宽投资渠道,建立多元化投入体系。除了强调政府应增加在公益性文化事业的投入外,还应该逐步放宽准入限制,不断拓宽筹资渠道,多渠道、多形式筹集社会资金,参与公益性文化事业规划建设,如通过招商推介、合作开发等有效途径引导社会力量投资兴办公共文化实体,鼓励企业和个人捐赠兴办公益性文化事业,形成社会资金多形式、多渠道共同投入公益性文化事业的新局面。

要借助市场,试行重大公益性文化项目的公开招标制度,逐步引入市场竞争机制,吸引和调动社会力量参与公益性文化建设。利用一系列市场手段,将项目转让给群众文化事业单位、社会文化团体或文化企业,由他们按照政府的要求提供文化产品与服务,实行治理与执行分离。例如,对重大公益文化项目实施社

会化运作是指文化行政部门使用财政性资金及集中使用的预算外资金，将重大公益文化项目通过信息发布、接受申请、资格认定、专家评审、授权实施、监督审计等一系列程序，以"契约""订单"等方式，授权或委托符合条件的企业、事业单位及社团、民间组织来承办。重大公益文化活动包括：大型文化节庆、庆典晚会，重点文化艺术展览、演出活动，政府慰问性文艺活动，送文艺演出、展览进社区活动等。群众文化事业单位在市场中参与公平竞争，应根据不同的消费心理和消费需求，增强市场意识和开拓精神，不断推出新的丰富的群众文化产品和文化服务，有助于形成多元化、多形式、多层次的文化消费结构。

作者为云南省社会科学院文化研究中心助理研究员。

省会文化发展研究

昆明市区域性国际城市文化战略研究

昆明市课题组

回顾城市发展史，文化始终是城市最主要的功能之一。城市文化的发展水平往往代表了一个地区或一个国家文明程度所能达到的最高水平。纵观世界城市的发展，许多国际性城市的诞生和成熟，都有其浓厚的文化底蕴。无论是意大利的罗马、奥地利的维也纳、法国的巴黎、英国的伦敦、德国的法兰克福以及俄罗斯的圣彼得堡这些世界瞩目的国际城市，还是我国的北京、西安、南京、杭州、成都这些文化历史悠久的城市，无不闪耀着文化的光芒。当今世界，是以城市为主导的世界；当今城市，是以文化为引领的城市。文化对城市而言，既是实力和形象，更是内核和灵魂。可以说，文化对于保存城市记忆、明确城市定位、决定城市品质、展示城市风貌、塑造城市精神、支撑城市发展有着极其重要的作用。用文化引领未来，已成为国内外众多城市的价值追求和战略选择。

当下的昆明，正处在建设区域性国际城市的关键时期，推进昆明文化国际化是适应经济全球化、经济文化一体化的必然要求。研究昆明市区域性国际城市文化战略，显得十分必要。

一、城市文化战略的理论与实践

（一）城市文化战略的内涵

一般来讲，城市文化战略是以提升城市文化核心竞争力和城市文化产品竞争力为直接目的，以提升城市企业和品牌竞争力为手段的战略，包括城市发展文化的基本指导思想、目标、方法和策略。具体来看，城市文化战略的内涵包括以下内容：以文化的思维对城市的各种功能加以认识考察，发现城市的创新空间和创新方向；从文化的角度考虑和制定各类公共政策，在文化资源和公共政策之间建立一种相互影响、相互协同的关系；整合城市资源，保持地方文化特色，实现城市的和谐发展。

（二）城市文化战略的兴起与启示

当今世界，随着经济全球化、世界多极化和社会信息化的深入发展，文化越来越多地与政治和经济交织在一起，对世界发展产生着深刻影响。国家和地区之间综合国力竞争的一个显著特点，就是文化的地位和作用更加凸显。谁占据了文化的发展制高点，谁就能更好地掌握主动权，已成为普遍共识。正是在这种背景下，着重于丰富城市内涵、提振城市精神、提升城市形象、增强城市影响、加快城市发展，以提高城市核心价值力为根本目的的城市文化发展战略应运而生。20世纪与21世纪之交，世界许多大中城市都不约而同地将文化战略作为城市整体发展战略的核心，采取了许多促进城市文化发展的措施。城市发展实践表明，城市发展并不是仅仅依靠建筑高度的模式，以建筑和地标的文化艺术属性的精致设计来传达城市符号与意象，对于提升城市竞争力、促进城市经济复苏、增强社会融洽和市民自豪感的效果更好。城市要保持影响力，必须积极积累文化资本，创建新文化空间和文化地标，从而增强文化核心竞争力。

（三）城市文化与文化城市

1. 城市文化

城市文化强调的是标志性的或者内在的价值，使城市充满朝气或者使其具有独特性。这就是城市的文化价值所在。从整体上来看，城市文化涉及三个要点：

（1）城市文化是一种大文化的视角。它不是单指某一特定城市的文化教育设施、人的知识水平、教育程度的狭义文化形象，而是包括了某特定城市所创造的一切物质文化、制度文化和精神文化总和所形成的整体景象。

（2）城市文化是一种综合认识的结果，即主体整体对某特定城市客体的总印象。它不是单个人的认识，也不是多数人对城市文化个别要素的认识，而是多数人对一个城市的总体认识结果。

（3）城市文化的构成要素有城市建筑文化、城市公共文化、城市科技文化、城市自然文化、城市制度文化与城市精神文化等。它们是自然文化与社会文化的结合，物质文化、制度文化与精神文化的统一。经济、环境、历史、技术、地理、地域、民族都是形成城市文化的基础。

2. 文化城市

城市文化的多样性、多层次性决定了文化城市战略的多维度性。文化城市，必然以文化为基本组织核心，贯穿于"以文化城"这一基本理念。在这个意义上，把文化城市界定为：以城市文化为核心手段组织城市经济活动、社会网络与空间形态，支持城市文化多样性需求与城市增长机器本质，处于不断发展状态的充满人情味、创新力强的现代城市社会空间。不同的文化之"根"，衍生出不同的城市特质，形成了不同的"文化特质"。

透过不同文化特质的成功城市，文化城市的构成要素很关键。一般来讲，文化城市应包括以下要素：基础要素，文化资源，包括历史文化资源、现代文化资源、自然文化资源、名人文化资源、宗教文化资源等；动力要素，即文化创意产业；魅力资源，即文化景观，包括城市景观、城市文化价值、城市精神、城市居民等；孵化要素，即文化氛围；活力要素，即文化场所；保障要素，即文化制度与政策。

文化城市的主要特征包括以下几项：

（1）深厚的历史文化底蕴。历史文化对城市经济和社会的发展起着重大的推动作用。

（2）先进的现代文化。文化的发展，特别是先进文化的导向和带动城市发展和提升品质已被实践所证明。

（3）文化产业发达，文化在经济和城市发展中具有核心和主导地位，是城市经济的重要支柱之一，也是文化型城市的重要载体和表现形式。

（4）拥有发达的现代化的文化传播方式和文化娱乐方式及其载体。

（5）城市文化呈现出主题突出与多样化发展的特点。

（四）外地城市文化战略的经验借鉴

从国际上看。英国伦敦实行的是"世界文化多样性都市战略"，日本的东京则以文化作为都市魅力与活力源泉，建立起将东京文化资源与创造性活动相结合的有机结构，打造"充满创造性的文化都市"。新加坡实施的是"亚洲文艺复兴城市战略计划"，把新加坡建成全球艺术中心城市、21世纪亚洲文艺复兴关键城市，世界顶级适宜生活、工作、娱乐的城市，最终建立"强大的亚洲第一文化都市"。中国香港则实施了"创意无限——动感之都计划"。从国内看，北京定位于"世界创意中心城市"，成都和杭州则致力于建设"文化休闲都市"，昆明提出要打造"泛亚文化名城"。

应该说，伦敦的文化发展战略带有前瞻性、宏观性，是城市总体发展战略的有机组成部分，并且引导着总体战略的发展取向。战略纲要体现了民众共识，合乎广大人民群众根本利益，值得借鉴。东京长期接受欧美文化输入，本身文化创新辐射能力薄弱，是个消费性城市而非创造性城市。因此，东京以"充满创造性的文化都市"作为目标定位，着力培育文化创新能力，可谓是明智的战略选择，颇有参考价值。新加坡的战略目标，是建设强大的"亚洲第一文化城市"，其雄心壮志固然令人钦佩，然而新加坡是个领土有限的岛国，与纽约、伦敦、东京、香港相比，没有深广的腹地作为依托，究竟能否成为亚洲首席文化之都，尚须拭目以待。香港文化发展战略目标定位，是"开放多元的国际文化都会"，强调文化身份认同、社会文化素质、民族文化传承，立足本土而放眼全球，把自己作为本乡本土和全球网络之间的接口。这对我们而言，具有极其重要的借鉴意义。北京、成都、杭州和昆明从自身城市定位和城市特色出发确定了文化发展战略，应该说是务实的。

通过比较发现，上述城市的文化发展战略体现了如下特点：均强调了文化与经济的一体化发展；强调文化产业对城市发展的经济贡献；强调大众的参与，认为大众才是文化城市的主人；呼吁保存和发展民族艺术，开发创意产业，强调文化的多元化发展和复兴民族文化传统；一致认为普遍和公认的价值观念、道德规范、社会意识、行为准则和管理制度等是一个城市的灵魂，是城市核心竞争力的重要动力和强大支撑。

（五）昆明当前制定实施城市文化发展战略的重要意义

当前，中国城市化建设已经进入了城市文化建设、特色城市建设和世界名牌城市建设的发展时代。在这个城市发展前所未有的大时代，城市用什么决胜未来——无疑是当今世界最前沿的城市文化发展战略。就昆明而言，制定实施昆明的城市文化发展战略，对于区域性国际城市建设具有重要的意义。

第一，融合昆明的城市资源禀赋、改变经济增长模式、形成城市核心竞争力，实现城市价值最大化、城市形态高级化、城市功能最优化、城市品牌名牌化。

第二，优化配置昆明的城市文化资源、塑造城市文化景观、丰富城市文化内涵、提升城市文化品质、凝聚城市精神、打造城市文化品牌、树立城市良好形象、扩大城市影响力。

第三，对昆明的全球化发展过程进行角色重新定位、吸引世界资源、分享国际利益、扩大国际话语权，进一步走向世界、融入世界、吸引世界和影响世界。

二、制定区域性国际城市文化发展战略的条件分析

（一）推进区域性国际城市文化战略的优势分析

1. 面临着前所未有的发展机遇，对外开放、改革创新、市场拓展的空间更加广阔

目前，昆明市正迎来新一轮西部大开发、云南建设中国面向西南开放重要桥头堡的重要时机。无论是滇中城市圈、重要桥头堡城市建设，昆明都处在十分有利的时期。

——对外开放的空间更加广阔。随着我国沿边开放战略的深入实施，特别是随着中央关于把云南建成中国向西南开放重要桥头堡战略的实施，作为我国面向西南开放的门户，昆明对外开放的空间将从东南亚、南亚向西亚、非洲东部国家延伸。

——改革创新的空间更加广阔。目前我国进入新一轮改革攻坚期，制度创新、技术创新、管理创新已经成为经济社会发展的

引领力量。作为全省综合改革试点市，昆明将进一步加大改革力度，全面拓展创新工作。

——市场拓展的空间更加广阔。随着全球经济复苏，国际需求将迎来恢复性增长，我国扩大内需政策效应全面显现，周边国家与我国开展经贸合作的需求和愿望将更加强烈，中国与东盟的合作全面深化。作为中国面向西南开放的国际化门户和桥头堡城市，昆明市场拓展的广度和深度将进一步扩大。

——优化生产力布局的空间更加广阔。新一轮的产业结构升级和产业梯度转移正在加速，我国实施积极的城市群发展战略，把西部大开发放在更加重要的战略位置，滇中经济区是国家主体功能区规划确定的 18 个重点开发区域之一，作为滇中区域的核心，昆明优化生产力布局、实现更好的发展环境将进一步改善。

2. 昆明作为云南省会城市和唯一特大型城市，拥有特殊区位、资源丰富、地位突出、交通便利等综合优势

具体来看：

特殊区位。昆明是中国唯一能从陆上沟通东南亚、南亚，具有"东连黔桂通沿海，北经川渝进中原，南下越老达泰柬，西接缅甸连印巴"的独特区位优势的省会城市，处在南北国际大通道和以深圳为起点的第三座东西向亚欧大陆桥的交汇点，是中国面向东南亚、南亚、西亚乃至南欧和非洲五大区域开放的桥头堡。随着国家门户枢纽机场、泛亚铁路和昆曼、昆仰公路和中缅油气管道等一大批重大基础设施建设的推进，昆明作为中国面向西南开放的国际化门户的地位将更加突出。

地位突出。昆明作为省会城市、云南省唯一的特大型城市，一直是全省的政治、经济、文化和社会事业中心。昆明市地区生产总值、地方财政一般预算收入都几乎占到了全省的三分之一。昆明是全省的加工制造、技术研发、高端产业和总部经济的重要基地；昆明集中全省的科技文化优势；昆明具备东部地区的区位优势、中部地区的资源优势。

资源丰富。

（1）历史文化资源丰富多彩。昆明是国务院首批公布的 24 个历史文化名城之一，具有 3 万多年的人类生活史、2 400 多年的滇中文化史、1 240 多年的建城史。

（2）民族风情资源绚丽多姿。昆明是云南多民族文化特色表

现最集中、最典型的地区，成为一座中国民族文化资源最丰富、形态最多样化的民族文化宝库。

（3）自然风光资源引人入胜。昆明满城山色半城湖、一年春光四季花，冬无严寒，夏无酷暑，鲜花长年不谢，草木四季长青，被誉为"春城"，是中国优秀旅游城市。

（4）都市时尚资源特色鲜明。昆明多元文化汇聚共生，形成了历史文化、民族文化与现代文明交相辉映、融合发展的都市文化。

（5）文化纽带资源源远流长。昆明自古以来就是中华文化圈、印度文化圈和东南亚文化圈的交汇地带，与东南亚、南亚甚至印度洋沿岸、西亚及非洲东部等地区都有着源远流长的民族文化联系。随着桥头堡城市建设和区域性国际城市建设的不断推进，昆明的国际知名度和文化影响力将不断增强，昆明的国际文化地位将更加突出，成为展示优秀民族文化的重要窗口、国内外文化经典荟萃的重要舞台和中华优秀文化走向世界的重要平台。

政策优势。从国家层面上讲，昆明享有国家西部大开发战略、重要桥头堡建设的倾斜扶持政策；从省内层面上讲，云南省委、省政府支持昆明建设现代新昆明、区域性国际城市，赋予了昆明更大的经济社会管理权限。

交通便利。昆明作为连接我国西南、西北及通向东南亚、南亚各国的国际大通道的重要枢纽，现已形成以昆明为中心，连接国内邻近省区和越南、老挝、缅甸的九条公路大通道。昆明的铁路网纵横交错，有昆明至成都、贵阳、南宁、河口等 12 条铁路干支线，以及省内的广大铁路、昆玉铁路等。未来将建成中缅、中越、中老、中缅印 4 条出境铁路，构筑起"八入滇、四出境"的铁路大通道。长水国际机场旅客吞吐量将达到 2 700 万人次，形成直飞欧洲、澳洲、美洲以及东南亚、南亚主要国家和国内主要城市、省内环飞连接的航空枢纽。

外贸基础。昆明作为中国—东盟自由贸易区经济圈、"泛珠三角"区域经济合作圈的交汇点，中国参与大湄公河次区域和孟中印缅次区域合作的窗口，近年来不断加快国际化拓展步伐。在中国—东盟自由贸易区、大湄公河次区域合作中强化了富有地域特色的科技、金融、文化、教育、人才、旅游等的交流与合作，初步形成了全方位、多层次、宽领域的对外开放格局，为昆明城市的国际化拓展奠定了良好的基础。

（二）推进区域性国际城市文化战略的劣势分析

1. 文化改革创新力度不强

思想不够解放，政企不分、政事不分、管办不分的状况还没有彻底解决，传统"事业单位体制"仍然束缚着经营性文化单位市场化程度的提升和文化存量资本潜力的发挥。统一、开放、有序的文化市场尚未健全，文化资源配置、生产要素流动、产业链条衔接不够，运行机制不够灵活，面向市场、适应市场能力较差。

2. 城市建设文化彰显不够

就昆明的城市建设来看，文化的要素彰显不够。一方面，对昆明原有的文化资源挖掘不够、城市文化特色彰显不够。另一方面，昆明与外部世界尤其是和国际的接轨不够，起点低、创意不够、视野不开阔，使得昆明的文化影响力和辐射力不强。如何用强烈的文化意识指导城市建设，并把这种意识贯穿到城市规划、建设和管理的全过程，进一步发掘城市文化资源，保持城市文化特色，体现城市的历史、传统和风情的合理搭配，保持城市建设的整体和谐，成为区域性国际城市建设中的难题。

3. 城市文化产业实力不大

近年来，以文化产业为主要标志的昆明城市文化实力不断增长。文化产业已经成为全省文化产业的龙头，成为全市经济新的增长点，处于西部领先位置。但与区域性国际城市、泛亚文化名城的要求相比，昆明的文化产业还存在较大差距。主要表现为：文化产业规模总量偏小；文化市场体系不够健全；缺乏具有国际影响力的大企业、大项目、大品牌；对外文化贸易规模较小、产品层次低；文化产品缺乏创意，科技含量及附加值不高；缺乏高素质复合型人才；多元投融资格局尚未形成等。

4. 文化国际交流主体单一

昆明的对外国际文化交流，还主要以政府部门或事业单位的对外交流合作为主，多元化的国际交流主体还没有形成。昆明的文化企业缺乏参与国际竞争的实力和进行国际文化交流的战略眼光，文化产品的国际竞争力不强；民间团体和个人参与国际文化交流的途径有限、动机不强，这些都造成了对外国际文化交流途径有限、主体单一，对外交流合作的影响不大。这也严重影响了昆明的城市形象以及在国际上的影响力和知名度。

5. 城市文化引领作用不强

就目前来看，文化在区域性国际城市的引领作用有待加强。培育市民的高雅志趣和人文素质，增强其对城市的归属感、自豪感和荣誉感，弘扬城市精神，营造国际文化氛围，提升城市的凝聚力，提高城市文明程度，等等，都需要充分发挥文化的引领作用。因此，在区域性国际城市建设中，加强泛亚文化名城建设，充分发挥先进文化的引领作用，把社会主义核心价值体系贯穿于城市建设的各个方面，形成统一的指导思想、共同的理想信念、强大的精神支柱、基本的道德规范，显得十分重要。

为此，要正视当前昆明文化发展过程中存在的差距和问题，加快实施区域性国际城市文化战略，紧紧抓住新的西部大开发和建设"重要桥头堡"两大机遇，充分发挥昆明的综合优势，积极扩大与东南亚、南亚、西亚国家的文化交流合作，大力提升昆明城市的国际文化影响力和辐射力。

三、制定区域性国际城市文化战略的总体构想

（一）区域性国际城市的文化发展目标——泛亚文化名城

随着中国—东盟自由贸易区的建立，大湄公河次区域和孟中印缅地区的合作，以及我国印度洋战略和面向西南开放桥头堡战略的推进，昆明的国际化进程将大大加快，将发展成为中国面向西南开放的国际化门户、重要桥头堡城市，成为经济景气指数高、文化特色浓、人居环境好、投资环境佳、社会安定和谐的区域性国际城市。

区域性国际城市的城市定位决定了城市文化发展也应以之相匹配。为此，2011年，昆明市提出，用20年左右的时间，建设"文化昆明"，打造"品质春城"，着力构建民族文化强省枢纽，努力打造中国西部最具竞争力的历史文化名城、民族文化宝库、国际文化枢纽、文化产业基地、文化共享家园，把昆明建设成为人文精神充分彰显、文化标志更加鲜明、文化经济高度发达、文

化影响辐射全球、文化生活丰富多彩的泛亚文化名城。由此可见，建设与区域性国际城市相匹配的泛亚文化名城，已成为区域性国际城市的文化发展目标。这就决定了制定实施区域性国际城市文化战略必须要以此为发展目标。

（二） 区域性国际城市文化的战略思路

建设泛亚文化名城的文化发展目标，决定了在未来很长一段时间，昆明的城市文化战略必须紧扣泛亚文化名城这一主题，着力在城市形象培育、城市文化品牌营销、城市文化空间发展、文化实力提升、国际文化交流合作等方面下工夫，形成与泛亚文化名城相适应的城市品质，塑造与区域性国际城市相媲美的国际文化形象，不断提升昆明的国际文化竞争力和影响力。为此，区域性国际城市文化战略的内容包括：实施城市形象培育战略、城市品牌营销战略、城市文化空间发展战略、文化实力提升战略和国际文化交流合作战略等五大战略。

（三） 制定区域性国际城市文化战略的原则

1. 坚持继承保护与创新提升相结合

正确处理城市高速发展与历史文化保护的关系，深入挖掘城市的文化内核，整合历史文化街区和历史人文景观，打造具有浓郁历史文化品位、国际水准的城市景观，让深厚的历史文化得到彰显，让优良的文化传统得以传承。同时，充分发扬昆明文化的精神文化特质和底蕴深厚、特色鲜明的传统优势，不断赋予昆明文化以时代特色和国际要素，发展顺应时代潮流的昆明文化。

2. 坚持立足本土与对接国际相结合

以开放的心态、开阔的眼界吸收国内外一切有益文化，加强本土文化与世界文化的对接、对话与融合。对昆明作为历史文化名城的历史文化追根溯源、充分整合和全新演绎，展示文化神韵，扩大国际影响。对春城的自然禀赋深度挖掘，对体现其精神的文化景观精心雕琢，使之以独特文化内涵走出国门、走向世界。要利用各种形式，让世人触摸昆明文化脉搏、感知昆明文化神韵、汲取昆明文化营养，不断增加对昆明文化的认知认同。

3. 坚持发展事业与壮大产业相结合

以建设泛亚文化名城为契机，加快构建覆盖城乡、结构合理、功能健全、实用高效的公共文化服务体系，推进重点文化惠民工程，加强公共文化基础设施建设，促进基本公共文化服务均等化。把文化产业作为重要战略性支柱产业来发展，作为新的经济增长点来培育，增强昆明文化产业整体实力和竞争力。

4. 坚持提升品位与打造品牌相结合

品位是一座城市个性的自然流露，品牌是一座城市影响力的主要象征。提升品位是打造品牌的基础工程，打造品牌是展示品位的关键手段。坚持泛亚文化名城发展之路，努力把昆明建设成为一座极具文化品位和人文魅力的城市。加强对文化产品创作生产的引导，推出体现民族特色、反映时代精神、具有国际一流水准的文化艺术精品。擦亮、叫响昆明文化品牌，精心打造具有核心竞争力和国际影响力的著名文化品牌和知名文化企业。

四、推进区域性国际城市文化战略的重点举措

（一）实施城市形象培育战略

1. 坚持高点规划，提升城市形象

围绕区域性国际城市的城市定位，紧扣泛亚文化名城的建设目标，大气魄规划和建设城市，全面提升城市的规划、设计、建设、管理水平和城市形象。突出文化引领，坚持城市功能与城市形象、自然景观与人文景观、国际规则与地方特色的有机统一，全方位提升城市空间、城市形态、城市环境的文化品位。充分发挥历史文化积淀深厚的优势，在保护文物古迹等有形历史遗存的同时，更加注重保护非物质文化遗产和地域文化等无形人文要素。注重保持传统风格和城市肌理，建立历史文化名城保护体系，加大对文物古迹、历史地段、城市风貌、历史传统文化的保护规划，凸显历史文化名城风貌。城市建筑设计体现文化内涵，讲究高度、造型、色彩、用材和线条的协调搭配，注入雄浑、精巧、美感和韵味，形成整体和谐、个体鲜明的建筑风格，用建筑物之"形"显现城市之"神"。城市配套建设彰显文化品位，精心设计建设公园、广场、园林、街道、景观、招牌、广告和灯光等景观系统和环境系统，丰富城市文化内涵。以独具特色的民族

风情、名胜古迹、历史名人为题材，加强城市文化景观、城市文化符号建设，通过城市雕塑、文化地标、城市景观、城市形象展示等方式，全方位多视角地展示城市的文化底蕴，让星罗棋布的文化遗址、名胜故居、旅游景区、主题公园覆盖整个城市，让丰富的历史文化资源成为现代城市生活的组成部分。

2. 建设城市标志，打造城市名片

具有时代特征、地域特色浓郁的城市文化地标，不仅可以传承历史文化、美化城市形象，而且可以提升城市品质、彰显城市魅力。实施昆明形象标志工程，提升城市品位和形象以泛亚文化名城为内核，构建独特的城市理念识别系统、视觉识别系统和行为识别系统，实现昆明城市标志的个性化、特色化。启动CIS系统建设以及系列的推介活动，通过重大城市标志工程打造昆明城市文化视觉形象，提升昆明视觉感知力，增加体验与互动强度。突出城市名片塑造，在文化的引领下加快区域性国际城市、桥头堡城市、世界旅游城市、宜居城市、幸福家园建设，打造若干个具有国际影响的标志性城市名片。如，以滇池为中心，构建"一湖四片"昆明城市区建设。北城，即现在的主城区，打造金融商贸旅游服务中心、昆明城市的核心区。东城，即呈贡新城，打造生物产业基地、科研文教园区。南城，即晋城—新街新城，打造古滇池文化旅游圈。西城，即昆阳—海口新城，打造环滇旅游区。其他县（市）区可结合自身特色，打造城市名片。如宜良打造"花香水城"、嵩明打造"空港新城"。实施重大文化地标工程，规划新建等一批重大文化设施项目，从不同层面体现城市的标志性形象。支持亚广传媒中心等省级重点文化产业项目在昆明发展，做到省市共建共享。大力推进图书馆、博物馆"双馆"名城建设。大力推进文庙恢复性修建、市文化馆、市中心图书馆、市民族民俗博物馆、市民族文化宫、昆明美术馆、呈贡新区青少年活动中心、昆明泛亚文化传媒中心、市妇女儿童活动中心、泛亚艺术中心等"十二五"时期十大公共文化重点项目建设。加快推进滇池泛亚合作永久性会址、滇越铁路主题公园等泛亚文化示范区建设；重点推进中华博物城、昆明玉器城翡翠宝玉石博物馆、东川群众文化体育中心等一批民族文化示范区建设；深入推进古滇王国文化旅游名城、龙泉古镇抗战名人纪念馆、西南联大纪念主题公园等一批历史文化项目建设。

3. 弘扬城市精神，凝聚城市合力

大力培育以社会主义核心价值体系为根本、以历史文化名城为底蕴、以"春融万物、和谐发展、敢为人先、追求卓越"的城市精神为特征的新时期昆明人文精神，倡导"刚毅执着、敢于担当、追求不凡、崇尚实干"的干部精神，使之植根于昆明人的内心深处和日常生活，实现城市形态、文化神态和市民心态的内外和谐，构建具有高度认同感和强大凝聚力的精神家园。在价值追求上，大力倡导全国争先、西部领先、全省率先的进取意识，在全市形成追求理想、追求文明、追求卓越、追求奉献的价值取向，用文化视野创新经济发展方式、城市管理模式。在文化传承上，依托博物馆、纪念馆、文化园、名人故居等载体，将郑和、聂耳、西南联大、护国运动、重九起义等历史文化精华具体化，让人们直接感受和高度认同。在市民素质上，以建设区域性国际城市、创建全国文明城市为契机，实施市民教育工程、素质提升工程和艺术普及工程，大力开展"书香昆明"活动，组织市民学外语、学普通话、学文明规则、学国际礼仪，培育全面热爱文学艺术、参与文化活动的高雅志趣和文化氛围，形成与历史文化名城和区域性国际城市相适应的精神风貌和行为特征，构建文明和谐家园。

（二）实施城市文化品牌营销战略

1. 进行城市文化定位

通过深入研究昆明的城市历史、文化、人文、自然和地理资源，以及整合昆明具有的春城、国家历史文化名城、现代新昆明、区域性国际城市、重要桥头堡城市、泛亚文化名城、宜居宜人新都市等城市内涵，在挖掘吸纳昆明的城市资源、城市品质、城市文化、城市品牌等基础上，将昆明的城市文化定位为"春城——泛亚文化名城"。

2. 打造城市文化品牌

以"春城——泛亚文化名城"为统领，充分整合各类城市资源和文化元素，进行策划、提炼、包装和推介，形成城市品牌系统，展现昆明独特魅力，扩大昆明影响力。加强得天独厚的自然资源品牌建设，对"春城"系列品牌进行开发，向世界宣传"春城"，营销"春城"，把昆明打造成"来了不想走，走了还想来"世界休闲宜居之都和国际著名的"春城夏都、避暑胜地";加强历史文化品牌建设,集中开发"古滇王国""聂耳""陆军讲武堂""重九起义""护国运动""一二·一运动""西南联大"等文化品牌;加强旅游文化品牌建设,对石林、金殿、滇池、翠湖、轿子雪山、官渡古镇、民族村等旅游品牌进行开发;加强体育品牌建设,建设高原国际体育训练基地;加强民族文化品牌建设,开发民族节庆、民族服饰等民族品牌。总的来说,昆明应该充分利用自身独有的文化积淀不断塑造城市品牌,形成自己的特色和个性。

3. 进行城市文化品牌营销

21世纪,城市间的竞争从"经济力"转向"文化力"的较量,一个城市品牌文化内涵越丰富,附加值越高,就越具有竞争优势。城市在国际国内的文化影响力和吸引力,决定着城市发展的未来。因此,要研究实施城市文化品牌营销战略,采用各种营销方式,强化项目支撑和媒体传播,对昆明的城市文化品牌进行商业推广和市场营销。举办国内知名的标志性活动,如举办文华奖、群星奖、中国电影华表奖、中国电视剧飞天奖、大众电影百花奖、电影金鸡奖、音乐金钟奖、全国美术展览奖等重量级的颁奖晚会,以及其他在全国具有较大的影响力的各类大型活动。立足桥头堡城市、区域性国际城市等方位,承办诸如国际汽车拉力赛、国际自行车环滇池大赛、泛亚文化艺术节等影响力大、辐射力强的重大国际活动,获得世界关注,提升城市形象,提高国际地位。将国际营销作为城市营销的重中之重,成立专门的国际宣传组,请国内外知名创意结构进行策划,开展声势浩大的国际营销活动,加大对美好幸福新昆明建设、重要桥头堡城市区位优势、滇中城市圈龙头带动作用、区域性国际城市战略实施、泛亚文化名城建设措施、昆明文化旅游国际合作等城市主题的营销和推广,进一步叫响"春城——泛亚文化名城""来了不想走,走了还想来"的世界休闲宜居之都和国际著名的"春城夏都、避暑胜地",区域性国际城市等口号,形成一套自己的"国际语",不断提高昆明在国际上的知名度、美誉度。

(三) 实施城市文化空间发展战略

1. 制定实施城市文化空间规划

从国际视野的角度,站在重要桥头堡城市、区域性国际城市和泛亚文化名城的高度，从城市文化定位、区域协调、空间形态、文化场所和文化氛围等层面，引入国内外知名机构制定《昆明市文化空间发展战略规划》。进一步优化全市的文化场所、文化设施等各种构成要素在空间上的分布，实现文化区域空间内的土地规划与文化场所和设施的合理分配与科学安排。重点在以下内容进行规划设计：城市文化发展总体目标与文化整体意象格局的选择；城市文化分区和文化片区的划分和组织；城市文化线路的组织；城市文化设施的布局与设计。

2. 合理划分城市文化空间的层次

从城市文化的角度，按照不同空间尺度、人群集聚度、文化活动频繁度不同以及场所的空间分布，把城市文化空间分为城市整体空间（文脉与格局）—片区（社区）—场所—轴线—建筑五大层次。从城市整体空间上把握昆明作为"春城——泛亚文化名城"这一整体意象；对不同的片区（社区）进行文化分区，如主城四区打造历史文化名城核心区、都市文化圈、国际文化带，其他县区可在民族文化、文化旅游、红色文化、宗教文化等方面下工夫；对于具体的文化场所，可以参照上海新天地、深圳华侨城的做法打造不同的文化展示带；就轴线而言，则是要对贯穿整个城市，或者联系城市的主要干道进行文化包装提升，充分展示诸如护国路、一二一大街、东风广场等道路的文化风采；就建筑而言，则是要保护好历史建筑，打造新的城市文化地标，充分展示昆明不同的城市文化。

3. 实施城市文化空间发展战略

昆明的文化空间发展战略从以下几个层面展开：

一是实现城市与居民共生：美好幸福新昆明。主体策略：高标准建设城市中心区，打造高雅艺术殿堂；重点加快城市外组团中心建设，形成功能互补、布局合理的文化集群；大力推进社区、乡村基础文化设施建设，有计划、有倾斜地在北部五县区、全市低收入群体所在地加强文化设施建设。

二是历史与现代共存：国家历史文化名城。主题策略：维护城市历史古迹、保护城市人文景观；加强对历史街区、历史村镇、历史地段和历史建筑的保护；挖掘昆明的历史文化、民族文化、生态文化、宗教文化、现代时尚文化；保护传统文化内容和场所，继承和发展民族民间文化；建设博物馆名城。

三是人与自然和谐：春城、宜居宜人新都市、世界自然文化遗产。主题策略：严格管制基本生态控制线内的土地利用，保护昆明的生态，建设生态昆明；继续加强滇池流域的保护，打造环滇池生态圈、文化圈、旅游圈；深入开展爱我昆明、美在春城主体实践活动，创建全国文明城市；加快现代宜居生态城市建设。

四是本土与世界融合：重要桥头堡城市、区域性国际城市、泛亚文化名城。主体策略：加强与东南亚、南亚等地区的文化交流合作发展，实现文化的共赢发展；加强区域之间的文化教育旅游等合作，把昆明打造成全国旅游目的地和世界旅游目的地；举办一批国际间大型文化旅游活动，增强昆明吸引力；重新布局文化产业，促进文化产业集聚发展，推进环滇池生态圈、文化圈、旅游圈建设，推进重大项目建设；推进文化市场的产业化、规模化和国际化。

（四）实施文化实力提升战略

1. 提升文化创意价值

用文化资源和文化载体培育新的经济增长点，推动全市各大产业重组、裂变和增值，实现由做产品到做文化、由昆明制造到昆明创造转变。如提升制造业的文化价值，提高产品的文化附加值和品牌度。增加服务业的文化元素，全面提升店牌、商标、装修、陈列的创意成分，培育一批具有昆明特色的商业文化街区。挖掘旅游业的文化内涵，从吃住行、游购娱等环节入手，打造一批文化旅游精品景点，推出一批精品旅游线路，实现观光游、休闲游、体验游的复合型发展。着力搭建创意平台，以文学艺术大师、文学艺术精品为引领，全民创意活力充分迸发，现代创意氛围更加浓厚，把昆明变为创意人才、创意企业的理想家园。着力培育创意产业，激活文艺、制造、服务等领域的创意灵感，推动具有国际水准、中国气派、民族风格、昆明特色的文化创意经济快速发展。着力提升创意层次，推动设计创意、产品创意、营销创意、品牌创意国际化，使昆明创意形成世界影响。

2. 加快文化产业升级

顺应国际文化发展趋势，优化布局，调整结构，推动昆明文化产业加速转型升级。着眼于高端化，推动文化与科技融合、与旅游融合、与商业融合，创新内容，创新业态，创新传播手段，大力培育数字内容、手机电视、手机动漫、电视购物、网络游戏、电子商务、文化旅游、时尚文化等战略性新兴产业。着眼于集约化，结合旧城改造和城市经济转型，培育动漫、创意、艺术等文化创意街区和文化产业体系，形成聚集发展、集约发展的新格局。着眼于实体化，引导文化资金向重点企业倾斜，加强与市外深度合作，构建昆明文化产业"旗舰"；做强昆明报业传媒集团、昆明广播电视总台（集团）、昆明演艺集团等国有骨干文化企业；支持一批实力强、规模大的文化企业跨地区、跨行业、跨所有制兼并重组，鼓励有条件的文化企业上市融资；扶持一批重点文化企业做大做强，开拓国际市场。着眼于聚集化，推进古滇王国文化旅游名城、昆明泛亚文化传媒中心、昆明国际包装印刷产业基地、昆明玉器城等一批重点在建、新建项目，建设一批特色鲜明、效益显著，规模化、集约化、专业化的文化产业园区。

3. 构建国际文化市场体系

积极培育本土文化市场，构建立足中国、面向世界的现代文化流通体制，打造若干个出版物交易、互联网服务、电影院线和文艺演出的专业化市场。建立一批具有国际水平的文化经纪、评估、担保、推介、交易等中介机构和行业组织，提高文化产品和服务市场化程度。发挥省会优势，建立集代理、采购、仓储、运输、结算功能于一体的现代营销系统，把昆明建设成为国内外重要的出版物、影视影像、动漫游戏等文化产品的交易中心。加快文化演艺、图书音像制品、文化用品、印刷包装、古玩收藏拍卖、民族工艺品、文化旅游等市场建设。不断适应居民消费结构的新变化和审美的新需求，大力开发与文化结合的各类服务和休闲消费，形成昆明文化消费的新格局。设立昆明文化旅游产业发展投资基金，充分发挥昆明泛亚文化产业投资开发有限责任公司的作用。加快支持大型文化产品物流基地和物流企业建设。积极参与中国西部文化产业博览会、深圳国际文化产业博览会、中国昆明泛亚石博览会、昆明（泛亚）国际民族民间工艺品博览会等国际文化贸易展会。开拓国际文化市场，扩大国际市场的占有份额。

（五）实施国际文化交流合作战略

1. 拓展国际文化交流合作

紧紧围绕云南"桥头堡"建设战略目标，进一步深化拓展昆明与东南亚、南亚、西亚、非洲国家和友好城市的文化交流合作，夯实交流合作基础，丰富交流合作内容，拓展交流合作空间，创新交流合作形式，提升交流合作水平，建成一批文化交流合作重大项目、重要基地和知名品牌，建立健全文化交流合作的长效机制，把昆明建设成为我国面向西南文化交流的重要窗口、文化贸易的重要通道、文化合作的重要平台、文化信息的媒介中心、国际和谐文化建设的示范区。积极拓展民间对外文化交流渠道，逐步形成以企业为主体、以市场化运作为主要方式、以文化产品和文化服务为主要内容的文化交流合作机制。建设一批国际文化交流基地；大力开展"泛亚文化艺术节""昆明国际文化旅游节""昆明国际旅游交易会""聂耳音乐节""郑和国际文化旅游节""东川泥石流国际汽车越野赛""环滇高原自行车邀请赛"等国际文化节会、文化活动和体育赛事，创造条件积极申办和引入各类国际、国内知名文化交流活动在昆举办，吸引国内外艺术团队和文化人才到昆明发展创业。积极倡导区域内国际文化领域开展理论研讨学术交流活动，相互借鉴、共同研究、齐力谋划区域国际文化合作发展。使昆明成为国际文化氛围浓厚、国际文化机构交流频繁、国际文化特色鲜明、文化吸引力较强的国际文化城市。

2. 加强国际文化贸易

以昆明建设现代新昆明和区域性国际城市为契机，加强昆明与周边省市、国内发达地区乃至东南亚、南亚、西亚和非洲国家的文化贸易合作，在演艺娱乐、文化旅游、文博会展、民族民间工艺、文化创意、文艺人才训练、数字内容和动漫、网络游戏等重点领域实现突破；加强与国内外知名文化经营机构的合作，鼓励我市文化企业到国内外兴办文化实体和进行文化贸易，培育一批外向型骨干文化企业，形成一批具有国际市场竞争力的文化产品，积极拓展国际文化市场。

3. 扩大对外传播力度

建立健全媒体合力传播机制，扩大对外文化传播的覆盖面和影响力。根据不同区域的文化习俗、文化习惯和文化需求，借鉴国际国内成功经验，制定科学的传播策略，创新传播方式，广泛传播昆明文化。鼓励本地媒体、文化团体、传播机构与国内外媒体、文化团体的交往与合作，支持我市媒体与外地媒体合办频道

（率）、栏目、节目，努力构建广播、电视、报刊、网络媒体的立体对外传播体系。组织团队到国内外各地区举办以昆明文化为主题，内容形式丰富多彩的文化传播推介活动。加强对昆明城市形象的策划力度，精心设计、精心组织主题活动，广泛传播昆明的资源优势、区位优势以及优惠的投资政策，介绍昆明在面向东南亚、南亚对外开放中的地位、作用和贡献，展示昆明良好形象，不断提高昆明的集聚力、辐射力和美誉度，不断提升昆明对外影响力。加快演艺、书刊、网络、广播影视等传播载体和产品在境外落地，把"春城——泛亚文化名城"宣传提升到新的高度，努力把昆明建设成为中国面向西南开放的文化桥头堡。

五、推进区域性国际城市文化战略的保障措施

（一）加强组织领导

全市上下要牢牢树立文化强市思想，充分认识实施区域性国际城市文化发展战略、推进泛亚文化名城建设对于促进昆明经济转型升级、形成城市强大合力、提高城市核心竞争力和国际影响力的重大意义。要切实担负起建设泛亚文化名城的历史责任，将其摆在全局工作的重要位置。坚持把泛亚文化名城建设纳入经济社会发展总体规划，纳入科学发展考核评价体系，与经济社会发展一同研究部署、一同组织实施、一同考核督查。将原则要求具体化、长期目标阶段化、重要任务项目化，确保工作落实到位。选好配强文化领域领导班子，充分调动各方面的积极性，使建设泛亚文化名城的过程成为社会齐抓共管、群众共建共享的过程。

（二）坚持分步实施

坚持把建设泛亚文化名城作为长期任务和不懈追求，用 20 年时间打基础，实行"三步走"战略：第一步是整体布局（2012~2015）。围绕泛亚文化名城这一主题，紧扣历史文化名城、民族文化宝库、国际文化枢纽、文化产业基地、文化共享家园等内涵，在公民素质提升、历史名城风貌彰显、公共文化普惠于民、文化精品走向世界、文化创意经济崛起、国际文化交流、国际文

化人才聚集、城市文化影响扩展等方面做好整体布局与规划。制定《泛亚文化名城发展规划》，城市规划要突出泛亚文化名城主题，体现昆明特色和国际视野，做到理念新、起点高、手笔大，并做到与城市建设规划、土地使用规划、产业发展规划有机衔接。出台《泛亚文化名城建设战略纲要》，制定《城市形象培育战略》《城市文化品牌营销战略》《城市文化空间发展战略》《城市文化实力提升战略》和《国际文化交流合作战略》。完善文化发展规划和文化政策体系，实施一批重大项目，引进一批国际文化人才，建设一批国际文化载体，形成泛亚文化名城建设的雏形，基本建成民族文化强省枢纽。第二步是全面推进（2016～2020）。围绕历史文化、民族文化、宗教文化、生态文化、现代时尚文化等载体，全面推进泛亚文化名城的硬件系统和软件系统建设，城市文化设施、文化产业、文化品牌、文化气质逐步达到国际化水平，提高城市的国际影响力。进一步增强城市内涵、提高市民素质、凝聚城市精神，全面提振城市的"精气神"。第三步是完善提升（2021～2030）。对城市文化形象、文化载体、文化品牌、文化产业、文化交流的特色化进行升级与提高，通过载体建设、环境建设和机制建设，全面完成泛亚文化名城战略纲要明确的目标任务，使昆明的城市开放度、集聚度、知名度显著提升，文化软实力、文化传播力、文化创造力显著增强，泛亚文化名城初步建成，逐步迈入国际品牌城市。

（三）坚持改革创新

着力强化改革创新，激发文化发展活力。要发扬"刚毅执着、敢于担当、追求不凡、崇尚实干"的昆明干部精神，以更大魄力推进文化领域的观念创新、内容创新、形式创新，为泛亚文化名城建设注入蓬勃生机。按照创新体制、转换机制、面向市场、增强活力的要求，加快经营性文化单位转企改制，稳步推进公益性文化事业单位改革，构建统一开放竞争有序的现代文化市场体系，加快推进文化管理体制改革，形成富有活力的文化管理体制。大力支持民营企业、社会资本参与文化建设，发展文化产业和文化事业。推进文化创新创造，深入实施文化精品工程，推出更多有影响、有市场的优秀文化产品。加快发展新兴文化业态，健全文化市场体系，扩大大众文化消费，推进文化产业与科技、旅游、金融等产业融合发展。以国际的视野、开放的胸襟，开展多渠道多形式的对外文化交流与合作，学习借鉴外来优秀文化成果，提升昆明文化的国际水平。

（四）强化人才支撑

着力强化人才支撑，构筑泛亚文化名城建设高地。加强文化人才队伍建设，形成各类人才竞相涌现、高端人才层出不穷，人尽其才、才尽其用的生动局面。牢固树立人才是第一资源的思想，把培养一流文化人才作为建设泛亚文化名城的首要战略。实施文化人才培养计划，搭建人才教育培训平台，加快引进高端文化人才，吸引文化名家、文化大师和高层次领军人物、高素质文化人才集聚昆明，建设一支德才兼备、锐意创新、结构合理、规模宏大的文化人才队伍。加快分配制度改革步伐，加大对有重大贡献的文化人才和优秀重大文艺作品的奖励力度。坚持用事业激励人、用待遇吸引人、用感情凝聚人，完善激励机制，创造宽松环境，使各类文化人才引得进、留得住、用得活。引进和培养一批高素质、具有国际水准的文化行政管理人才、善于市场运作的文化企业经营管理人才、具有创新思维的文化创意人才和善于进行国际文化交流的文化人才。

（五）坚持成效检测

实施区域性国际城市文化发展战略、建设泛亚文化名城，最终要体现在成效上。因此，必须制定切实可行、科学规范的城市形象培育、城市文化品牌营销、城市文化空间发展、文化实力提升、国际文化交流合作等方面的评价体系，用于成效检测。在空间效应方面，重点检验城市文化战略是否推进城市文化空间的改变，即在城市文化风貌凸显、文化地标空间呈现、文化功能区域划分、城市空间块状拓展等方面的效果。在经济效应方面，则是体现在是否大力拉动经济增长、促进城市产业结构转型、文化创意产业快速发展、文化生产消费规模扩张、国际文化市场深入拓展等方面。在社会效应方面，则是体现在城市主题文化、城市文化发展水平、城市文化认同感、城市文化国际化程度、城市国际影响力等方面。在政策效应方面，重点检验是否具有与国际接轨的、操作强的相关法律法规和相关办法，如国际文化人才引进规定、重大国际文化交流活动鼓励办法、重大国际文化项目扶持办法、国际文化贸易激励政策、国际文化产业基地建设规定、城市文化精品创作等，确保泛亚文化名城建设扎实顺利推进。

（六）实施内外联动

建设区域性国际城市、打造泛亚文化名城，需要内外联动、加强联系、形成合力。要加大对泛亚文化名城建设工作的宣传力度，鼓舞和动员全市上下投入到泛亚文化名城的建设中来，充分发挥全市人民的积极性和创造性，形成推动全市文化发展的强大合力。要加强省市合作，做到省市共建共享。要站在全球角度对泛亚文化名城进行全球营销、举办具有国际影响力的大型文化事件，提升昆明的城市文化影响力和吸引力。要充分依托昆明在建设中国面向西南开放重要桥头堡中的区位优势和纽带桥梁作用，坚持互利互惠、合作共赢的原则，加强和东南亚、南亚、西亚乃至非洲等国家地区在文化交流、文化推广、民俗沟通、文化合作以及文化输出等方面的合作互动。积极实施以合资、合作、购买、委托等多种方式加大与东南亚、南亚、西亚和非洲等国家文化企业、文化机构的合作，充分借助其销售网络、传输渠道和贸易平台，推动昆明文化产品进入其主流社会和广大民众，彰显昆明文化的吸引力和影响力。

应该说，区域性国际城市的发展目标为昆明发展泛亚文化名城提供了前所未有的机遇与机会。因此，制定并实施区域性国际城市文化发展战略，积极推进泛亚文化名城建设，显得尤为重要。

课题组成员
顾问：谢新松，昆明市委常委、宣传部部长
组长：田　文，昆明市委宣传部常务副部长、市文产办主任
成员：马　谦，昆明市委宣传部部务委员、办公室主任
　　　普跃英，昆明市文产办专职副主任
　　　冯　瑞，昆明市委宣传部研究室主任
　　　任俊健，昆明市委宣传部研究室主任科员
　　　安向辉，昆明市委宣传部研究室副主任科员
　　　李　林，昆明市委宣传部研究室副主任科员
　　　司书轩，共青团昆明市委青农部科员

城镇化进程中宗教文化旅游资源的
开发与保护

——以昆明市为重点的研究

纳文汇

一、文化建设是城镇化建设的重要内容和必要保证

在社会主义现代化建设中，工业化、城镇化建设是其重要的内容和必要步骤。在党的十八大报告中，再次明确提出了加强城镇化建设是全面建成小康社会的重要任务之一，并且把城镇化与工业化、信息化、农业现代化同视为社会主义现代化建设中的"新四化"。中国是一个传统的农业大国，要实现现代化，就必须从以自然经济为主的农业国家逐步转为以商品经济为特征的现代工业化国家，或以商业、服务业、金融业和旅游业等第三产业为特征的现代化国家。而城镇化建设是由农业国家逐步过渡到现代工业化国家或现代化国家的重要内容和必经之路。同时，城镇化建设是一个庞大的系统工程，是城镇化进程中政治、经济、文化、社会等方面的综合性、立体性、全方位建设，它包含社会管理、经济形态、户籍制度、身份认同、城市改造、文化变迁、思想观念等方方面面的内容，是以物质建设为特征的经济建设与以精神建设为核心的文化建设等在内的有机统一体。其中，物质基础建设是文化建设的载体和基础，而文化建设是物质基础建设的灵魂和保障。

　　当前，在城镇化进程中，我们更多的是注重经济领域的建设，如道路、交通、通信、绿化、公共设施和"城中村"改造等方面的硬件建设，而对文化、教育等方面的软件建设往往重视不够；轻视和忽视文化建设的重要性，甚至对损毁文化设施、破坏文物古迹的事件也屡禁不止，以至出现经济社会发展中的"短板现象"，经济社会发展缺乏精神、智力等文化软实力的支撑，致使经济社会发展后劲不足，不能保持长期、稳定、全面的持续发展。不少人面对物欲横流的世界不知所措，精神生活空虚，信仰缺失，在社会生活中出现了许多问题，这都在一定程度上影响了社会的和谐稳定和城镇化进程的步伐。

　　如当前全国各个城市正在进行的"城中村"改造，既是城市现代化发展的需要，也是现代城市建设的重要组成部分。但是"城中村"改造是一项非常复杂的系统工程，它不是简单的拆房、建房和人员安置，而是整个城镇化建设和发展的重要组成部分。而在"城中村"存在的诸多复杂的社会问题中，除了历史的、社会的和经济的原因，长期以来，文化教育基础设施薄弱、村民整体文化素质偏低等也是一个重要因素。对"村改居"后的居民来说，不是改变了属地，住进了新房，更改了户口，转变了身份，在户口簿上由村民改为居民，就能成为真正意义上的城市居民，更为重要的是其思想观念、价值取向、文化认同、行为方式等要符合和适应城市现代文明的规范和要求。由于历史的、经济的和社会的诸多原因，居住在"城中村"的居民大多是失去土地的农民和外来务工者，他们大多数受教育程度不高，小农意识和流民意识较强，法制意识、道德意识淡漠。在相当的时间，这种状况不会轻易地随其身份的改变而改变。因为人们的思想、观念、意识的转变，比物质、身份、形式的转变要慢，且更难，这需要长期的教育和日积月累的文化熏陶，赋予其城市的文化内涵。其中，文化教育事业建设尤显重要。

　　因此，在城镇化建设中，我们既要注重经济层面的物质基础性建设，也要注重文化层面的保障性建设；既要注重硬件的物质建设，也要注重软件的文化建设。要把经济建设和文化建设有机地结合起来，以经济建设带动文化建设，以文化建设促进经济建设，充分发挥文化在推动经济建设和社会发展中的软实力作用。文化建设是城镇化进程中的重要内容和必要保证。

众所周知，云南是一个多民族的边疆省份。除汉族外，云南有 55 个少数民族人口成分，少数民族人口 1 415.9 万人，占全省人口的 33.43%；人口在 5 000 以上的世居少数民族有 25 个，其中有 16 个少数民族跨境而居，有 15 个特有少数民族，是全国特有少数民族最多的省份。① 每个民族在长期的历史发展和社会发展中创造了自己的物质文化和精神文化，这些文化共同构成了云南丰富灿烂、绚丽多姿的民族文化，使云南成为我国民族文化资源最富集的地区之一。

云南省委、省政府正是从云南的实际出发，根据云南民族文化资源丰富多样的特点，确立和实施了从民族文化大省建设向民族文化强省建设迈进的发展战略。经过多年的实施和努力，云南民族文化强省建设空前发展，全省各文化领域均取得了显著成效，特别是文化产业发展迅速，取得了前所未有的成果。实践证明，民族文化资源是支撑云南发展的重要资源，民族文化产业是云南经济社会发展的支柱产业，民族文化强省建设完全符合云南的实际。当前，在云南民族文化强省建设中，我们又迎来了中国面向西南开放桥头堡建设战略实施的有利时机。云南桥头堡建设战略是中央从国家层面和国家高度对促进和推动云南经济、文化、社会全面发展做出的重大战略决策，它使云南从我国对外开放的后方变成了对外开放的前沿，使云南在全国的战略地位得到空前提升，为云南的经济社会发展提供了前所未有的广阔空间和重大的历史机遇，其意义深远而重大。

党的十七大六中全会审议通过了《中共中央关于深化文化体制改革　推动社会主义文化大发展大繁荣若干重大问题的决定》，明确提出建设文化强国的目标。十八大报告第六部分"扎实推进社会主义文化强国建设"又对文化强国建设作了专门论述。这再次说明云南民族文化强省建设与中央的整体布局和国家发展战略是一致的，同时也更进一步为云南民族文化强省建设提供了强大的思想动力、政策保证和理论支撑。

---

① 据 2000 年第五次人口普查统计和云南省民族事务委员会、云南省统计局联发《关于规范使用少数民族称谓和云南省少数民族数据的意见》，云族联发〔2003〕8 号。

二、宗教文化是云南民族文化的重要组成部分

我们知道，在社会文化大系统中，宗教和宗教文化是子系统。宗教和宗教文化不仅是一种特殊的社会意识形态和客观的社会存在，也是人类社会发展进程中特殊的社会文化现象，是人类传统文化的重要组成部分。在云南丰富灿烂的民族文化中，宗教和宗教文化极其重要并独具特色，是云南民族文化的重要组成部分。云南包括汉族在内的26个世居民族都有自己的宗教信仰和宗教生活，佛教（包括汉传佛教、藏传佛教和南传上座部佛教）、道教、伊斯兰教、基督教和天主教，以及民族民间宗教等多种宗教形态和宗教文化并存，宗教形态多样而各异，宗教文化多元而丰富。全省有信教群众450多万，占全省总人口的1/10左右；有的民族几乎全民信教（如回族、藏族和傣族）；有宗教意识和宗教情结的人就更多。

宗教在长期的发展过程中，与各民族的社会生活密不可分，特别在边疆民族地区，对少数民族的生产及物质生活和精神生活有着重要的影响；对边疆地区的社会稳定、国防建设、民族团结、经济发展有着密切的联系，并产生直接或间接的作用。加之云南地处祖国西南边陲，有25个边境县（市）与缅甸、老挝、越南三国接壤，边境线总长为4 061公里；与泰国、柬埔寨、孟加拉、印度等国地缘相邻，文化相通，自古就是中国连接东南亚、南亚各国的陆路通道和文化传播的重要渠道。有16个民族与境外相同民族跨境而居，这些民族同源同宗，有其共同的宗教信仰；有的宗教与东南亚、南亚有着渊源关系，历史上宗教文化交流就很密切，对维系边疆社会稳定、发展与邻国友好关系发挥着重要作用。

随着桥头堡建设战略的实施和对外开放的不断深入，云南作为中国面向西南开放的桥头堡战略地位日益凸显，云南民族文化与境外文化的交流更加频繁，其中宗教和宗教文化与境外宗教和宗教文化的接触交融更为直接，宗教界的对外联系和友好往来也会日渐增多。在对外拓展文化交流的渠道上，作为相对特殊的文化体系的宗教文化具有重要作用。中国传统宗教和世界性宗教在

东南亚、南亚和港澳台"三胞"中都有较多的信众，宗教文化是联系海内外炎黄子孙的主要精神纽带。在促进祖国统一，实现"一国两制"的战略构想，在促进带动地方经济和民俗文化发展，在宗教文化旅游资源开发、促进旅游等文化产业发展，在招商引资、投资、捐资等方面，宗教和宗教文化能发挥其特殊的正面文化效应，起到其特殊的作用。

所以，宗教文化是云南民族文化的重要组成部分，加强宗教文化建设是民族文化强省和城镇化建设的重要内容及组成部分。因此，在城镇化建设中，要加强包括宗教文化在内的民族文化建设，重视和加强宗教文化在城镇化建设中的作用和影响，充分发挥宗教文化在云南民族文化强省和城镇化进程中的积极作用。结合云南多民族、多宗教、地处边疆，以及民族文化和宗教文化丰富多样的实际和特点，对宗教文化建设，特别是对宗教文化旅游资源开发和保护的研究就显得非常重要。

三、宗教文化旅游是现代文化旅游的重要资源

宗教与旅游的关系最为密切，人类最初的旅游就始于宗教。宗教文化旅游是人类历史上出现较早的旅游活动之一，其中宗教朝圣可以说是古代主要的、具有旅游性质的人类活动。历史上，僧侣、道士、传教士、信徒的云游和朝圣旅行成为古代旅游的主要形式之一。到了现代，国内外宗教文化遗产和著名的宗教活动场所普遍成为重要的旅游目的地。"欧美看教堂，东方看寺庙"已成为国内外游客的共同印象。现代旅游中，宗教文化旅游也一直作为重要的旅游形式在旅游活动中占有重要的地位。特别是改革开放以来，随着我国民族宗教政策的逐步落实和国内旅游业的兴起，宗教文化旅游得到迅速发展。宗教文化的实体性景观和活动性景观，以及人文历史在现代旅游活动中对旅游者越来越具有吸引力，大批游客以高度的热情参与到形式多样的宗教文化旅游活动中，旅游界、宗教界和政府相关部门也以前所未有的热情关注宗教文化旅游资源的开发和利用。

现代旅游已成为一种大规模的文化交流活动，它所产生的社会影响和对宗教文化所起的作用越来越受到有关方面的关注。开

发宗教文化资源，对旅游业的发展具有重要的意义；而旅游业的发展，也有利于宗教文化的继承、传播、交流和研究。宗教文化与旅游业的关系是相辅相成、互为支撑、共同发展的。著名宗教胜地，积淀了厚重的旅游文化资源。随着旅游业的不断发展，旅游资源的开发利用和新的旅游市场的开拓，吸引了更多的人前来游览、朝圣和学术考察交流，这些都有利于宗教文化的传播、交流和发展，对宗教文物古迹也起着保护、修缮的作用。旅游业的发展对于宗教文化的继承、传播、交流和研究起到促进的作用。到宗教名胜古迹旅游的人一般具有较高的文化素养，他们当中不仅有一般游客，更有朝圣者、宗教信徒和专家学者。因此，旅游活动的发展也是人们传播了解、探讨和研究宗教文化的一个重要途径。

宗教文化旅游资源包括有形的物质文化和无形的非物质文化，如宗教神学思想、宗教文化艺术（包括音乐、舞蹈、雕刻、绘画等）、宗教建筑（如佛教的寺庙、道教的道观、伊斯兰教的清真寺、基督教的教堂等寺观庙宇）、文物古迹、宗教礼仪、宗教习俗文化等。其中，民俗节庆是一个民族风俗文化和宗教文化在其生活方式、生活行为和生活准则的具体体现，它最能反映该民族与所生存和发展的地理环境、自然条件、宗教意识和共同心理素质间的关系。

在我国31处世界自然与文化遗产中，完全是宗教文化内容的有5处，部分是宗教文化内容的有7处。在国务院先后公布的500处国家级文物保护单位中，完全是宗教文化内容的157处，部分是宗教文化内容的也有多处，二者合计将近200处。国家公布的3批119处重点风景名胜区中，宗教文化景观有57处，占总数的47.9%。最近，国家旅游局公布了首批国家AAAAA级景区66处，其中以宗教文化内容为主的景区超过20处，占到总数的1/3。由此可见，包括宗教文化在内的民族文化已成为当今文化旅游中最具特色和吸引力的资源。

在云南，这种资源尤显突出。云南所具有的独特的历史文化优势和多民族民间信仰特色，是其他省区市的宗教文化旅游所无法替代的。在云南，有著名的道教宫观群巍宝山、云峰山、太和宫，佛教圣地鸡足山、水目山等；伊斯兰教的清真寺，基督教、天主教的教堂在云南也广为分布；另外，还有彰显民族文化特质的纳西族东巴教、彝族毕摩教等民族民间宗教。这些丰富的旅游资源同各地秀美的风光、独特的少数民族文化有机融合在一起，使云南宗教文化旅游资源的开发具有广阔的发展前景。因此，在城镇化建设和城市文化旅游发展中要充分利用宗教寺观、庙宇、教堂大多分布在风光秀丽、青山绿水、自然条件较好的地方，以及其历史悠久、宗教文化内涵厚重、人文资源丰富的优势，挖掘和开发宗教文化旅游资源及相关资源，探索一条保护与发展、社会效益与经济效益并重，宗教文化与文化旅游相结合的可持续发展之路，进一步拓展文化旅游市场，以此来带动和促进云南文化产业的发展，发挥文化产业在城镇化建设和云南经济建设中的重要作用。

四、宗教文化旅游资源开发的现状与存在的主要问题

云南丰富的宗教文化资源是云南开发宗教旅游的有利条件，但是，宗教文化旅游要长期、全面、可持续发展，还需加强宗教文化自身建设，如没有宗教文化的支撑，宗教文化旅游就没有后劲，反过来也会制约和影响宗教文化建设。目前，正值城镇化建设的推进阶段和桥头堡战略的历史机遇，各地相关部门都在深入开发宗教文化旅游资源，希望以宗教文化资源促进文化旅游产业的发展。然而，在开发宗教文化旅游的同时，也伴生了一些问题，其中有些问题还比较严重，不仅没有促进文化旅游的发展，反而损坏和破坏了宗教文化，影响了文化旅游产业的发展。

当前云南宗教文化旅游资源开发的现状与存在的主要问题有以下几方面：

（一）宗教文化旅游资源开发缺乏深度

云南宗教文化旅游资源的开发在横向和纵向两个方面都较缺乏深度。首先，宗教文化旅游资源的横向开发，主要是拓展宗教文化旅游场所。云南有着丰富的宗教文化资源，有很多宗教场所都适合开发为宗教文化旅游场所，但就目前来看，这一方面的开发存在很多的不足。据省宗教局提供的资料显示：2009 年全省五大宗教正式登记的宗教活动场所有 6 658 处，而作为旅游资源开

发的却很有限。其次，宗教文化旅游资源的纵向开发，主要是对宗教文化资源的价值深层次开发与研究。宗教文化不仅体现在建筑、雕塑、绘画、音乐等物质方面，更有其人文价值、理念等精神的层面。就云南现有已开发的宗教文化旅游场所来看，许多地区缺乏对宗教文化旅游资源价值的深层次开发，绝大多数的宗教旅游活动都仅仅停留在对寺观教堂的观光旅游层面，而对宗教文化旅游资源中蕴含的深层精神文化内涵开发不够，甚至过多地重视经济价值的开发而忽视宗教文化资源的保护，导致旅游者对宗教文化内涵的理解和领悟缺乏深度，甚至歪曲误解，这既不利于宗教文化旅游资源价值的最大化，也不利于宗教旅游的可持续发展。原因主要在于，如果简单地将宗教文化旅游资源按照市场化的方式向观光旅游产品方向转化，必然造成以旅游价值评价取代宗教文化价值评价的后果，以至于破坏宗教文化旅游资源保护和良性开发，剥夺人们对宗教文化资源传承和持续享用的权利，也违背了文化旅游可持续发展的基本要求。个别地区还利用宗教文化中的神秘色彩，乃至糟粕、迷信的东西吸引游客。因此，若不能充分挖掘宗教文化中的深层文化价值，那么宗教文化旅游便不能持续发展。

（二）宗教文化旅游资源重开发轻保护

宗教文化的神圣性决定了宗教文化旅游开发的特殊性，并且在旅游开发的过程中很容易受到市场化、世俗化等的冲击而遭受破坏。在云南宗教文化旅游开发中也逐渐暴露出开发资源与维护宗教神圣性之间的矛盾。一些宗教旅游景点作为其他主要景点的附带点而强迫旅客游览，并且游览的主要内容不是宗教文化、寺庙景观、文物建筑等，而是利用人们对宗教的神圣敬畏心理，迫使游客烧高香、购买高价纪念品等，由此宗教在人们心目中的神圣地位受到动摇，宗教景区内原有的清净、庄严的氛围也被打破。这种不健康的开发模式必然损害宗教文化的真正价值，从而使宗教文化资源旅游成为一种短期的、无持续性的破坏性开发。宗教文化资源是宝贵的历史文化资源，它们大多在特定的历史条件下产生、发展、成熟，与其周围的历史、民族、文化氛围深深地整合在一起，离开这个环境，其价值就会消失，这就是宗教文化资源独一无二、不可再生的特点。然而，一些宗教景点在游客日益增多的情况下，盲目扩建、翻修、新建，由于规划缺乏合理性，使空间变得凌乱、拥挤，景区内宗教文物的安全也因游客的增多而受到威胁。另外，宗教旅游胜地的生态环境的承载力也有限，一味地开发和扩大规模，使得周边生态环境资源受到挤压，生态资源和生态环境脆弱的问题也逐渐凸显。

（三）宗教文化旅游市场管理不规范

在宗教文化旅游资源开发管理进程中，由于宗教文化旅游场所的特殊性，园林建筑归园林部门管理，神职人员归宗教部门管理，景点开发归旅游部门管理，有的当地政府也要参与管理。这种分割式管理使得权力、责任的交叉及空白时有发生，造成有利益时各部门争相邀功，出现问题时互相推脱责任的混乱局面，严重阻碍了宗教文化旅游资源的合理性、科学性及可持续的开发。

在宗教文化旅游管理中，还存在由于管理松散、一味追求经济利益而产生了较差的社会影响。例如：有的寺院聘请学过武功的青少年剃光头发搞所谓的少林武功表演；有的地方随意修庙建塔，拼造宗教文化旅游景点；有的在宗教场所修建娱乐城，严重影响景区氛围；有的置宗教传统于不顾，任意向游客乞讨"功德钱"；有的不择手段招徕游客，建造"鬼府冥殿"，大搞封建迷信活动。这些活动既危害了宗教自身利益，也不利于旅游业的发展。[①]

以上是云南全省的情况，就昆明来说，不仅是云南的省会，也是全省政治、经济、文化的中心，在全省经济社会发展中有着举足轻重的作用。早在数万年前就有人类在滇池地区生活繁衍，自公元前 277 年楚国大将庄蹻开滇，到公元 109 年汉武帝封常羌为滇王，设益州郡；公元 225 年诸葛亮南征滇池，改建宁郡；公元 1253 年元军攻占云南，1276 年赛典赤主滇时正式建立云南行中书省，昆明正式成为云南省会至今，历史的长河和岁月的风雨孕育了她丰富多彩、底蕴深厚的历史传统文化和民族文化。昆明既是古滇国文化的发源地，又是中原文化与滇文化交融最早的地区之一，在这片土地上，各民族人民长期友好相处，共同创造和开发了这片热土，形成了昆明开放性、包容性、创造性较强的多

---

① 参见张桥贵《云南宗教旅游开发的思路、原则和措施》，载《云南民族大学学报》（哲学社会科学版）2011 年第 1 期。

民族、多宗教文化特征，以及在中原文化影响下以汉文化为主体、兼容各民族文化和各宗教文化，内容博大精深、形态多样、多元文化并存的特点。

昆明还是国务院第一批公布的历史文化名城。千年的历史沉淀了昆明源远流长、深邃厚重的历史文化，众多的自然景观和人文景观无不蕴含着昆明璀璨夺目、独具特色的传统文化，加之丰富多彩的民族风情、宗教文化、饮食习俗、园林艺术、博物馆、名人故居……这些自然景点、历史遗迹和人文景观是昆明区别于其他城市的宝贵文化旅游资源。进一步挖掘和开发这些资源，发展昆明的城市文化旅游，可以让旅游者在游览昆明的同时，更多地了解昆明的历史文化和优秀传统文化，使昆明的城市文化得以广泛传播，对昆明城市文化的知名度和昆明品牌的提升以及城市的整体凝聚力的增强都大有裨益。今天的昆明是民族文化和宗教文化资源最富集的城市，民族文化和宗教文化为昆明文化旅游和城市经济的发展提供了无穷的潜力。昆明发展城市民族文化，特别是宗教文化旅游有着得天独厚的条件。

随着昆明现代城市建设和现代城市旅游的迅速发展，包括宗教文化在内的民族文化在城市旅游中的作用和地位越来越重要。在面向西南开放的桥头堡战略中，昆明要建设成为面向西南开放的国际化中心城市。因此，进一步认识和客观分析民族文化与旅游的关系、民族文化旅游与社会经济发展的关系，以及目前昆明发展民族文化旅游存在的问题，并针对这些问题提出有效的对策、建议，采取相应的措施，积极推动昆明民族文化与旅游产业的协同发展，促进昆明民族文化旅游建设，创造昆明具有地域特色的文化旅游，对昆明的城镇化建设和经济社会发展都具有重要的作用和意义。

近几年来，宗教文化旅游一方面带动和促进了昆明经济的发展，另一方面，随着城镇化建设和"城中村"改造的不断推进，在民族和宗教方面出现了一些新情况、新问题，主要表现在以下几方面：

（1）随着城镇化建设和城中村改造的不断推进，原有的城市格局和居民分布状况发生了较大的变化，人口流动和人员相互交叉居住呈明显趋势，传统的相对聚居的民族社区已经基本解体，原居住民已被打散或打乱，分散到新的不同的小区，形成了以汉民族为主体的各民族杂居的状况。这些新的社区的居民来自不同的地方，有的甚至来自各州市或省外，各种民族成分的人都有，其中有的人对我国的民族宗教政策和少数民族的风俗习惯不甚了解，加之各自的文化背景、教育程度、宗教信仰、生活习俗、地域文化、方言差异等因素，在相处中各民族之间难免发生摩擦和矛盾，而这些摩擦和矛盾如不及时疏导、解决或解决得不好，则可能酿成更大的矛盾，甚至造成社会问题，影响社会和谐稳定和旅游业的发展。

（2）现有的宗教活动场所和宗教教职人员不能满足信教群众的需要。一是部分宗教活动场所由于年久失修和各种原因已成危房，不能继续进行正常的宗教活动，严重影响了该社区信教群众的宗教生活。二是有的宗教场所存在土地证、房产证未解决的问题。三是一些宗教教职人员，特别是佛教教职人员相对缺乏。四是现有的宗教开放场所分布不均，宗教资源得不到充分利用，甚至形成浪费。特别是基督教堂，大多集中在中心城区，适应不了周边社区和城郊结合部信教群众尤其是中老年信教群众进行宗教活动的需要，因此自发的家庭宗教聚会就应运而生，由此带来了许多问题。

（3）对小寺小庙管理水平普遍不高、不规范，管理制度不健全；部分宗教场所管理人员年龄偏大，文化素质偏低，宗教知识缺乏，不能对信教群众以正确的引导，给封建迷信和境外宗教渗透以可乘之机，由此引发社会问题；私搭乱建寺庙现象非常突出，既存在安全隐患，又影响了城市的整体规划和景观。

（4）目前，在昆明的宗教文化旅游资源开发中，有的缺乏整体、系统、超前的策划和规划，急功近利，零敲碎打，顾此失彼，重复建设、重复开发的现象屡见不鲜；有的在旅游景区景点的开发中投资过大，产出过低，造成人、财、物等大量资源的浪费，收不到预期的效果。如昆明有的旅游景区、景点雷同或无特色，配套设施缺乏或质量差，开发建成后游客甚少，有的甚至被闲置荒弃；有的景区景点为了片面地追求经济效益，对宗教胜地、宗教建筑、宗教文物等宗教文化过度开发，甚至人为地损毁、破坏和模仿伪造宗教遗迹、宗教文物；有的为了猎奇，迎合和招揽游客，瞎编乱造历史人物故事、神话传说，以至造成了宗教文化资源的流失和破坏，出现了所谓的宗教和宗教文化的异化。

上述情况和问题如果得不到应有的重视或是忽视，就必然导致昆明宗教文化资源的萎缩和枯竭，最终影响全省经济社会的可持续发展。据有关资料统计，自2009年以来，昆明市旅游经济总量在全省的比重有所下降，昆明旅游业在全省的地位出现了持续性的下滑。昆明旅游业之所以出现下滑，这其中的原因固然很多，但以文化为主要内容的软实力未能与旅游业同步发展，以及旅游业缺乏文化的支撑则至关重要，因此，发展文化旅游是旅游业可持续发展的关键因素。

五、建议及对策

在城镇化进程中，怎样加强宗教文化建设，开发和保护宗教文化旅游资源，开创宗教文化旅游新局面，从总体上说，应注意以下几方面的问题：

第一，首先，宗教文化旅游资源的开发应以宗教事业本身为主体，而不能只考虑经济利益和市场需要而任意开发。其次，要严格执行宗教政策法规，积极协调各部门之间的关系和利益，实现社会和谐、经济发展、生态平衡三方共赢的局面。再者，合理开发，积极保护。宗教文化旅游是在保护宗教文化的前提下发展旅游，而不应该在注重旅游的基础上"发展"宗教。[①] 在宗教文化旅游资源开发的过程中，对于宗教与旅游的关系、保护与开发的关系必须有清醒的认识。此外，宗教文化旅游的开发基于宗教神圣性的因素，不能仅以市场为导向，一味地追求经济利益。如果将宗教文化中所有神圣的内核都推向旅游市场，那么宗教文化在面临世俗化、商业化的同时，宗教文化旅游也必将失去可持续发展的基础。因此，在宗教文化旅游资源开发的同时，还要遵循合理保护宗教神圣性的原则，才能保持宗教本身的独特魅力而更具吸引力。

第二，从全社会尤其是宗教界来说，要自觉维护和发展包括各民族宗教文化在内的中华民族文化；坚定和纯洁信仰，保护、

---

① 参见张桥贵《云南宗教旅游开发的思路、原则和措施》，载《云南民族大学学报》（哲学社会科学版）2011年第1期。

传承和弘扬各宗教的优秀文化；重视和加强宗教文化建设，充分挖掘和发挥宗教景观、宗教文学艺术、宗教建筑等有形的物质文化和无形的非物质文化的历史悠久、内涵厚重、资源丰富的资源优势和特点，进一步开发宗教文化旅游资源及相关资源，探索一条开发与保护、保护与发展、社会效益与经济效益并重、宗教文化与文化旅游相结合的可持续发展之路，进一步拓展云南文化旅游市场，以此来推动和促进云南文化产业的发展；各宗教不仅要从云南经济社会发展的需要，也要从自身发展的需要来认识宗教文化建设和宗教文化资源开发与保护的重要意义，发挥和利用各宗教的优势和特长，调动教内一切积极因素，积极参与到宗教文化建设和宗教文化资源开发与保护之中。

第三，在保护和开发宗教文化旅游资源的同时，还要注意保护和发展宗教文化生态平衡。云南是一个宗教形态多样并存、宗教文化多元共生的地区。除了各民族传统的民族民间宗教和原始宗教外，道教、佛教、伊斯兰教、基督教和天主教等五大宗教在云南都有传播和发展。长期以来，云南的宗教文化保持了一种平衡的生态生存环境。历史上，云南各宗教之间虽然有过摩擦，有过矛盾，但却从未发生宗教战争或由宗教引起的战争，各宗教和宗教文化的相互理解、相互包容和相互支撑始终是宗教文化发展的主流。各宗教及广大的信众在长期的生产和社会生活中互不干涉，相互尊重，各行其是，各宗教文化在各自的体系中运行，这些都为各宗教和宗教文化的共生、共荣和共同发展提供了较好的生存环境，形成了云南宗教文化生态环境的平衡。这也是宗教文化旅游资源得以生存和可持续发展的重要因素之一。因此，在宗教文化旅游资源的开发中，一定要注重和保护宗教文化生态的平衡。

第四，在经济全球化的背景下和西方强势文化为主流文化的语境中，我们一方面既坚守原则，坚定信念，保持自己的信仰和文化特色，增强和发扬文化自觉、文化自醒、文化自信、文化自强和不卑不亢的意识和精神，注意防范和坚决抵制境外敌对势力利用宗教对我国的渗透和各种异端邪说，维护国家安全和文化安全，又要处理好与邻国宗教和信教群众的关系，开展正常的宗教文化交流，为云南桥头堡建设营造一个和平、正常、有序的对外交往环境。另一方面要有危机感和紧迫感，面对西方强势文化潮流的冲击和各种文化思潮的迅速崛起或泛滥，要想保持自己的文化，就必须有自己独到的文化内涵和鲜明的文化特色，做大做强自己的文化，走文化特色之路；在文化政策和文化价值取向上要采取更加宽容的态度，以宽广的胸怀去面对和接纳一切来自不同国家、不同民族、不同地域、不同宗教，乃至不同政治制度、不同意识形态的优秀文化，不断改良、提升、丰富和完善自己，夯实云南的文化基础，提高云南的文化竞争力，为城镇化建设以及经济社会发展提供文化软实力和智力支持。

就昆明市来说，针对存在的问题，特别是近几年在城镇化建设中民族宗教方面出现的新情况、新问题，并结合宗教文化建设和宗教文化旅游资源的特点及开发现状，特提出以下几个方面的意见和建议：

（1）各级党委和政府一是要坚决贯彻执行党的民族宗教政策，对民族和宗教的重要性和宗教的"三性"（长期性、群众性、复杂性）要有足够的认识，对宗教和宗教信徒不能存有偏见，正确对待宗教、宗教活动和宗教信徒，对民族和宗教问题要及时和妥善处理。二是要进一步贯彻落实科学发展观，以人为本，统筹兼顾；在发展经济的同时，要加强文化教育事业的投入和建设，加强法制宣传教育，弘扬优秀的传统文化，更加关注民生，体察民情。三是要调动、发挥和传承各宗教中的积极因素，摒弃宗教消极不利的因素，引导宗教与社会主义相适应，充分发挥宗教和广大的信教群众在社会主义建设中的重要作用。

（2）在城镇化建设和城中村改造中，我们一方面要开展和加强对社区干部、群众，尤其是外来人口有关民族宗教政策、法律、法规和尊重各少数民族风俗习惯的宣传教育，让全社会逐步形成一个各民族、各宗教相互尊重、相互了解、相互信任的社会环境。另一方面要重视少数民族居民特别是信教群众的安置工作和宗教活动场所的改造、合理布点和建设问题，要把少数民族聚居区的拆迁和安置工作纳入整体规划统筹考虑；协调有关部门，对那些单一民族相对集中的聚居区，最好能整体搬迁和整体安置，能回迁的尽量回迁，让他们相对集中居住，逐步形成新的民族聚居区和生活点。这既有利于少数民族居民的工作和生活，也有利于民族文化和宗教文化的保护、传承与发展。

（3）对具体的宗教场所危房改造的问题，政府和职能部门应组织和协调有关部门采取现场办公、领导监督、职能部门和有关人员到位并问责的措施，尽快给予解决，不能再久拖不决，失去民心；对宗教场所证照不全、分布不均、教职人员相对缺乏和不能满足信教群众需要的问题，政府和职能部门应组织和协调有关部门和宗教团体，针对不同的情况，采取集中、合并、调配、合理布点、明确产权主体、登记发证和新建的方式，整合并合理利用资源，以最小的投入实行资源效益和社会效益的最大化，充分满足各信教群众的需要；对宗教教职人员和管理人员文化偏低、素质不高等问题，政府和职能部门要对其进行培训、学习，尽快提高其文化水平和综合素质，并进行考核，逐步做到持证上岗。

（4）一方面，要进一步依法管理宗教，严禁擅自扩建、滥建庙宇、教堂；对封建迷信违法活动和邪教活动要坚决予以取缔；对利用宗教向我渗透的敌对势力要坚决抵制和打击。坚持自主、自养、自办的办教原则，发扬爱国爱教的优良传统，唱响爱国爱教的主旋律。另一方面，在城镇化建设中，要注意保护和开发宗教文物、宗教场所和宗教景观等宗教文化载体，合理设置和建设寺观庙宇。特别是在城市的社区建设中，可以考虑恢复和新建一定数量的宗教文化场所，以发挥宗教文化在社区中的积极作用。

（5）加强"城中村"改造中社区文化教育的建设和投入。在宏观政策方面，要对"村改居"后的社区按城市发展的要求统一规划；各级政府和有关部门要特别加大对社区文化和教育的投入，从政策、体制、资金、人力上为社区文化教育的发展提供必需的基本保证。在文化建设方面，要在"村改居"后的社区建设与之配套的文化公共基础设施，建立相应的公益性文化馆（室）、图书馆（室）及文体活动场所，并配以一定的专职辅导人员，经常性地组织开展丰富多彩、群众喜闻乐见的文体活动，以适应和满足社区广大居民不断增长的精神生活需要；不断加强社会主义精神文明和优秀传统文化及道德教育，积极引导社区居民，尤其是青少年儿童树立正确的人生观、价值观以及积极、健康的审美情趣和审美取向；在社区建设营造一种现代城市文化的氛围，让居民身在其中，耳濡目染，潜移默化，逐渐地从内到外转换身份，全方位融入城市社会生活，真正成为现代城市的文明公民。

（6）就昆明的民族文化传统来说，只有在保护的基础上进一步弘扬和传播，让更多的人认识、了解并享受这种文化，这种文化才是活文化和有价值文化；也只有在传播的过程中传承和弘扬其精华，摒弃其糟粕，保持发扬其优秀的品质和特色，这种文化才能与时俱进，才能得到提升和发展，否则就会在岁月的掩埋中失去价值和意义，最后被历史所淘汰。而文化旅游就是弘扬和传播城市文化传统最有效的手段和重要途径。通过文化旅游，让旅游者把昆明的优秀的文化传统带出去，传播给更多的人，让世人真正理解和认可昆明这个城市的文化，提高昆明城市文化的认可度和知名度。

此外，在昆明宗教文化旅游资源开发中，要注意和解决一些具体问题。因笔者之前在另一文《以城市文化旅游促进昆明经济发展》已有论述，故在此不再赘述，只提及要点如下：一是城市品牌定位要准确明晰。二是城市发展和文化旅游规划要系统化。三是城市文化旅游要有差异。文化旅游差异化是为了使城市在文化旅游竞争中与其他城市有明显的区别，形成与众不同的特点。昆明城市文化旅游的亮点和特色，就是丰富而厚重的民族文化、多样而多元的宗教文化和丰富多彩的边疆地域文化。为此，打响民族、宗教、边疆牌是省会昆明的一大优势。四是城市文化旅游资源要整合。五是要在保护和发展的基础上进一步挖掘和利用民族文化旅游资源。六是要充分发挥宗教和宗教界人士在开发和保护宗教文化旅游资源中的积极作用。

综上所述，城镇化建设是现代化建设的重要内容和必要步骤，民族文化建设是城镇化建设的重要内容和必要保证，民族文化旅游对现代城市经济发展和城镇化建设的作用日益凸显；宗教文化是民族文化的重要内容和组成部分，宗教文化旅游是现代文化旅游的重要资源，发展城市宗教文化旅游，促进城市经济发展已成为当今国内外普遍的共识。当前，正值民族文化强省建设和桥头堡战略实施的有利时机，我们一定要抓住这难得的历史机遇，以科学发展观为指导，转变经济发展方式，在经济建设和城镇化建设中，加强包括宗教文化在内的民族文化建设，重视宗教文化旅游资源开发和保护中存在的问题，充分发挥宗教文化在现代文化旅游和城市经济发展中的重要作用，以宗教文化旅游促进昆明文化旅游和经济社会的全面发展，进一步推进昆明城镇化进程的步伐。

参考文献：

[1]齐晓飞：《关于和谐社会构建中发挥宗教积极作用的思考》，《世界宗教文化》2011年第1期。

[2]王作安：《加强管理，促进宗教和谐》，《中国宗教》2011年第3期。

[3]卓新平：《宗教文化与精神文明建设》，《中国社会科学》1994年第3期。

[4]马曜：《云南简史》，云南人民出版社1989年版。

[5]王承才：《抓住桥头堡建设机遇繁荣发展民族文化》，民族时报，2010年8月10日。

[6]张桥贵：《云南宗教旅游开发的思路、原则和措施》，《云南民族大学学报》（哲学社会科学版）2011年第1期。

[7]纳文汇：《以城市文化旅游促进昆明经济发展》，载2010~2011《云南文化发展蓝皮书》，云南大学出版社2011年版。

[8]纳文汇：《中国面向西南开放桥头堡建设中的宗教文化建设》，《东南亚南亚研究》2011年第3期。

[9]纳文汇：《云南民族文化建设中的宗教文化建设》，《今日民族》2011年第4期。

[10]纳文汇：《云南民族文化强省和桥头堡战略实施中的宗教文化建设》，载《2011~2012年云南文化发展蓝皮书》，云南大学出版社2012年版。

作者为云南省社会科学院期刊管理部主任、编审。

文化遗产保护研究

云南省第三次文物普查的主要成果及价值

木基元

根据《国家"十一五"时期文化发展规划纲要》，国务院部署了一项功在当代、利在千秋的文化保护行动，即规模较大的第三次全国文物普查。这项文化拯救行动始于 2007 年 4 月，止于 2011 年 12 月，历时近五年。根据"全国一盘棋"的工作方针，云南省紧密结合边疆民族实际，在彩云之南红土地上进行了又一轮认真细致的探古之旅，奏响了文明进步的时代音符，获得了硕果盈枝的成绩。这次文物普查进一步摸清了文物家底，完善了资料体系，实施了科学保护，出版了研究成果，培养了一支队伍；从而有力地证明了云南具有悠久的历史和灿烂的文化，是中华五千年文明史生生不息、源远流长的一个缩影。

一、云南省第三次文物普查的主要步骤

（一）第三次文物普查的意义与范围

文物是国家不可再生的文化资源。文物普查是国情国力调查的重要组成部分，是确保国家历史文化遗产安全的重要措施，是我国文化遗产保护的重要基础工作。开展文物普查是为了全面掌握不可移动文物的数量、分布、特征、保存现状、环境状况等基本情况，为准确判断文物保护形势、科学制定文物保护政策和规

划提供依据。开展文物普查，有利于合理、准确划定文物保护范围，完善文物档案管理，促进文物保护机构建设，提高文物保护管理整体水平；有利于发掘、整合文物资源，充分发挥文物在建设社会主义先进文化，促进经济社会全面、协调、可持续发展中的重要作用；有利于培养锻炼文物保护队伍，增强全民文化遗产保护意识。

此次普查的范围是我国境内（不包括港澳台地区）地上、地下、水下的不可移动文物，包括古遗址、古墓葬、古建筑、石窟寺和石刻、近现代重要史迹及代表性建筑等6大类59个小类。普查的内容以调查、登录新发现的不可移动文物为重点，同时对已登记的近40万处不可移动文物进行复查。要了解不可移动文物本体及环境的基本情况，尤其是量化指标、保存状况和环境现状及其变化情况。县级以上地方各级人民政府要根据普查结果，编制普查档案和普查报告，及时公布本行政区域内的不可移动文物名录，并根据实际情况将其中重要的不可移动文物确定为相应级别的文物保护单位。

普查工作还制定了细致的操作规程，对登录内容作了明确的要求：每处不可移动文物的名称、位置、地理坐标、年代、类别、数量和文物特征等基本情况；文物本体的保存情况和损毁原因；文物周边的自然环境和人文环境现状以及文物的所有权属和使用管理情况等信息、资料。调查中应同时测绘文物线图、摄制文物照片、采集文物标本以及其他相关资料，一并进行登录。根据全面调查和专题调查相结合、文物本体信息和背景信息相结合、传统调查方法和新技术应用相结合的原则，确定文物普查的技术路线。按规范要求形成普查工作的各项成果：建立不可移动文物编码系统；建立不可移动文物分布电子地图系统；建立不可移动文物信息管理系统；编制文物普查档案；公布不可移动文物名录；编制普查工作报告。

（二）第三次文物普查的主要做法

2007年6月26日，云南省政府下发《贯彻国务院关于开展第三次全国文物普查文件的通知》，正式启动全省第三次文物普查工作。普查分三个阶段进行：2007年至2008年2月为第一阶段，主要是制订方案、建立机构、开展培训、配发设备等；2008

年 2 月至 2009 年 12 月为第二阶段，主要是开展以县域为单位的实地文物调查；2010 年 1 月至 2011 年 12 月为第三阶段，主要是调查资料的整理、汇总、数据库建设和公布普查成果。

5 年来，云南各级政府和有关部门高度重视和认真组织实施文物普查工作，在机构建立、经费投入、人员安排、宣传动员、实地调查等方面的工作进展顺利。通过各级文化（文物）部门的文物普查工作者不辞辛劳，勤奋努力，我省文物普查各项工作任务圆满完成，取得了显著成果。

第一是领导高度重视，组织机构健全，组织协调有力。省政府成立了以高峰副省长为组长的云南省第三次文物普查领导小组及办公室，连续 3 次召开领导小组工作会议，与各州（市）政府签订了责任书。各州（市）、县将其列入政府工作重点，纳入领导考核内容。省文物局成立了省级文物普查专家组，指导全省普查工作。全省 16 个州（市）、129 个县（市、区）相继成立了领导小组和办公室，成立了近 300 个文物普查工作队。全省各级政府、有关部门和普查机构加强协调配合，大力推进我省文物普查工作。

第二是经费基本保障。全省文物普查专项经费累计投入 5 295 万元，其中中央投入 1 472 万元，省级财政安排 605 万元，16 个州（市）财政落实 1 324 万元，129 个县（市、区）级财政投入 1 894 万元。国家和省级财政对各州、市和全省 78 个国家级和省级贫困县给予了经费补助，有力地保证了全省文物普查工作的顺利开展。

第三是开展专题调查，保证普查质量。为了提高文物普查的科学水平，加大文物普查的认定领域和范围，省文物局组织有关专家和州、市的文博干部组成工作组，分别开展专题调查，对新型文化遗产如工业遗产、乡土建筑、二十世纪遗产、中华老字号、名人故居、滇西抗战遗迹、金沙江岩画、茶马古道、滇越铁路等进行重点调查，初步认定了这些新型文化遗产的分布状况和资源价值，极大地丰富了云南文化遗产的数量和类型。通过建立健全各种管理制度，组织培训、试点观摩，统一调查标准和规范工作方法，确保普查成果的真实性和科学性。

第四是总结表彰，巩固成果。省文化厅、省文物局表彰了第三次文物普查实地调查阶段有突出贡献的集体和个人。评选出文物普查百大新发现项目，汇编《云岭遗珍——云南省第三次全国文物普查百大新发现》一书，举办全省文物普查成果巡展。邀请昆明电视台拍摄制作《典藏云岭遗珍》系列专题片，对普查成果进行报道。配合春节文化活动、"国际博物馆日""中国文化遗产日"等系列活动，及时报道新发现的文物，扩大了文物普查工作的社会影响力。

二、云南省第三次文物普查的主要成果

截至 2011 年 11 月，我省第三次全国文物普查已全面完成各阶段的工作目标和任务，取得丰硕成果。通过此次文物普查，全面查清了云南文物资源的数量和类型。全省 129 个县（市、区）共调查登记不可移动文物 14 704 处，其中新发现 10 998 处，复查 3 706 处，从文物类别上看，古遗址 1 693 处，古墓葬 1 191处，古建筑 5 531 处，石窟寺及石刻 1 291 处，近现代重要史迹及代表性建筑 4 825 处，其他类别 173 处。调查登记消失文物 961处。我省不可移动文物数量由原来的 5 300 处增加到 14 704 处，增幅近 300%，极大地丰富了我省文化遗产的数量和类型，为云南的文化事业、旅游产业发展提供了优势资源，对促进经济社会发展将发挥重要作用。以下就文物普查百大新发现成果综述于后：

（一）古遗址

古遗址不仅真实保留了云南古代社会发展变迁的珍贵印记，也为我们了解人类的起源以及云南古代文明从发端到演变的历史提供了可靠的信息。本次入选的 12 项古遗址，分布范围广涉 8个州市，年代跨度从晚中新世直至民国，门类涉及古动物化石埋藏地、旧石器洞穴点、早期人类聚落遗存、军事设施及手工业遗迹、文化线路等新型遗产。剑川象鼻洞遗址弥补了滇西北旧石器晚期典型遗存的空白；澄江学山遗址是云南目前发现并发掘的保存较为完整的滇文化聚落遗址；会泽小田坝营盘遗址是研究云贵交界地区明清时期政治、军事、民族及交通状况的重要实物资料；云龙盐井遗址是千百年来白族社会经济发展历程的真实印

记；悠久漫长、地域跨度极大的茶马古道，作为文化线路遗产也格外引人注目。

（二）古墓葬

列入百大新发现的 6 处古墓葬，具备了云南古代文化的典型特质，其年代早可溯源商周，晚至民国。巧家段家坪子墓地对于我们研究商周时期中国西南早期文化的交融，以及云南青铜文化的兴起提供了实物证据；宁蒗干坝子墓群进一步丰富了我们对滇西北以及云南青铜文化的认识；广南牡宜墓群应属于句町国贵族甚至王族墓葬的探索新见，则让我们感受到了考古学的神奇魅力。

（三）古建筑

古建筑是中华民族历史文化的物质载体，也是一部凝固的史诗。43 项可圈可点的古建筑，几占百大新发现的一半数量。易门大营永宁寺、永胜期纳阮家佛堂是其中发现最早的古代建筑，具有中原佛教殿式建筑的布局和法式特征；盈江南算奘房是南传佛教与傣族干栏式建筑相结合的典范；香格里拉巴喀活佛私邸是迄今为止保留完好的藏传佛教私邸建筑；石屏符家营杨氏宗祠、腾冲和顺八大宗祠是中国宗祠文化的真实写照；江城整董傣族传统民居、贡山翁里怒族传统民居建筑群、香格里拉建塘阿布老屋、维西同乐傈僳族传统民居建筑群、沧源翁丁佤族传统民居建筑群颇具少数民族传统民居及乡土建筑特色；传统民居以安宁禄裱、洱源凤羽、永仁中和等处最有特色，私邸则以石林横街 93 号民居、保山老营李家大院、腾冲绮罗刘采宅院、建水贝贡孔氏旧居、姚安高曾焕民居建筑为代表；广南拖派风雨桥、景谷复兴风雨桥、永仁回龙桥则重现了云南古桥梁的风采；永善码口溜上糖房为一处完整保留了土法传统手工制糖的作坊；凤庆诗礼水磨房建筑材料别致，建筑形式及外观与自然环境融为一体，相映成趣。

（四）近现代重要史迹及代表性建筑

经专家评选，近现代重要史迹及代表性建筑类项目共 37 项。入选的重要历史事件和重要机构旧址类有交通部昆明国际无线电支台旧址、中缅边民联欢大会楼旧址、迪庆藏族自治州首届人民政府旧址，前者为抗日战争的史迹。施甸抗日标语群等3项列重要历史事件和人物活动纪念地，洛克故居、中国远征军将官住所旧址列入名人旧故居，足见其厚重的内涵；上蒜人民公社旧址、旧寨公社革委会旧址及旧寨知青房，则是"文化大革命"这一特定历史时期的产物。工业遗产项目的调查是"三普"调查的特色之一，云南水泥厂立窑等5项顺利入选；魁甸河拦河坝水利工程列入水利设施，国立艺专旧址等3项列入文化教育建筑，援华美军空军医院旧址列入医疗卫生建筑，保山抗日江防遗址群、黑山门战斗遗址等2项列入军事建筑；滇缅铁路楚雄段、小龙潭滇越铁路桥、芷村火车站等4项则列入了交通道路设施类。

（五）石窟寺及石刻

5处石窟寺及石刻项目入选百大新发现，虽然其数量相对较少，却具有重要的典型性及代表性。墨江新抚岩画是云南迄今为止所发现的最南端的岩画，金沙江岩画则是云南境内年代较早的，是滇西北先民穴居狩猎生活的真实写照；德钦奔子栏岩壁画为云南境内发现最早的藏传佛教遗迹，升平镇新发现的23组造像也是云南年代最早、面积最大、造像数量最多的佛教石刻造像群；剑川发现的摩崖石刻造像，开凿于南诏、大理国时期，造像内容为毗沙门天王，雕刻技艺高超，让人过目不忘。

（六）其他类

在以往的文物普查中，云南其他类文物多以登录古脊椎动物化石为主。经本次普查入选了4项梯田、古茶园等与农业文明发展史有关的项目。元江那诺梯田、红河甲寅作夫梯田从梯田规模、自然景观均有文化空间广阔、景观优美的共同特点，也是助推红河哈尼梯田申报世界文化遗产的佐证材料。澜沧景迈古茶园是目前世界上人工栽培型古茶树数量最多、面积最大、树龄最长的古茶园，为茶叶起源于我国提供了有力证据；绿春县玛玉古茶园除保存大片古茶林外，还完整保存了当地民族加工茶叶的生产流程、技艺和设施，是物质文化遗产与非物质文化遗产项目有机结合的典型。

三、云南省第三次文物普查的价值意义

党的十八大报告旗帜鲜明地指出："文化是民族的血脉，是人民的精神家园。全面建成小康社会，实现中华民族伟大复兴，必须推动社会主义文化大繁荣，兴起社会主义文化建设新高潮，提高国家文化软实力，发挥文化引领时尚、教育人民、服务人民、推动发展的作用。"

第三次全国文物普查是我国文化遗产保护领域的一项国家工程，涉及面广，专业性强，持续时间长。截至2011年底，我省第三次全国文物普查经过各级党委政府的高度重视、有关部门的鼎力配合和全体普查人员的辛勤努力已全面完成各阶段工作目标和任务，如前所述摸清了全省文物家底，其丰硕成果极大地丰富了文化遗产的数量和类型，为我省的文化事业、文化旅游产业发展提供了更多优势资源。从这个意义上来说，其科学价值是空前的。

第一，据目前掌握的情况，云南馆藏文物已达40万件，其中一级文物909件，二级文物1 521件，三级文物21 683件。38个国有博物馆、纪念馆实行免费开放。截至2010年，全省文博系统事业机构157个，从业人员1 159人，全省共有98个县成立了文物管理所。

第二，通过文物普查，创新了保护方式。为了加强对新型遗产的保护，我省文化遗产保护方式在五个方面发生了转变和创新：一是文化遗产保护范围扩大，即从重点保护古建筑、古遗址和古墓葬到全面保护工业遗产、乡土建筑、二十世纪遗产、中华老字号、文化景观、文化线路遗产等；二是保护的内容从有形文物扩展到非物质文化遗产，既要保护物质形态的文物，也要保护非物质的、无形的和动态的文化遗产；三是保护的方式从单体保护扩展到了整体保护，即从"点""面"布局的文物建筑到保护区域性的文化遗产，如"文化景观""线型文化遗产"等；四是保护的外延从文物本体扩展到了周边环境，即不但要保护文物本体，还要保护与遗产相关联的历史风貌、文化空间和景观视廊；五是保护的目的从单纯保护扩展到科学利用，即不但要保护好文化遗产，更要发挥文化遗产的社会效益和经济效益。

第三，通过文物普查，依法保护了文物。云南省文物局于2010年1月向国家文物局推荐上报了142处具有很高价值的文物项目，其中90项有可能被国务院公布为第七批全国重点文物保护单位；2011年12月，云南省文化厅、省文物局组织了30余位文物专家聚首石屏，经评选推荐了143处文物项目，报请省政府批准公布为第七批省级文物保护单位。2012年1月7日，省政府以云政发〔2012〕4号文件核定公布（具体名单详见附件1）。对于普查中新发现的不可移动文物，各地已采取边调查边保护的方式，积极进行价值评估，及时认定和公布为相应级别的文物保护单位。目前，各州（市）级文物保护单位由224项增加到536项，县级文物保护单位由1 504项增加到2 079项；各级历史文化名城（村、镇）由31个增加到70个，使大批文物项目纳入国家依法保护的范畴。

尤值一提的是，在2012年中国文化遗产日到来之际，云南精心组织的"云岭遗珍"展成为主打节目，展示了云南省第三次文物普查百大新发现。在云南省博物馆首期展出10日后，巡回到各州市展出，掀起了一浪高过一浪的文物保护潮。此次展示的百大新发现是从云南省新发现的10 998处文物点精选而出，分古遗址、古墓葬、古建筑、石窟寺石刻、近现代文物及其他等类别（具体名单详见附件2）。此次公布的云南文物百大新发现从地域上来看，遍及云南16个州市；时间上，从远古跨到近现代；内容上，则涵盖了文化、艺术、军事、民族、建筑、地理等诸多方面。其中，乡土建筑、线型文化景观、生态文化景观等新型文化遗产堪称三大亮点。除广为人知的茶马古道、滇越铁路、金沙江崖画、哈尼梯田、景迈古茶园外，包括诺邓盐井、石门盐井等在内的云龙盐井遗址，终南山和尚墓群、和顺八大宗祠建筑群等也榜上有名。如被央视热播的《舌尖上的中国》这部美食纪录片炒得火热的诺邓盐井，自汉朝开采以来已有两千余年的历史。而包括诺邓盐井在内的云龙盐井遗址群，共有八处盐井，开凿最早为唐代，最晚至明代，曾是滇西乃至缅甸北部地区的主要食盐供应地。云龙盐井遗址是迄今云南省保存最集中、最完整的盐井遗址群落，依然保存完好的古盐井、盐井房和传统的制盐方法。拭去蒙尘的珍珠重见天日，藏在深山的诺邓古村厚重的民族文化资源得以有效地保护，并逐步走上了开发利用的可持续发展之路。

第四，通过文物普查，锻炼了文博队伍。在文物普查工作中，参加过国家、省、州（市）和县（市、区）文物普查培训的人员达 3 200 多人，各级文物普查办参与此项工作的人员合计 1 204 人，赴一线开展文物普查的业务人员计有 1 750 人，并有上万名志愿者和临时人员参加到文物实地普查中来，投入人员数量在全国位居第 5 位。许多州市级文物工作者经过艰苦的田野调查，掌握了第一手资料，加上潜心的研究，成为当地的专家，其科学研究成果也不断涌现：楚雄州率先出版了《楚雄州第三次文物普查实录》，大理州出版了洋洋 10 卷本的《大理丛书·文物考古篇》，红河州文物管理所相继出版了《红河考古》《红河青铜文化》《红河土司文物》《红河州古建筑精粹》等系列著作，迪庆州也不甘落后地推出《迪庆文化遗产论集》，昭通、文山等州市也出版了普查成果汇集。这是新中国成立以来我省最大规模的一项文物保护工程，不仅完成了文物资源普查任务，而且锻炼了干部队伍，提高了我省广大文物工作者的业务素质，汇成了各具特色的科研成果。

第五，通过文物普查，知道了自身的不足，提出了整改完善措施。祥云县云南驿博物馆的镇馆之宝——陈纳德将军赠送的纪念章和首日封，布满灰尘，没有任何防护设施。临沧市至今没有博物馆，所辖的 8 个县也只有永德县有博物馆。全省 31 个县（市）区没有文物管理机构。为了巩固第三次文物普查的成果，省人大常委会执法检查组于 2011 年 10 月就《中华人民共和国文物保护法》实施情况进行检查时发现，云南省许多珍贵文物的保护还仅仅停留在看守的水平上。由于没有博物馆，许多出土文物甚至没有基本的存放条件，更谈不上较好的保护。全国重点文物保护单位耿马石佛洞新石器遗址出土的 3 000 多年前的部分文物，其中还包括 2 件国家级文物，一直以堆放形式保存在临沧市文物管理所两间不足 40 平方米的普通房间里；大理州宾川县、云龙县的文物和部分古生物化石，只能存放于麻袋或者木箱中，得不到有效的保护。建议统筹推进州市级特别是文物较为丰富的县级博物馆建设，为文物的收藏、保护、研究、展示提供基本的条件。让群众广泛享有免费或优惠的基本公共文化服务，在云南省实施"两强一堡"战略中，应发挥文物的启迪和教育作用。

四、巩固云南省第三次文物普查的成果

借十八大胜利召开吹响建设社会主义文化强国集结号的良机，增强全民族文化创造活力已成为时不我待的声音。正如胡锦涛同志在十八大报告所言："让一切文化创造源泉充分涌流，开创全民族文化创造活力持续迸发、社会文化生活更加丰富多彩、人民基本文化权益得到更好保障、人民思想道德素质和科学文化素质全面提高、中华文化国际影响力不断增强的新局面。"

2012年11月29日，中共中央总书记、中央军委主席习近平和中央政治局常委李克强、张德江、俞正声、刘云山、王岐山、张高丽等来到国家博物馆参观《复兴之路》基本陈列，回顾近代以来中国人民为实现民族复兴走过的历史进程。习近平等走进一个个展厅，仔细观看展览，认真听取工作人员讲解。复兴之路基本陈列共分中国沦为半殖民地半封建社会、探求救亡图存的道路、中国共产党肩负起民族独立和人民解放历史重任、建设社会主义新中国、走中国特色社会主义道路5个部分，通过1 200多件套珍贵文物，870多张历史照片，回顾了1840年鸦片战争以来中国人民在屈辱苦难中奋起抗争，为实现民族复兴进行的种种探索，特别是中国共产党领导全国各族人民争取民族独立、人民解放和国家富强、人民幸福的光辉历程。在参观过程中，习近平总书记发表了重要讲话。习近平总书记运用"雄关漫道真如铁""人间正道是沧桑""长风破浪会有时"三句话做出高度概括和精辟归纳，指出《复兴之路》展览回顾了中华民族的昨天，展示了中华民族的今天，也宣示了中华民族的明天，观后感触良多，给人以深刻的教育和启示。习近平总书记号召全党同志承前启后，继往开来，把我们的党建设好，团结全体中华儿女把我们国家建设好，把我们民族发展好，继续朝着中华民族伟大复兴的目标奋勇前进。这是新一届中央领导集体重视文物工作，运用文物展览大力进行爱国主义教育的施政宣言，在国内外引起了强烈反响。习近平总书记的讲话，对于激励广大文物工作者恪尽职守，做好工作具有积极重要的指导意义。

云南省第三次文物普查虽然已圆满结束，但我省"十二五"

时期文化遗产事业发展的任务依然艰巨，使命无比光荣。在深入学习十八大精神，结合各地各行业实际贯彻落实的过程中，我认为应该强调进一步重视文化遗产的保护工作。把文物保护经费纳入财政预算，保护经费应随财政收入增长而增长。同时，逐步建立文物保护单位旅游收入反哺文物保护的机制；建设工程涉及文物保护的要事先征求文物部门的意见，对大中型基本建设项目、城市建设和土地开发利用前必须进行考古调查、勘探，坚决杜绝文物损毁、散佚、流失的情况发生；切实做好云南文物"四有"，即"有保护范围、有保护标志、有记录档案、有保护机构或专人"；提高文物的管理与研究水平，引进文物保护专业人才，特别是高端人才，提高我省文物保护的整体水平；要不断提高文物陈列展览水平，重视文物展览在对外文化交流中的突出作用，在云南民族团结、社会发展、经济繁荣和两强一堡战略中创建功勋。为此，云南广大文物工作者肩上承载着重要的责任，相信通过各地奋发有为的工作，云南文化遗产保护事业的明天将更加灿烂辉煌，并将为云南民族文化强省建设做出新的贡献！

附件一：第七批省级文物保护单位（143项）

序　号	名　称	时　代	地　址
一、古遗址（共计11处）			
1	玉水坪遗址	旧石器时代	兰坪县
2	景哈洞穴遗址	旧石器时代	景洪市
3	海门口遗址	新石器时代	剑川县
4	戈登遗址	新石器时代	维西县
5	石岭岗遗址	新石器时代	泸水县
6	诸葛营遗址	汉	永仁县
7	龙首关遗址	唐（南诏）	大理市
8	铁桥城遗址	唐	维西县
9	庆丰盐井遗址	汉至今	大姚县
10	云龙盐井遗址	唐至明	云龙县
11	禄丰盐井遗址	元至民国	禄丰县

续　表

序　号	名　称	时　代	地　址
二、古墓葬（共计6处）			
12	万家坝古墓群	周	楚雄市
13	横大路古墓群	春秋至汉	麒麟区
14	金莲山古墓群	春秋至汉	澄江县
15	牧宜古墓群	汉	广南县
16	王家营古墓群	明	呈贡区
17	陶氏土司墓地	明	景东区
三、古建筑（共计95处）			
18	云南驿古建筑群	汉至清	祥云县
19	旧州三塔	唐、明、清	洱源县
20	黄龙山锁水塔迎春桥	元	华宁县
21	大石溯水利工程	元	姚安县
22	金马寺	明	官渡区
23	黑龙宫与青龙宫	明	盘龙区
24	文明阁建筑群	明	官渡区
25	永宁寺	明	易门县
26	广化寺	明	华宁县
27	护珠寺	明	腾冲县
28	姚安文昌宫	明	姚安县
29	文峰塔	明	姚安县
30	龙泉书院	明	楚雄市
31	灵官桥	明	南华县
32	雁塔	明	楚雄市
33	黄龙寺	明	建水县
34	塔庄莫	明	景洪市
35	金镑寺漂来阁	明	大理市
36	日本四僧塔	明	大理市
37	等觉寺	明	巍山县

续 表

序 号	名 称	时 代	地 址
38	永济桥	明	巍山县
39	六库土司衙署	明	泸水县
40	新安所古建筑群	明、清	蒙自市
41	东山寺	明、清	宣威市
42	高氏土司衙署	明、清	姚安县
43	观音堂	明至清	大理市
44	巍山文庙	明至清	巍山县
45	凤羽古建筑群	明至清	洱源县
46	虎头山道教建筑群	明至清	云龙县
47	期纳古建筑群	明、清	永胜县
48	天峰山玉皇阁老君殿建筑群	明至民国	祥云县
49	易门龙泉寺	明、清	易门县
50	海口川字闸	清	西山区
51	安顺桥	清	东川区
52	八街文庙建筑群	清	安宁市
53	宜良文庙	清	宜良县
54	会泽文庙	清	会泽县
55	白雾三圣宫	清	会泽县
56	大佛寺与火神庙建筑群	清	会泽县
57	钟灵书院	清	陆良县
58	三台洞古建筑群	清	宣威市
59	玉溪红塔	清	红塔区
60	四街常氏祠堂	清	通海县
61	金甲阁	清	江川县
62	老营李将军府	清	隆阳区
63	思波楼	清	昭阳区
64	龙泉三圣宫	清	古城区
65	洛克故居	清	玉龙县

续 表

序　号	名　称	时　代	地　址
66	永宁土司衙署	清	宁蒗县
67	上城佛寺	清	孟连县
68	复兴桥	清	景谷县
69	大庄苏氏祠堂	清	双柏县
70	回龙桥	清	永仁县
71	开宁寺	清	禄丰县
72	黑井武家大院	清	禄丰县
73	崇正书院	清	建水县
74	建水诸葛庙	清	建水县
75	真武官	清	建水县
76	建民中学旧址	清	建水县
77	宝秀刘氏宗祠	清	石屏县
78	洄澜桥阁	清	石屏县
79	虹溪文笔塔	清	弥勒县
80	泸西文庙	清	泸西县
81	保兴桥	清	西畴县
82	锦屏文笔塔	清	丘北县
83	曼崩铜塔	清	勐海县
84	东岳宫	清	巍山县
85	星拱楼	清	巍山县
86	真武阁	清	洱源县
87	海云居	清	剑川县
88	回营清真寺	清	南涧县
89	佛光寺	清	芒市
90	铁城佛塔	清	芒市
91	南算奘房	清	盈江县
92	芒捧奘寺及加孔奘寺	清	陇川县
93	建塘阿布老屋	清	香格里拉县

续　表

序　号	名　称	时　代	地　址
94	诗礼古墨水磨房	清	凤庆县
95	琼凤桥	清	凤庆县
96	普化寺	清	贡山县
97	南薰桥	清、民国	宾川县
98	地索李家宅院	清、民国	姚安县
99	北城李家大院	民国	红塔区
100	坝心王氏宅院	民国	石屏县
101	陶村吕氏宅院	民国	石屏县
102	和顺传统民居建筑群	清、民国	腾冲县
103	芦子沟传统民居建筑群	明至清	石屏县
104	诺邓白族传统民居建筑群	明、清	云龙县
105	腊者布依族传统民居建筑群	清	罗平县
106	碧溪传统民居建筑群	清	墨江县
107	整董傣族传统民居建筑群	清	江城县
108	中和传统民居建筑群	清	永仁县
109	翁丁佤族传统民居建筑群	清	沧源县
110	翁里怒族传统民居建筑群	清	贡山县
111	利克村传统民居建筑群	民国	巍山县
112	同乐傈僳族传统民居建筑群	民国	维西县
四、近现代史迹及其代表性建筑（共计 28 处）			
113	福林堂	清	五华区
114	方国瑜故居	1897 年	古城区
115	白寨大桥	1908 年	屏边县
116	芷村火车站历史建筑群	1910 年	蒙自市
117	福春恒商号旧址	民国	五华区
118	基督教青年会旧址	民国	五华区
119	文明街马家大院	民国	五华区
120	云南天文台历史建筑群	民国	官渡区

续 表

序 号	名 称	时 代	地 址
121	北京路石房子	民国	盘龙区
122	梁思成、林徽因旧居	民国	盘龙区
123	中国远征军将官住所旧址（紫园）	民国	西山区
124	西园	民国	西山区
125	富春街传统民居建筑群	民国	新平县
126	李和才故居	民国	元江县
127	梁金山故居	民国	隆阳区
128	元谋红军长征革命遗迹	民国	元谋县
129	大花桥	民国	禄丰县
130	文澜王家宅院	民国	蒙自市
131	杨杰故居	民国	大理市
132	大理天主教堂	1932 年	大理市
133	畹町桥	1938 年	瑞丽市
134	保山抗日边防遗迹群	1942 年	隆阳区
135	南桥水电厂	1944 年	开远市
136	一九八师攻克腾冲阵亡将士纪念塔	1942 年	腾冲县
137	云南省博物馆大楼	1958 年	五华区
138	云南艺术剧院	1957 年	五华区
139	上蒜人民公社旧址	1959 年	晋宁县
140	迪庆州人民政府旧址	1957 年	香格里拉
五、其他（共计 3 处）			
141	滇中古驿道（禄丰段）	汉至民国	禄丰县
142	云南茶马古道	唐至民国	勐腊县、思茅区、宁洱县、凤庆县、剑川县、鹤庆县、香格里拉县、德钦县
143	元江那诺梯田	唐至现代	元江县

附件二：云南省第三次文物普查100项新发现

编　号	文物名称	时　代	文物类别	地　址
1	水塘坝古动物群化石地点	晚中新世	古遗址	昭阳区
2	小田坝营盘遗址	明、清	古遗址	会泽县
3	学山遗址	春秋至汉代	古遗址	澄江县
4	方山诸葛营遗址	三国	古遗址	永仁县
5	易武茶马古道	明、清	古遗址	勐腊县
6	文盛街古驿道及古建筑群	唐至民国	古遗址	弥渡县
7	象鼻洞遗址	旧石器时代晚期	古遗址	剑川县
8	象眠山古道	唐至民国	古遗址	鹤庆县
9	云龙盐井遗址	唐至明	古遗址	云龙县
10	阿墩子古道	唐至民国	古遗址	德钦县
11	塔城吐蕃关隘遗址	唐、宋	古遗址	维西县、玉龙县交界
12	茶马古道鲁史段	明清	古遗址	凤庆县
13	段家坪子墓群	商周	古墓葬	巧家县
14	终南山和尚墓群	清至民国	古墓葬	陆良县
15	小直坡墓群	春秋至战国	古墓葬	华宁县
16	牡宜墓群	西汉	古墓葬	广南县
17	刀盈廷夫妻墓	清	古墓葬	盈江县
18	干坝子墓群	战国	古墓葬	宁蒗县
19	龙树庵	清	古建筑	官渡区
20	禄脿古镇民居建筑群	明清	古建筑	安宁市
21	小洛羊廻龙庵	清	古建筑	呈贡区
22	翠峰庵	清	古建筑	宜良县
23	横街93号民居	清	古建筑	石林县

续 表

编 号	文物名称	时 代	文物类别	地 址
24	小乐台旧村时氏民居宅院	民国	古建筑	石林县
25	溜上糖房	清	古建筑	永善县
26	多乐张氏宅院	民国	古建筑	富源县
27	腊者布依族传统民居建筑群	清至近现代	古建筑	罗平县
28	大回村马家大院	民国	古建筑	通海县
29	黄龙宴公庙	明清	古建筑	通海县
30	张家村凤鸣寺	清	古建筑	江川县
31	龙母广化寺	明清	古建筑	华宁县
32	大营永宁寺	明清	古建筑	易门县
33	老营李家大院	清	古建筑	隆阳区
34	绮罗刘采宅院	民国	古建筑	腾冲县
35	和顺八大宗祠建筑群	清至民国	古建筑	腾冲县
36	高曾焕民居建筑	清	古建筑	姚安县
37	地索李家宅院	清至民国	古建筑	姚安县
38	中和镇传统民居建筑群	清至民国	古建筑	永仁县
39	回龙桥	清	古建筑	永仁县
40	孔氏旧居	清	古建筑	建水县
41	倪学全家宅	清	古建筑	建水县
42	符家营杨氏宗祠	清	古建筑	石屏县
43	芦子沟传统民居建筑群	清至民国	古建筑	石屏县
44	城子村彝族传统民居建筑群	明清	古建筑	泸西县
45	甲寅作夫生态村	清至民国	古建筑	红河县

续　表

编　号	文物名称	时　代	文物类别	地　址
46	拖派风雨桥	清	古建筑	广南县
47	复兴风雨桥	清	古建筑	景谷县
48	整董傣族传统民居建筑群	清	古建筑	江城县
49	利克村传统民居建筑群	清	古建筑	巍山县
50	凤羽镇古建筑群	明清	古建筑	洱源县
51	南算奘房	明	古建筑	盈江县
52	果园何家大院	清	古建筑	永胜县
53	期纳古建筑群	明清	古建筑	永胜县
54	翁里怒族传统民居建筑群	清	古建筑	贡山县
55	巴喀活佛宅院	清	古建筑	香格里拉县
56	建塘阿布老屋	清	古建筑	香格里拉县
57	同乐傈僳族传统民居建筑群	清	古建筑	维西县
58	邦东造纸作坊	清	古建筑	临翔区
59	古墨水磨房群	清	古建筑	凤庆县
60	三岔河琼凤桥	清	古建筑	凤庆县
61	翁丁佤族传统民居建筑群	清	古建筑	沧源县
62	北京路石房子	民国	近现代重要史迹及代表性建筑	盘龙区
63	昆明广播电台旧址	民国	近现代重要史迹及代表性建筑	五华区
64	交通部昆明国际无线电支台旧址	民国	近现代重要史迹及代表性建筑	五华区

续　表

编　号	文物名称	时　代	文物类别	地　址
65	援华美军空军医院	民国	近现代重要史迹及代表性建筑	官渡区
66	中央电工器材厂一厂旧址	民国	近现代重要史迹及代表性建筑	西山区
67	中国远征军将官住所旧址	民国	近现代重要史迹及代表性建筑	西山区
68	云南水泥厂立窑	民国	近现代重要史迹及代表性建筑	西山区
69	上蒜人民公社旧址	现代	近现代重要史迹及代表性建筑	晋宁县
70	国立艺专旧址	民国	近现代重要史迹及代表性建筑	晋宁县
71	奖山村大花桥	现代	近现代重要史迹及代表性建筑	嵩明县
72	马嘎寺大炼钢铁土炉群	现代	近现代重要史迹及代表性建筑	宣威市
73	中心原小学旧址	民国	近现代重要史迹及代表性建筑	沾益县
74	玉兴郑氏旧址	民国	近现代重要史迹及代表性建筑	红塔区
75	保山抗日江防遗迹群	民国	近现代重要史迹及代表性建筑	隆阳区、施甸县
76	施甸抗日标语群	民国	近现代重要史迹及代表性建筑	施甸县
77	魁甸河拦河坝水利工程	民国	近现代重要史迹及代表性建筑	腾冲县
78	滇缅铁路楚雄段	民国	近现代重要史迹及代表性建筑	楚雄市、禄丰县

续　表

编　号	文物名称	时　代	文物类别	地　址
79	旧寨公社革委会旧址及旧寨知青房	现代	近现代重要史迹及代表性建筑	开远市
80	小龙潭滇越铁路桥	清	近现代重要史迹及代表性建筑	开远市
81	芷村火车站	清	近现代重要史迹及代表性建筑	蒙自市
82	坝心王氏宅院	民国	近现代重要史迹及代表性建筑	石屏县
83	六郎洞地下水力电站	现代	近现代重要史迹及代表性建筑	丘北县
84	弥祉第五区区公所旧址	民国	近现代重要史迹及代表性建筑	弥渡县
85	黑山门战斗遗址	民国	近现代重要史迹及代表性建筑	瑞丽市
86	中缅边民联欢大会楼旧址	现代	近现代重要史迹及代表性建筑	瑞丽市
87	雷允飞机制造厂遗址	民国	近现代重要史迹及代表性建筑	瑞丽市
88	洛克故居	清	近现代重要史迹及代表性建筑	玉龙县
89	华坪县丁王民族小学	现代	近现代重要史迹及代表性建筑	华坪县
90	迪庆藏族自治州首届人民政府旧址	现代	近现代重要史迹及代表性建筑	香格里拉县
91	凤庆茶厂	民国	近现代重要史迹及代表性建筑	凤庆县
92	新抚岩画	新石器时代晚期	石窟寺及石刻	墨江县

续 表

编 号	文物名称	时 代	文物类别	地 址
93	毗沙门天王像	宋	石窟寺及石刻	剑川县
94	金沙江岩画	旧石器时代至新石器时代	石窟寺及石刻	香格里拉县、玉龙县、古城区、宁蒗县
95	曲赤通岩壁画	宋、元	石窟寺及石刻	德钦县
96	扎达茸摩崖石刻	元至清	石窟寺及石刻	德钦县
97	元江那诺梯田	唐至现代	其他	元江县
98	甲寅作夫梯田	唐至现代	其他	红河县
99	玛玉古茶园	明至现代	其他	绿春县
100	景迈古茶园	唐至现代	其他	澜沧县

（木基元整理）

作者为西南林业大学民族生态文化研究中心副主任、教授。

生态文明建设中云南民族生态
文化的价值

刘　婷

　　胡锦涛同志在十八大报告中提出："建设生态文明，是关系人民福祉、关乎民族未来的长远大计。面对资源约束趋紧、环境污染严重、生态系统退化的严峻形势，必须树立尊重自然、顺应自然、保护自然的生态文明理念，把生态文明建设放在突出地位，融入经济建设、政治建设、文化建设、社会建设各方面的全过程，努力建设美丽中国，实现中华民族永续发展。"

　　建设生态文明，不同于传统意义上的污染控制和生态恢复，而是克服工业文明弊端，探索资源节约型、环境友好型发展道路的过程。由于我国巨大的人口基数和经济规模，即使采用各种末端治理措施，也难以避免严重的环境影响。要真正实现人与自然和谐相处，云南各民族生态文化对资源可持续利用的良性循环具有其可供借鉴之处。

　　云南的地貌多样性、生物多样性、民族文化多样性三大特点，并非相互孤立、隔绝发展，而是在漫长的历史过程中互动磨合，逐渐形成了三多一体、高度融合的格局。① 这一格局对于建设生态良好、环境优美的人居环境息息相关。云南生态环境的多样性形成了不同民族居住与生存的环境模式，不同民族的居住与生存环境模式形成了各民族的生态文化，各民族的生态文化则直

---

　　① 参见郭家骥《发展的反思——澜沧江流域少数民族变迁的人类学研究》，尹绍亭、夏代忠主编：《当代中国人类学民族学文库》，云南人民出版社 2008 年版，第 93 页。

接作用于居住环境与自然环境。它们呈现出循环互动的关系：云南传统人居模式的形成与不同的自然地理环境直接关联，是不同的地理环境形成了云南各民族居住文化的多样性及生态文化。而长期以来形成的生态文化对于保护环境尤其是人居环境有直接的益处。在生态文明建设中，云南各民族民间长期传承的生态文化无疑具有不可忽视的价值。

一、云南生态环境"三多一体"特征的形成

环境是一个相对于生物有机体而存在的概念。生物在其生活生长的过程中，要不断地与其环境进行物质与能量的交换。环境一方面向生物有机体提供生长发育、繁衍后代所需要的物质能量，对于生物有机体具有制约作用；而另一方面，生物也在不断地改造环境。[①] 根据这一规律，我们可以大致找到云南的生态环境多样性三多一体互动关系形成与发展的基本脉络和轨迹。

云南在洪荒时代便自然形成的地貌多样性，孕育形成了云南的生物多样性。而地貌多样性和生物多样性交互作用形成的适宜人类生存与发展的环境，又孕育形成了云南的民族文化多样性。民族文化多样性一经形成，各民族人民便应用人类及其文化特有的理性与创造力，对地貌多样性和生物多样性进行文化调适，经过漫长的互动磨合后逐渐形成并保持了三多一体、良性互动、高度融合的格局。

其中，最晚形成的民族文化多样性处于核心位置，对于维持格局是良性互动还是恶性循环，发挥着关键作用。故这里我们有必要对云南民族文化多样性的早期形成，及其与自然良性互动关系的建立，作一简略的介绍。

费孝通先生指出："民族格局似乎总是反映着地理的生态结构。"[②] 从地理环境的大势来看，云南位于中国的西南角，处于东亚亚热带季风区、南亚热带季风区和青藏高原三大区域的交汇与过渡地带。人类文明起源的规律表明，地理过渡带比单一地带具

---

① 参见欧晓昆《生态学与生物多样性》，裴盛基、龙春林主编：《应用民族植物学》，云南民族出版社1998年版，第24页。
② 费孝通：《中华民族的多元一体格局》，载《北京大学学报》1989年第4期。

有更为复杂多样的自然条件，为古人类的生存繁衍提供了更为广阔的可选择空间，① 因而使云南成为我国迄今所知最早的古人类发源地之一。

从距今 170 万年前元谋人牙齿化石所在地层中还出土了 29 种哺乳动物化石，主要有云南马、牛、鹿、象、原始麝、剑齿虎等。从哺乳动物中多为草食类，以及植物孢粉谱所反映的气候和植被生态环境看，元谋人生活在比较凉爽的草原—森林环境中。这种环境有利于人类的生存和繁衍，所以云南还发现了晚更新世时期的晚期智人（俗称新人）化石丽江人、西畴人和昆明人等。这些遗址同时还出土了多种共生的草食类哺乳动物化石如鹿、牛、马、猕猴等。②

进入新石器时代以后，人类活动的足迹已遍布云南全境。迄今所发现的 300 多处新石器时代遗址和地点，几乎遍及全省所有县市。这些土著居民在如此复杂多样的自然环境中生存，就必然发展出适应各自环境的生产方式和生活方式，从而形成多元、多类型、多区域异彩纷呈的文化，这就为多民族格局的形成奠定了基础。

与此同时，云南的六大江河体系及其自然形成的河谷通道，又把云南各土著民族与祖国内地、东南亚—南亚国家和青藏高原联系起来，构成若干条各民族迁徙、流动的走廊。氐羌族群自甘青高原沿怒江、澜沧江和金沙江河谷南下，百越族群自东南沿海顺珠江水系西进，或自东南亚溯澜沧江、红河水系北上③，使云南在拥有众多土著民族的基础上又增加了大量的外来民族。因此，早在新石器时代，云南就已是一个多民族聚居地区。新石器时代之后，在数千年漫长的历史发展过程中，祖国内地和青藏高原又有一些新的民族群体迁入云南，最终使云南这块 39.4 万平方公里的土地上聚居了 26 个民族，成为全国民族成分最多的地区。

多民族格局的存在本身就自然形成了多种多样的民族文化。而每一个民族和每一个民族的不同支系由于分布在不同的地区，

① 参见《中华文明史》第一卷，河北教育出版社 1989 年版，第 10 页。
② 参见汪宁生《云南考古》（增订本），云南人民出版社 1992 年版，第 3～5 页。
③ 参见马曜主编《云南民族工作 40 年》上卷，云南民族出版社 1994 年版，第 18～24 页。

为适应不同的地貌环境和利用不同的生物资源而进行文化调适的过程中，便自然发展出不同的生态文化。生态文化是一个民族对生活于其中的自然环境的适应性体系。它包括民族文化体系中所有与自然环境发生互动关系的内容，主要包括这个民族的宇宙观、生产方式、生活方式、社会组织、宗教信仰、风俗习惯等。在这种生态文化指导下，各民族都在宇宙观、生产方式、生活方式、社会组织、风俗习惯等方面采取了一系列具体行动来适应各自所处的自然环境。

当然，在云南各民族数千年的发展史中，人及其文化对生态环境的破坏无疑也是存在的。诸如历史上的战乱、兵荒；明代内地汉族大规模移民云南屯田垦殖；清代改土归流后滇中居民向全省的拓展开发；以及20世纪50年代以后由于政策失误盲目开发导致的一系列破坏等，都对云南的生态环境以及民族文化多样性的保持造成了严重的不利影响，在局部地区甚至出现了三多一体恶性循环的危机。

尽管如此，从总体上、全局上看，云南至今仍是中国乃至全球为数不多的继续保持着地貌多样性、生物多样性和民族文化多样性三多一体良性互动关系的地区之一，而且这一良性互动关系成为决定云南建设生态良好、环境优美的人居环境的决定性因素。这是云南各民族进行桥头堡建设的最大优势和最大资本。

二、云南各民族的生态文化和适应能力

云南少数民族的经济文化类型复杂多样，其中含有丰富的生态文化内涵。云南少数民族生态文化既包括各民族对人与自然关系形而上的思考和认识，也包括各民族对人与自然关系的实践性、经验性感知，当然更包括居住在特定自然生态条件下的各民族在谋取物质生活资料时由客观的自然生态环境和主观的社会经济活动的交互作用而形成的生态文化类型和模式。因此，大体上来说，云南少数民族生态文化应包括或可解析为两个层面，即精神层面和物质层面。

（一）精神层面的生态文化

精神层面的少数民族生态文化即少数民族对于人与自然关系

的形而上思考和认识，内容极为丰富，在少数民族的各种史诗、传说和神话中都有大量的反映和表现。其中的许多认识和思考，思想之精深、表现之生动、形式之精致和情感之朴素都令人敬佩与感动。同时，云南各少数民族都有许多成文的或不成文的制度、规定和风俗习惯，在这些制度、规定和习惯中，同样包含着大量关于生态文化的内容。通过这些制度、规定和习惯法则，我们看到了许多少数民族对自然生态环境和自然生态资源的科学保护和合理利用。

生态文化不仅仅是作为传统社会生活中的一部分而存在于各民族社会中，同时它还作为一项规范维系着人与自然之间的和谐发展。生态文化最重要的价值就在于它让人们懂得了热爱环境、珍惜环境和保护环境。只有从思想观念深处对生态与居住环境的价值有深刻的理解，在社会中形成规范，才能使人们珍惜和爱护环境。生态文化是促使人们对生态环境与居住环境的产生与存在过程、对自然与人类存在的价值产生深刻的理解的重要途径。这种观念，对人居环境的建设产生着极大的影响，对生态环境的治理与保护产生着积极的作用。因此，理解精神层面的少数民族生态文化价值，对其居住地的可持续发展也具有极其深远的现实意义。

（二）物质层面的生态文化

物质层面的少数民族生态文化即通过各少数民族丰富多样的生产方式和生活方式所体现出来的生态文化。根据云南少数民族生态文化的物质表现形式，其生态文化主要以农耕型生态文化为主。

由于历史和地理原因，云南从事农耕物质生产方式的少数民族大多居住在高原山地或丘陵丛林地区，也有少部分居住在河谷平坝地区。由此，云南少数民族的农耕生态文化类型又分山林刀耕火种型农业、山地林粮兼作型农业、丘陵稻作型农业、梯田稻作型农业、坝区稻作型农业、绿洲灌溉型农业等多种形态。从这些类型可以看出，云南少数民族的农耕文化与各个民族所居住的自然生态环境具有密切的关系，表现出了鲜明的生态环境特色。自然生态环境对少数民族农业文化的影响不仅表现在物质生产方式上，也表现在物质生活方式上（如寨址选择、房屋结构特色等）。

尹绍亭先生在对云南西双版纳地区刀耕火种农业生产方式进行深入考察和研究后指出，刀耕火种是一种"森林孕育的农耕文化"①。刀耕火种农业的良性发展是以森林生态系统平衡和良性循环为前提的，正因为这样，刀耕火种的生产方式并没有使当地自然生态系统崩溃，而是与之保持着一种相生相克的动态平衡关系。刀耕火种如此，其他农耕文化形态亦然。故而，在云南少数民族农业区，人类的物质生产活动与自然生态系统之间基本上维持着一种良性循环关系。云南传统的少数民族农耕型生态文化也成为在一定的生产力水平下中国传统的可持续发展生产方式的代表和体现。

因而，生态文化有助于平衡人与自然之间的关系。这种意识是基于人类长期以来和自然共存的过程中所积累起来的对生态与人类生存及居住之间的关系的深刻理解，以及生态与人类社会文明进程的理解和认识之上的。有了对生态环境与居住环境的深刻理解，人们才能亲近环境、保护环境、爱惜环境，注重平衡环境与可持续发展之间的关系。在当代的生态环境保护中，需要强化人类的生态文化意识，这种意识是每一个民族保护生态环境与居住环境、获得可持续发展的文化基础。

三、云南人居环境与生产、生活领域的生态文化

良好的自然环境为云南的发展提供了丰富的战略资源和可持续发展的可能性，例如保持和建设一个森林大省，就能够有效地涵养水分，有效保障大江小河流量充足，保障工农业的发展和各民族人民的生存。从另一个方面来讲，良好的生态环境和人居环境，不仅是云南各民族人民幸福生活的乐园，同时也是吸引世界各地的人们前来云南旅游观光、居住、投资的重要资源，最终成为全人类共同拥有的美丽家园。

因此，将云南建设成一个生态良好、环境优美的省份，不仅使云南各民族人民的生活质量得到明显提高，同时也为云南增添

---

① 尹绍亭：《一个充满争议的文化生态体系——云南刀耕火种研究》，云南人民出版社 1991 年版，第 74 页。

了无限的魅力和吸引力，创造了无限的发展机遇。云南的很多产业发展都和云南良好的自然环境有直接关系，相反如果我们不能够保持云南的良好生态环境，创造环境优美的人居环境，甚至生态环境恶化，是不可能让云南成为可持续发展、建设居住、投资的热土的。

云南的人居环境与生态文化息息相关，特别是生产与生活领域的生态文化，直接构成了云南少数民族人居环境文化的内容。

（一）云南人居环境与生产领域的生态文化

良好的生态环境是各民族人民生存的基础，为云南各民族人民的生存提供了必要的生存资源。云南有丰富的森林资源和水资源，为云南各族人民的农业发展奠定了坚实的基础，创造出了云南丰富多彩、富有地方特色的农业形态。例如在红河流域，各民族人民利用当地的自然环境特征，建设起了数百万亩的梯田，发展起了在亚洲首屈一指的梯田农业文明。在云南大大小小数百个坝子中以及在南部的西双版纳、德宏、文山等地区，当地各民族人民发展起了精细的水稻农业；在过去人口不多的情况下，云南广大的山区也发展起来轮作等山地农业、畜牧业等。总之，云南各民族人民的生存形态丰富多彩、千姿百态，与其所处的地理环境多样性、生物多样性及所居住的生态环境的良好状态有直接关系。

在元阳的多依树村，我们可以看到森林、村寨及梯田相结合的人居生态系统的完整图景：东观音山主峰高2 930米左右，主峰面积200平方公里，海拔1 800米以上基本都是森林覆盖区，这里是元阳县东部河流的主要发源地。在海拔1 600～1 800米之间的观音山东面山腰，当地居民的村寨基本分布在一条线上，从西到东分别有大瓦遮俣卜寨、联办茶场、爱春哈单卜、爱春、爱春大鱼塘、爱春阿者科、爱春牛俣卜、多依树、猴子寨、普高新寨、普高老寨和黄草岭等村寨。在村寨下面就是层层叠叠的梯田，一直延伸到海拔600米的山脚。①

梯田稻作民族深刻洞悉森林—水源—梯田稻作之间的生态链关系，创造出一套保护森林、涵养水源的方法。这样三段式的开

---

① 郑晓云：《红河流域少数民族的水文化与农业文明》，《水文化与生态文明——云南少数民族水文化研究国际交流文集》，云南教育出版社2008年版，第36页。

发格局，使高山上茂密的原始森林孕育而成无数的水潭和溪流，长流不断、终年不歇，成为天然的"绿色水库"。这些水潭和溪流"被哈尼族人民引入盘山而下的水沟、流入村寨，流入梯田，梯田连接，水沟纵横，泉水顺着块块梯田，由上而下，长流不息，最后汇入谷底的江河湖泊，又蒸发升空，化为云雾阴雨，贮于高山森林"①。这形成了"山有多高，水有多高"的生态环境，从而使梯田稻作文明得以代代相沿。

（二）云南人居环境与生活领域的生态文化

云南少数民族生活领域中蕴含着丰富的生态意识。他们不仅注意选择人与自然和谐共存的居住环境，而且注重营构村寨的生态体系，包括村寨的森林生态体系和生活水资源生态体系，同时通过各类民居建筑使人类需求和自然需求同时得到满足。

选择建寨地址实质上是选择生存环境或居住环境。云南少数民族选寨址绝不是随心所欲，而是"最大程度上取自然之利，避自然之害，造就自己安居的乐土"②。一般而言，坝区稻作民族大都"依山傍水"而居。傣族村寨分布可分四种类型：第一，滨水而居；第二，沿水而居；第三，坐山朝水而居；第四，半山或山地而居③。前三种类型为坝区傣族村落的分布特点，其民间谚语称："寨前渔，寨后猎，依山傍水把寨立。"

傣族"近水而居"，绝非只考虑水源这一生态要素，而是树立起大生态观，对居住地环境中水源、土地、森林和草地、气候等做综合性的考察，经过深思熟虑，才做出建寨决定。依山傍水而居，背靠青山，前临溪河和田畴，使人们的居住环境具备了成为良好生态环境的几大要素：茂密的森林、丰富的水源、足够的可耕地和清闲凉爽的空气。同时，这种居住格局，使"文化"与"生态"之间形成良性互动：既不易遭水灾，又利于取水；既利于劳作，又减少了对可耕地的占用；此外，还便于在村后山中从事采集、狩猎、放牧等辅助性生计活动。

同时，云南各民族在长期居住生活的历史过程中，形成了各

---

① 王清华：《哈尼族梯田农业的水资源利用与管理》，《民族学》1995 年第 4 期。
② 吴良镛：《广义建筑学》，转引自蒋高宸《云南民族住屋文化》，云南大学出版社 1997 年版，第 82 页。
③ 李德洙主编：《中国少数民族文化史》，辽宁人民出版社 1994 年版，第 799 页。

自的一整套居住生活理念和多样化的生活方式，在不同的民族、不同的地理环境及区域，人们的居住方式都有各自的特点。傣家竹楼的造型属干栏式建筑，房顶呈"人"字形。西双版纳地区属热带雨林气候，降水量大。"人"字形房顶易于排水，不会造成积水的情况出现。一般傣家竹楼为上下两层的高脚楼房，高脚是为了防止地面的潮气，竹楼底层一般不住人，是饲养家禽的地方，上层为人们居住的地方，这一层是整个竹楼的中心。室内的布局很简单，一般分为堂屋和卧室两部分。堂屋设在木梯进门的地方，比较开阔，在正中央铺着大的竹席，是招待来客、商谈事务的地方。在堂屋的外部设有阳台和走廊，在阳台的走廊上放着傣家人最喜爱的打水工具竹筒、水罐等，这里也是傣家妇女做针线活的地方。堂屋内一般设有火塘，在火塘上架一个三脚支架，用来放置锅、壶等炊具，是烧饭做菜的地方。从堂屋向里走，便是用竹围子或木板隔出来的卧室，卧室地上也铺上竹席，这就是一家大小休息的地方了。整个竹楼非常宽敞，空间很大，也少遮挡物，通风条件极好，非常适宜于西双版纳潮湿多雨的气候条件。整个竹楼的所有梁、柱、墙及附件都是用竹子制成的，竹楼上的每一个部分都有不同的含义。

走进竹楼，就好像走进傣家的历史和文化，傣家的主人会一一告诉你其中的含义。竹楼的顶梁大柱被称为"坠落之柱"，这是竹楼里最神圣的柱子，不能随意倚靠和堆放东西，它是保佑竹楼免于灾祸的象征，人们在修新楼时常常会弄来树叶垫在柱子下面，据说这样做会更加坚固。除了顶梁大柱外，竹楼里还有分别代表男女的柱子，竹楼内中间较粗大的柱子是代表男性的，而侧面的矮柱子则代表着女性，屋脊象征凤凰尾，屋角象征鹭鸶翅膀。

过去，傣家人的等级、辈分是非常严格的，体现在竹楼的建造上也很明显。比如，凡是长辈居住的楼室的柱子不能低于6尺，楼室比楼底还要高出6尺，室内无人字架，显得异常宽敞明亮。竹楼的木梯也有规定，一般要在9级以上。晚辈的竹楼一般差一些，首先高度要低于长辈的竹楼，其次木梯也只能在7级以下，室内的结构也显得简单许多。

哈尼族则居住在向阳的山腰，依傍山势建立村寨。村寨一般为30～40户，多至数百户。村寨背后是郁郁葱葱的古树丛林，周围绿竹青翠，棕榈挺拔，间以桃树、梨树，村前梯田层层延伸到河谷底。离村寨不远有清澈甘凉的泉水井。一栋栋哈尼族住房结合地形沿坡布局，高低错落有致，别有一番朴实多变的景象。传说远古时，哈尼人住的是山洞，山高路陡，出门劳作很不方便。后来他们迁徙到一个名叫"惹罗"的地方时，看到满山遍野生长着硕大的蘑菇，它们不怕风吹雨打，还能让蚂蚁和小虫在下面做窝栖息，他们就比着样子盖起了"蘑菇房"。"蘑菇房"外形美观，独具一格，即使是寒气袭人的严冬，屋里也是暖融融的；而赤日炎炎的夏天，屋里却十分凉爽。"蘑菇房"群落以哈尼族最大的村寨红河州元阳县麻栗寨最为典型。

哈尼族的"蘑菇房"状如蘑菇，由土墼墙、竹木架和茅草顶组成。屋顶为四个斜坡面。房子分层：底层关牛马堆放农具等；中层用木板铺设，隔成左、中、右三间，中间设有一个常年烟火不断的方形火塘；顶层则用泥土覆盖，既能防火，又可堆放物品。房屋建筑以土石为主要墙体材料。屋顶有平顶的"土掌房"和双斜面四斜面的茅草房。因地形陡斜，缺少平地，平顶房较为普遍，既可防火，又便于在屋顶晒粮，空间得到充分利用。有史以来，哈尼人迁徙到哪里，蘑菇房就盖到哪里，遍布哈尼山乡，经长期的发展与改进，现在的"蘑菇房"既有传统特色又日臻完善，与巍峨的山峰、迷人的云海、多姿的梯田，成了一幅奇妙的哀牢山壮景。

因此，在云南人与自然之间存在的这样一个独特的良性循环互动的系统，使云南建设生态良好、环境优美的人居环境，以至建设面向未来、可持续发展的生态文明成为可能。

四、云南民族生态文化在生态文明建设中的价值

如前所述，云南的生态环境与人居环境处在"生态环境—生态文化—人居环境"这样一个良性循环互动的系统中，生态文化作为一种社会意识与社会规范，支撑着不同民族的生存、居住与可持续发展，对各民族的生态平衡起到积极的作用。而相反，当社会变迁导致人与自然之间平衡关系的改变，使人们缺少对生态环境的敬畏及对人居环境关系的理解，从而会改变人们的居住环

境与生活，对人类的可持续发展造成危害。生态文化中包含的社会意识、社会习俗与社会规范，对于平衡人与环境之间的关系、保护环境发挥着重要功能。

　　然而，随着社会的进步、人口的增长、森林植被日渐破坏、经济作物的发展以及工业项目的兴建，导致生态环境发生了一些变化。一些地方的河流被工厂及日常生活中排放的污水所污染。近些年来，橡胶生产、造纸、制糖以及采矿等工业项目的不断发展，在给当地人民带来显著经济效益的同时，也对生态环境造成了严重破坏。

　　在傣族居住区，橡胶与制糖是对乡村环境污染影响最大的因素。以橡胶加工为例，由于胶水的初加工基本都是在乡镇完成，因此在西双版纳各地都建有小加工厂，这些加工厂污水处理能力低，甚至不经处理就直接排放。主要的污染源之二是种植业发展带来的污染。近年来傣族居住区大量种植了橡胶、甘蔗等经济作物，这些作物基本都种植于山坡上，在这个过程中大量使用化肥等化工产品，残余物质经雨水渗透到地下，对附近的村子水源造成了严重的污染，导致很多村子的水井不能再使用，甚至新挖成的水井都不能使用。一个个背靠青山、面对河流纵横的平坝的村子面临严重的生活用水危机，这不能不引人深思。

　　生态环境的治理与保护已经成为可持续发展中亟待关注的环节。通过技术、法律和经济等手段来治理与保护生态环境仍然是重要的途径，但是生态文化的保持与培育才是根本。只有使"生态环境—生态文化—人居环境"这一系统良性循环、交复互动，才能使各民族得到充分的发展，建设生态良好、环境优美的人居环境，建设面向未来、可持续发展的生态文明。

　　作者为云南省社会科学院文化研究中心副研究员，云南大学艺术人类学在读博士。

区域文化传播研究

社会热点、重大突发事件新闻舆论引导研究

昆明市课题组

近年来，党中央、国务院高度重视社会热点问题、突发事件中的新闻发布、舆论引导和媒体管理工作，突发事件应急处理机制逐步完善，各类相关政策文件、法律法规不断出台。2011年8月，中共中央办公厅、国务院办公厅印发了《关于深化政务公开加强政务服务的意见》，明确提出要抓好重大突发事件和群众关注热点问题的公开，客观公布事件进展、政府举措、公众防范措施和调查处理结果，及时回应社会关切，正确引导社会舆论。党的十七届六中全会指出，要坚持马克思主义新闻观，牢牢把握正确导向，坚持团结稳定鼓劲、正面宣传为主，壮大主流舆论，提高舆论引导的及时性、权威性和公信力、影响力。"推进信息公开透明""提高政府公共危机管理能力""增强媒体社会责任感"等观念逐渐在全社会形成共识。

课题组在查阅资料、考察学习、反复论证的基础上，利用文献查阅、实证研究、比较分析等方法，展开研究，形成报告如下。

一、对社会热点、重大突发事件新闻舆论引导概述

（一）社会热点、重大突发事件、新闻舆论引导的内涵

1. 社会热点的内涵

社会热点，是指在特定的时间、范围内，受到广大社会成员关注的，但难以及时解决的突发事物、敏感事件、焦点事情。社会热点主要具有五个基本特点：一是根源的深刻性。任何社会热点的发生、变化都有其深刻的内在根源，究其缘由必须融入当代中国经济社会发展的进程中去寻找。二是表现的阶段性。社会热点总是随着社会变革和转型的不断发展，随着经济社会的不断发展，而呈现出不同的阶段性特征。三是变化的可导性。社会热点的形成往往与人们的主观愿望有关，总是处于不断变化发展当中，这需要我们通过适当的手段与方法加以引导。四是群体的集中性。社会热点由于年龄、职业等方面的因素，而往往表现出关注群体的集中性。五是构成的复杂性。社会热点的表现形态往往不是单一的，而与社会转型和社会矛盾的错综复杂、不同利益群体价值趋向的彼此差异等因素密切相关。

2. 重大突发事件的内涵

2007 年颁布实施的《中华人民共和国突发事件应对法》，对突发事件定义为：突发事件，是指突然发生，造成或者可能造成严重社会危害，需要采取应急处置措施予以应对的自然灾害、事故灾难、公共卫生事件和社会安全事件。按照"既要有效控制事态、又要应急措施适当"的原则，根据突发事件的严重程度、可控性、影响范围等因素，《突发事件应对法》将突发事件分为 4级：Ⅰ级（特别重大）、Ⅱ级（重大）、Ⅲ级（较大）、Ⅳ级（一般）。《国家突发公共事件总体应急预案》对特别重大、重大突发事件分级标准做了详细规定，并同时明确，较大和一般突发事件的分级标准由国务院主管部门确定。所以，作为一级党委和政府，必须熟悉和掌握相关的法律法规，当突发事件发生时，依法予以界定突发事件的级别，而不能够想当然地予以主观判定，这是我们对社会热点、重大突发事件进行新闻舆论引导的首要

前提。

　　3. 新闻舆论引导的内涵

　　新闻舆论，就是通过新闻媒介所传播的新闻信息而形成的舆论。当今时代，新闻媒介的影响范围特别大，传播速度特别快，因而它们对社会舆论的作用力也是特别巨大，会对社会舆论产生举足轻重的影响。

　　一般来讲，新闻舆论引导分为两种情况。第一种情况，由媒介直接形成新闻舆论，然后直接影响社会舆论；第二种情况，自在形态的社会舆论反映于新闻媒介，从而形成新闻舆论，自在形态的社会舆论转化为自在形态的新闻舆论。由此我们可以看出新闻舆论引导的特征：一是新闻舆论是借助大众传媒的力量形成的；二是新闻舆论可以极大地影响社会舆论（推动、加强，或者削弱、抵消）；三是对新闻舆论进行科学的、合乎规律的引导，将可以有效地作用于社会公众舆论，从而有利于造成良好的舆论环境。而如果新闻舆论放弃对社会公众舆论的引导，舆论中的积极的、健康的部分，就得不到弘扬；而消极的、不健康的部分，则得不到遏制。这实际上也就是新闻媒介放弃了自己的职责。

（二）社会热点、重大突发事件新闻舆论引导的特点

　　第一，从舆论的参与主客体来看，受众数量庞大、范围广泛。随着目前全球化进程的日益加快，社会热点、重大突发事件发生后，不仅仅是事发地的人群在关注该事件的发展，其他地区的人群也在关注，这种地域跨域甚至超过了国界。比如环境污染事件、恐怖活动事件就很容易受到整个社会群体的关注，因为往往这种事件发生之后，无论是一个省、区、市，还是一个国家，都无法独立承担解决，这些事件的影响力往往是全局性的。社会热点、重大突发事件对社会的破坏性很强，其性质经常是阻碍了社会发展。在日常的生活过程中，社会热点、重大突发事件的爆发往往给人和社会带来巨大的冲击，它不仅对社会和自然环境形成不利影响，也对正常的社会秩序造成危害，而且还容易诱发群体性的社会心理恐慌。

　　第二，从舆论的质量角度来看，社会热点、重大突发事件中的公众舆论往往含有大量负面的成分。所谓舆论的质量，指的是其观点中所包含的价值观、具体观念以及情绪的理智程度等方

面。在通常情况下，公众舆论观点中同时包含理智和不理智的方面，而在突发事件的背景下，公众舆论中更容易出现不理智的因素。究其原因，主要有以下几点。首先，公众舆论的产生和发展本身就带有强烈的自发性和非客观性，因此其产生的舆论并非总是清晰而统一的社会观念，而是相对有些模糊的社会意见。其次，从心理学的角度看，在特殊的环境下，人们往往会降低自己的需求层次，而突发事件正好形成这种背景。在突发事件发生之后，人们首先需要在生存与安全的心理需求上满足自己，然后以此为基础，决定自身的行为导向。其他的心理层次需要因为相关条件的丧失则暂时被放弃。最后，由于突发事件产生的恐慌心理，也容易造成公众舆论的质量不高。

第三，从舆论的数量来看，突发事件中包含的公众舆论数量是极其庞大的。由于突发事件往往关系到人们的生命财产安全，而这一关系受到公众的极大关注，因此在突发事件爆发之后，个体往往从自身的角度去考虑利益得失，这就造成了舆论分散化，数量增多。在一般情况下，舆论观点不一致是正常的，因为这本身来源于人们价值观等观念的差异，这也是精神活动的客观原则。但是在突发事件中，公众观念的过于分散，加上社会各个阶层之间的分歧与矛盾，容易造成社会心理震荡。尤其是在面临全局性的社会危机时，更加需要全体成员同心协力以共度时艰，但是由于普通公众对自身利益关注，理智因素难以起到决定性作用，因此公众的情感体验将成为他们观点表达的支撑依据，在这种时候就需要进行舆论引导，以整合社会舆论观念。

（三）社会热点、重大突发事件新闻舆论引导的意义

当前，我国正处于经济转轨、社会转型的特殊历史时期，社会矛盾复杂多样，社会热点问题日益增多，重大突发事件频频发生。因此，在舆论引导的主体、对象、方式、环境都发生重大变化的背景下，我们要从深入贯彻落实科学发展观、巩固党的执政地位的高度，充分认识做好新形势下舆论引导工作的重要性，以高度负责的态度、切实有效的措施，牢牢掌握舆论主导权，为促进经济平稳较快发展、维护社会和谐稳定营造良好的舆论氛围。

1. 有利于巩固党的执政地位

现代社会，宣传舆论的社会影响力越来越大，能不能把宣传

舆论工作抓在手上，关系人心向背，关系事业兴衰，关系党的执政地位。舆论引导正确，利党利国利民；舆论引导错误，误党误国误民。可见，能不能掌握新闻舆论引导的主动权，关系党的意识形态工作全局，关系党的执政地位，关系党和国家事业的兴衰成败。舆论是党执政的重要环境，也是党执政的重要手段，更是我们党巩固执政地位的重要内容。随着传播技术的快速发展，舆论的传播形式、范围和规模等都有了很大变化，这种变化，就是执政环境的变化。在传播技术和传播手段高度发达的今天，舆论具有比以往任何时候都更加强大的社会动员力和组织力，已成为党执政的重要手段。不管是从历史经验还是从当前形势来看，无论从国内还是国际情况看，做好舆论工作、提高舆论引导能力，都是巩固党的执政地位的重要内容。

2. 有利于强化舆论监督作用

舆论监督是我国建设社会主义和谐社会中不可缺少的手段，是现代社会民主政治的体现，舆论监督在形式上虽然也包括对各种失职和丑恶现象的监督，但它的主要任务还是对公共权力的监督、制约、优化和提升。政府作为行使国家权力，管理社会行使公共事务的机关，同时也是舆论监督的主要对象，舆论监督有利于提高政府工作透明度，保证公众的知情权。在引导社会舆论的过程中，新闻媒介是主体。新闻传播媒介一个重要的基本任务是正确引导社会舆论，为和谐社会建设创造一个良好的外部舆论环境。在社会热点、重大突发事件中政府及时实现信息公开，使新闻传播媒介及时而正确地对形势进行分析并做出详细的规划，确定相应的引导目标，根据舆论引导的需要，有选择地确定短期、中期、长期需要监督的内容，以使新闻舆论监督能更好地契合新闻舆论引导。这样完整而有计划的新闻舆论监督，就会加强新闻传播媒介舆论监督的有序性以及整体的效应，不仅可以防止政府内部工作人员的暗箱操作，适时监督政府的工作，而且可以有效地遏制社会上虚假信息的散布与传播。

3. 有利于落实国家方针政策

舆论引导的目的是为了取得实效，即让党的路线、方针、政策得以顺利贯彻，并为广大人民群众所接受、认同和拥护，做到把体现党的意志和反映人民群众的心声结合起来，将整个社会舆论引导到有利于改革、发展、稳定的大局上来。通过传统媒体和网络等新媒体的舆论引导，向社会公众传达国家的方针政策，解释国家方针政策改革的背景与原因，让社会公众及时知晓国家的方针政策走向以及未来重点发展的目标，才能增加社会公众对国家的方针政策的理解和认同，赢得社会公众的响应和支持。

4. 有利于构建和谐社会秩序

突发事件或社会热点问题的产生，往往给社会带来各式各样的舆论影响，公众在面对五花八门的舆论影响时，迫切需要一个具有权威性的信息来作为衡量自身思考的标准。有研究证明：人均 GDP 从 1 000 美元向 3 000 美元过渡是社会的剧烈变动时期。当前，我国正处在这个转折的关键时期，有社会大发展的机遇，也有社会结构剧变、矛盾凸显的挑战。政府作为执行国家权力，进行政治统治并管理社会公共事务的机关，在事件发生后能够及时发布信息说明真相，让公众第一时间获取政府信息，这样能够使社会舆论趋于稳定，平息事件。假设政府不公开信息，或者公布得不够及时，都会导致公众的猜测越来越多，从而影响政府公信力。通过引导舆论起到答疑释惑、理顺情绪、鼓舞人心的作用，使社会公众对社会问题有更加理性的理解，为构建和谐社会提供强有力的思想保证和舆论支持。

二、昆明市社会热点、重大突发事件新闻舆论引导的成效及不足

（一）昆明市社会热点、重大突发事件新闻舆论引导的基本成效

近年来，昆明市高度重视社会热点、重大突发事件新闻舆论引导工作，通过加强制度建设、创新工作机制等措施，不断强化主流舆论引导，新闻引导的针对性明显增强，新闻舆论引导的层次、规模、水平及社会影响力和公众关注度不断提升。

1. 社会热点、重大突发事件新闻舆论引导的机制逐步完善

近年来，昆明市社会热点、重大突发事件新闻舆论引导工作取得了可喜成绩。一是新闻发言人制度逐步健全。在现有党委政府和网络新闻发言人的基础上，还建立了社团组织行业协会和商会新闻发言人制度，出台了《关于进一步加强和改进新闻发布工

作的实施意见》等文件。二是建立新闻发布会制度。根据全市经济社会发展情况和社会热点问题，邀请相关县区、部门、单位进行新闻发布，有效拓展新闻发布工作的横向空间，实现市级部门、各县（市）区信息发布的整体联动，形成新闻发布全覆盖的工作机制，在制度上为全市新闻发布工作提供了强有力的保障。三是建立健全新闻发布工作考核制度，加强队伍建设，加大培训力度，探索实行新闻发言人问责制，建立长效机制，促进了昆明市新闻发布工作的规范化、制度化。目前全市有市级、各县（市）区，各高新（开发度假）区新闻发言人 164 人、新闻联络员 153 人。四是加强网络舆情和网络宣传工作，为美好幸福新昆明建设提供了良好的网络环境。成立了昆明市互联网信息工作管理领导小组办公室和昆明市互联网新闻中心。在成功开通昆明信息港的基础上，在全国重点网站开通官方微博"昆宣发布"。出台了《关于进一步加强和改进昆明市互联网管理工作的实施意见》《昆明市网络舆情管理暂行办法》和《昆明市网络舆情应急处置暂行办法》等文件。

2. 社会热点、重大突发事件新闻舆论引导的水平逐步提升

一直以来，昆明市不断加强对全市社会热点、重大突发事件应急处理的组织协调和科学处置，有力疏导了公众情绪，化解了社会矛盾，维护了社会的和谐稳定。总结下来，有以下五条经验：

一是及时发布信息、赢得第一落点。社会热点、重大突发事件发生后，人们最迫切的需求是了解事件真相和事态发展。为此，我们做到第一时间发布报道，第一时间分析评议，牢牢掌握了舆论引导的主动权。在晋宁系列杀人案的应对过程中，市委外宣办（市政府新闻办）和相关部门及时介入，指导晋宁县委宣传部做好外来媒体的接待和来访登记工作，要求晋宁县在晋城镇派出所设立新闻媒体接待室，分别在晋城镇南门嫌疑犯住所、晋城镇南门大沟边现场和晋城镇派出所设立记者接待点。先后接待了中新社云南分社、南方都市报《南都周刊》、《成都商报》等 16 家媒体 41 人 24 次采访，对事件新闻报道和媒体全面掌控，有效避免热点蔓延。在此次事件中，晋宁县地方政府和公安对群众反映的多人失踪问题长期漠然处之、不作为，是最终导致这一社会热点问题产生的根源，但由于后期舆论引导有利，后续追踪处理

相关责任人的报道跟进及时，从而有效化解了公众的不满情绪，避免了事态的进一步酝酿和发酵。

二是加强媒体服务、寓管理于服务。做好媒体服务工作不仅是遵循国际惯例的需要，也是沟通媒体，引导舆论的重要途径。对此，当社会热点、重大突发事件发生以后，宣传部门牵头组织相关部门，迅速成立应急新闻中心，召开新闻发布会、吹风会，统一媒体报道口径，为媒体报道这一事件做好相关的服务保障工作，积极引导新闻舆论，有效掌控事态发展。在对云南丰瑞油脂有限公司违法生产食用油事件的处理中，市委外宣办（市政府新闻办）根据省级应急处置工作小组要求，成立新闻协调小组，及时拟订了新闻通报会工作方案，统一发布范围和宣传口径，组织省市7家新闻媒体在兰花宾馆会议中心兰花厅召开新闻通报会。此后，指派专人对消息跟踪、收集和研判。由于应对及时、研判准确，这一事件很快平息。

三是注重统筹协调、形成工作合力。社会热点、重大突发事件的新闻舆论引导是一项系统工程，往往涉及多个地方和部门，只有加强统筹，形成工作合力，才能为事件处置提供舆论支持，才能有效引导舆论。2011年3月17日至18日，昆明市出现市民抢购食盐的现象，部分商店食盐供应短缺，引发社会关注。为此，市委宣传部协调市工信委、市卫生局等部门，迅速召开了新闻发布会，就食盐的库存供应和碘盐对防核辐射的作用进行了说明和澄清。同时，组织省、市媒体发布《昆明食盐库存充足》《市面食盐储备充分》等消息，及时发布权威信息，避免了社会恐慌，使食盐抢购风波在24小时内得以平息。

四是主动设置议题、占据舆论空间。做好社会热点、重大突发事件新闻舆论引导工作，就要注重发挥党委、政府掌握权威信息的优势，把党委、政府想说的与群众想知道的结合起来，主动阐明党委、政府的主张，形成政府议题，力争实现"政府议题"与"公众议题""媒体议题"的高度重合，这样就把握住了舆论引导的主动权。滇池综合治理一直是广大市民和国内外媒体关注的热点，2011年以来，在滇池沿岸广植中山杉、大面积植养水葫芦均成为热议话题。对此，市委宣传部积极指导、协调市滇管局在前后四个月的时间内，以召开新闻通报会、组织系列报道和重点报道、举办微博访谈、网络在线访谈等多种形式，及时通报重点治理工程建设情况、发布进展情况、解读说明治理措施、回答公众和媒体质疑，构成了一次为期四个月的、没有主会场的"新闻发布会"，在一定程度上减少了负面舆论对滇池治理工作的干扰，取得了比较好的舆论引导效果。

五是密切关注舆情、有效引导舆论。准确掌握舆情、加强舆情研判是舆论引导的基础和前提。为此，市委宣传部建立了舆情信息收集研判机制，密切跟踪互联网舆情动态，及时反馈情况、评估影响、制定对策。针对金座非法集资案善后工作新闻舆论的引导，市委外宣办（市政府新闻办）提前介入，积极争取省委外宣办的支持，建议明确信息发布主体和对外宣传口径，加强舆情研判，事先对款项兑付后媒体可能引发的关注点进行分析，并制作完善应对媒体的工作预案，加强与中央驻滇及省级媒体的沟通协调，建立与涉案各县市区及市级各部门的沟通联系机制，确保信息及时反馈与渠道畅通。

就 2012 年来看，全市先后发生了晋宁、安宁特大火灾，昆石高速特大交通安全事故、云南丰瑞油脂有限公司"吉象"牌问题油事件、晋宁县晋城镇系列杀人案、五华区下马村城中村拆迁事件、高新区取缔梁王山高尔夫球场事件和金座非法集资案追回款项兑付工作等各类重大突发事件、社会热点事件 10 余起。经过全市各级各部门的协同努力，事件处理做到了处置有序、应对有力，市级新闻媒体报道立场鲜明、观点正确、报道得当。这充分说明，昆明市社会热点、重大突发事件新闻舆论引导工作还是比较成功的。

（二）昆明市社会热点、重大突发事件新闻舆论引导存在的问题

1. 社会热点、重大突发事件新闻舆论引导制度需要不断完善总的来说，制度建设还需要进一步加强。

第一，社会热点、重大突发事件新闻舆论引导的制度需要健全完善。当前我市建立的这套新闻发布和新闻发言人制度还只是常态下的工作机制，对于突发性的社会热点、重大突发事件的舆论引导反应不够及时，也就是说，下一步有必要建立一套危机状态下的新闻发布和新闻发言人制度，以应对日渐多发的社会热点、重大突发事件新闻舆论引导的需要。这个问题在实践中已经

变得越来越迫切了。

第二，社会热点、重大突发事件相关法规学习和熟悉需要加强。什么是重大突发事件，虽然《中华人民共和国突发事件应对法》《国家突发公共事件总体应急预案》对此已有详细的规定，但是在实践中我们的领导干部对此类法规还是不够熟悉，相关的省、市一级的法规与条例的制定还是滞后。

第三，舆论引导的主体责任人划分并不明确。通过研究分析昆明这几年在应对社会热点、重大突发事件舆论引导的案例我们可以清晰地看到这个问题。在昆明40名街道办保安围殴少年致死事件这一案例中，先是官渡区政府、昆明市公安局官渡分局、大板桥街道办三方未经向上级新闻发布主管部门报告请示，就举行新闻通报会，结果由于通报会前期准备不足，时间仅5分钟左右，通报情况不充分，新闻发言人拒绝回答记者提问，引起到会媒体不满，纷纷就新闻发布会刊发报道进行嘲讽和调侃，现场视频还被转发到网络上，使新闻发布会本身成为"新闻"。最后事态扩大，引起舆论一片质疑。本想引导舆论，不料出尽洋相，只有等上级部门前来收拾残局。在昆明市发改委所属人员"艳照门"事件中，作为当事主体的发改委未能积极主动与公安、纪检、宣传部门保持沟通协调，造成各部门相互间信息不对称、各自为政的局面，使整个应对处置一波三折、迷雾丛生、陷于被动。

2. 社会热点、重大突发事件新闻舆论引导水平需要努力提升

结合最近几年的工作实践来看，主要存在以下问题：

第一，对新闻发布工作重要性认识不足，反应迟缓，错失良机，丧失话语权。在上述昆明40名街道办保安围殴少年致死事件中，官渡区相关部门在不向上级新闻发布主管部门报告请示的情况下，自行召开新闻通报会，而为时仅仅5分钟的新闻通报会不但没帮忙反添乱：一是新闻发言人和发布内容均准备粗劣，敷衍了事，通报内容未能达到说清事实原委的目的；二是拒绝记者提问，自动放弃话语权，致使媒体记者不能及时获得相关信息，引发媒体不满；三是新闻发言人成了读稿人，在面对媒体和临场应变上形同木偶，将新闻发布的主体地位拱手让与媒体。整个新闻通报会如同儿戏，导致新闻通报会本身成为媒体报道的热点，客观上延长了媒体和舆论对此事件的关注周期，也对新闻发布工

作和新闻发言人的公信力和形象造成严重的负面影响。

第二，统筹协调工作没有做好，各个部门自行其是，联动响应机制不健全。在昆明市发改委所属人员"艳照门"事件中，相关部门在新闻发布上缺乏统筹、反应迟缓，未整合所掌握的情况、果断采取应对措施、及时集中地向外界公布，而是对外释放信息分散，情况解释混乱，给人以态度模糊、口径不一的印象。暴露出在处置突发舆论危机中，联动响应机制不健全的问题。

第三，发布内容准备不足，事实不详，导致政府公信力遭遇严重危机。在昆明"城管"醉驾事件中，昆明滇池国家旅游度假区就"城管醉驾"事件举行情况通报会，度假区新闻发言人称，醉驾者只是一个刚招进来1个月的协勤人员，并非城管队员。消息发布后，引发了网民对醉驾者身份和是否该由滇池度假区出来澄清的质疑。分析此案例，虽然滇池旅游度假区在事发后及时对事件进行通报，但未对公众反应和舆情进行认真的分析研判，发布内容准备不足，公布事实不清，有违常理，难以服众，并且存在新闻发布主体错乱的现象。情况通报会非但没有澄清事实，反而引起媒体跟进和网民热议，使事件进一步发酵。

第四，舆论引导中还存在试图掩盖事实真相，导致政府公信力丧失等一些错误做法。在"躲猫猫"事件中，晋宁县警方对外宣布虚假信息，隐瞒事实真相，这种行为直接导致政府公信力丧失。随着信息网络不断充斥着人们的日常生活，信息的透明度越来越高。我们要确信政府信息的公开，能让普通百姓更加信任政府，能够尽快加强政府廉洁制度的建立，能够克服一些政府官员的机会主义。所以，舆论引导的第一原则就是公布实情，最忌讳的就是掩盖事实真相，否则后续的舆论引导就无从谈起。

三、加强和改进社会热点、重大突发事件新闻舆论引导的对策

对社会热点、重大突发事件新闻舆论引导的根本任务和主要目的就是在社会热点、重大突发事件发生以后，相关地方政府及部门及时、准确发布有关事件信息，澄清事实，解疑释惑，主动引导舆论，维护社会稳定，为妥善处置事件营造良好的舆论环

境。如果舆论引导失当，就有可能导致事态扩大，矛盾激化，影响社会稳定。为此，全市相关部门要加强和改进社会热点、重大突发事件新闻舆论引导工作，坚持基本原则，把握基本要求，完善工作制度，熟悉法规程序，提高处理能力，做到化危为机、准确应对，为昆明市经济社会发展创造良好的社会氛围和社会环境。

（一）要始终坚持社会热点、重大突发事件新闻舆论引导的基本原则

要按照"及时准确、公开透明、有序开放、有效管理、正确引导、留有余地"的基本原则，切实提高社会热点、重大突发事件新闻舆论引导能力和水平，特别要注重抢占先机，掌握话语权，赢得主动权。

1. 要坚持及时准确原则

社会热点、重大突发事件发生后，新闻媒体往往会打破常规，千方百计，争分夺秒，争取在第一时间对事件进行报道。据研究发现，社会热点、重大突发事件一经发生，30分钟以内就会出现在手机媒体上，60分钟以内就会出现在网络媒体上，120分钟以内就会被多家网站转载，24小时以内互联网跟帖和讨论就可以达到高潮。针对新闻媒体的这一特性，相关部门要在第一时间进行新闻舆论引导，尽量及时、准确、全面、客观地发布权威信息，做到权威真实、准确无误。新闻媒体以权威部门发布的信息为准，及时准确、客观全面报道时间动态及处置进程，这样就把社会舆论引导到健康、理性的轨道上来。

2. 要坚持公开透明原则

随着信息技术的发展，人们获取信息的渠道和来源越来越多。事件发生后，如果不及时公开相关情况，就有可能导致非正常渠道的、捕风捉影的信息得以快速传播，给事件处置带来不利影响。做到公开透明，就要求事件发生以后，除涉及国家安全和国家秘密外，有关部门要及时准确地把事件最新动态、发生原因、背景及处理结果等情况，通过新闻发布会、新闻通气会、实地采访等形式，向社会大众公开，及时回应社会关切。

3. 要坚持有序开放原则

开放是事件处置应当坚持的一个原则，只有开放，才能确保新闻报道的公开透明、准确及时，才能有效引导国内舆论、积极响应国际舆论。但开放必须是有序的，即新闻采访不应妨碍事件处置，新闻报道不应对社会公众思想形成不良干扰，应当遵循相应的秩序，按照相应的程序，依法依规进行，这样才能确保采访活动的安全顺利，才能确保事件处置的有力有效。做到有序开放，要求相关地方和部门及时制定媒体服务、新闻发布、报道安排等预案，事件发生后进行舆论引导时既做到开放透明，又井然有序。

4. 要坚持有效管理原则

在事件处置过程中规范采访行为、加强采访管理，是确保正常采访的需要，也是确保事件处置正常进行的需要。事件发生后，依据法律授权的相关部门和地方，要严格遵照法律法规规定，借鉴国际通行做法，加强对各类媒体和记者的服务与管理，把引导和管理寓于服务之中，促进工作的规范化、制度化、法制化。

5. 要坚持正确引导原则

导向是新闻宣传工作的灵魂。社会热点、重大突发事件报道作为新闻宣传工作的重要组成部分。必须要引导媒体坚持正确的政治方向，牢牢把握正确舆论导向，妥善处理事件，做到"帮忙不添乱"，为妥善处理好事件营造良好舆论氛围，做到维护全市工作大局、保障人民群众切身利益、维持社会和谐稳定。

6. 要坚持留有余地原则

这一条虽然不属于公开的原则，但在实践中却是不可忽视的一条。留有余地，并不是对公众隐瞒信息，而是在引导过程中做到快报事实，慎报原因。一般而言，事件发生以后，究竟发生了什么是公众第一关心的问题，讲清事实并不困难，而且必须在第一时间讲清发生了什么。但事实后面的原因有时确实复杂，一时间难以下一个客观全面的结论，必须要经过全面细致的调查工作才能得出，所以慎报原因就是要避免仓促之间得出一个和日后细致调查不一致的结论，从而影响到政府的公信力。

（二）要准确把握社会热点、重大突发事件新闻舆论引导的基本要求

在把握了对社会热点、重大突发事件进行新闻舆论引导的基本原则的基础上，在实际运作中，要特别注意以下几方面：

1. 坚持"依法发布"，避免法令执行失范

我们要通过媒体渠道和政府渠道加强对突发事件相关法令的宣传教育工作，增强全社会的法制意识；在突发公共事件的新闻发布和舆论引导过程中要坚持依法办事，即一切行动都要力图遵守其基本理念并符合其具体程序。当然，由于我国近几年新建立起来的应急法制体系实际运转时间较短，《中华人民共和国突发事件应对法》《国家突发公共事件总体应急预案》《中华人民共和国政府信息公开条例》等偏重于宏观性和原则性的指导，各地区、各部门的应急预案还需要时间来协调统一，因此在实践中可能会出现法令操作性欠佳，各相关方对法令理解和运用有所偏差的状况。因此，新闻发言人要注意更多地援引法令对突发事件中的政府行为做出解释，并结合具体事件对法令的具体含义进行解释说明，通过新闻报道促进社会共识的达成，充分体现政府的"依法执政"。当公众、媒体和政府对法令的理解或操作上出现不一致时，要及时邀请专业权威人士进行公开解释说明。也就是说，在整个舆论引导过程中，要始终让人确信，我们的政府是在依法办事。

2. 力推"澄清性新闻"，降低信息干扰

突发事件爆发之后，往往引发公众对信息的极度饥渴和各类媒体的信息爆炸，新媒体的兴起更促使了新闻信息在迅速传播同时的发酵、放大、变形。良莠杂陈、鱼龙混杂的信息让人难辨真伪，有时还伴随着复杂的国际舆论斗争，这也如有学者指出的那样"当真理还没有穿上靴子，谣言已经跑遍了世界"。因此，查明真相，发布"澄清性新闻"，政府有关部门责无旁贷。要尽到澄清之责，需要掌握方法。新华社领导对此曾经提出三大原则，即"权威、超脱、可信"。他认为"澄清性新闻"做好了，有可能成为"权威发布"的一个重要补充。从具体操作上讲，发布"澄清性新闻"，要注意高效处置迅速反应、选择专业权威的发言人，恰当引入政府之外的第三方，遵循国际惯例和原则，提供充实的数据和事例，公开诚恳地面对记者的质疑和挑战，选择最具影响力和公信力的媒介渠道进行发布。

3. 理解文化差异，避免不良国际影响

长期以来突发事件报道就是国内外媒体的兵家必争之地，这

就向社会热点突发事件的新闻舆论处置工作提出了新挑战。外国记者往往具有很强的问责意识，而且和我国的新闻习惯、思维方式有很大差异。如对数字具有高度敏感，不仅要求获取精确的数字，还经常通过换算、对比等方式解读数字背后的意义。他们不仅要求政府提供具体的应对措施，还关注其实施的时间表。他们经常援引其他新闻源的消息和背景资料来对发言人提问，并在报道中进行联想和推理，并不简单地就事论事。他们注重考察细节、关注个体利益，不会因为普遍意义上的成功处置就肯定政府的行为。他们常用假设性的提问并试图诱导发言人给出绝对化的"非此即彼"的回答。这就要求我们平时就注意研究、分析和理解这些差异，在突发事件发布材料、答问口径的准备中有针对性地做好"功课"，用冷静平和的心态应对他们的挑战。只有这样才能使我们的新闻发布在国际舆论舞台上得到更中肯、更有利的解读，避免因为不恰当的新闻处置而产生的不良国际影响。

4. 注重人文关怀，避免"侵扰悲痛"

突发事件的发生常常意味着各种灾难、悲剧和伤亡，政府官员在新闻发布中应当始终秉持"以人为本"的理念，在任何发布场合，第一时间对人员的伤亡和因突发事件给人民造成的其他不便和痛苦表达和体现出关心、同情和怜悯。减少官话套话，尽快详细通报救助方案、具体措施和目前的工作进展，鼓励公众勇敢而理性地面对灾难和悲剧。与此同时，还应当特别注意避免"侵扰悲痛"。在突发事件的新闻处置工作中，我们要避免新闻发布工作本身可能造成的对悲痛人员的侵扰。对于死亡信息的发布要特别细心、谨慎，小心核对。在收集可能发布的相关图片和进行文字描述时，应避免过度刺激，最好能事先征得相关人员的同意。新闻发布中对事件过程进行描述时应充分体现对生命的尊重，切忌态度上的冷漠和麻木。在发布中提醒和建议媒体记者，在寻找、采访或拍摄遭遇悲惨事件或悲痛者时，应敏感体恤，要认识到收集和报道信息可能对他们造成伤害或不适。

5. 把握"适度恐慌"原则，防止表达过度

传统思维认为，在社会热点、重大突发事件发生后，政府应该先查明并妥善圆满处理之后，再向媒体和公众发布，以免造成公众的恐慌。的确，过度恐慌会造成社会骚乱和不稳定，但突发事件面前让公众完全放弃警惕心理也可能导致新的一轮危机。也

就是说，在社会热点、重大突发事件的新闻发布工作中，要避免造成公众的过度恐慌，但是也不能让公众放松抵御危机的警惕，最好的方法就是保持一种适度的恐慌，即保持公众对事件的关注并将公众的恐慌保持在一个可接受的范围之内，这样有助于危机在公众的配合下顺利解决。把握这一原则，要求政府在新闻发布过程中，保持坦诚和开放的态度，承认突发事件造成的负面影响，不讳言处理危机的难度，并表明政府的歉意和责任感。把握"适度恐慌"原则，还要求我们在新闻发布和舆论引导中防止各种形式的表达过度。例如，媒体报道中典型的表达过度——"媒体恐慌"，即传媒在对社会恐怖事件进行大规模报道的过程中可能导致产生新的更多恐慌现象或恐慌心理。

6. 善用新媒体，避免"瓦釜效应"

在新媒体时代，传者与受众的界限已日渐模糊。专家称数年后将有50%的新闻将来自论坛、博客、播客等，在社会热点、突发事件的信息传播中，新媒体的速度与影响力不容小觑。在利用新媒体的同时，我们也应充分警惕它可能造成的"瓦釜效应"。所谓"朝议无黄钟，遂使街谈尽瓦釜"，即在缺乏富有意义的重大议程时，由于商业利益驱使或某些不良趣味的诱因，一些卑微、琐细的议题可能造成巨大影响。突发事件当中，常有一些个体炮制的肤浅、偏执甚至虚假的议题，由于小众追捧，网站失察提供平台甚至造谣并推进传播，最终导致了大众轻信盲从和广泛传播。这种不良的议程设置会导致流言四散、恐慌弥漫，对于突发事件的解决是有百害无一利的。对此，除了利用各种手段加以应对之外，还应该建立和完善网民举报的受理制度、网络新闻信息公众评议制度，调动广大网民的积极性，对新媒体传播加以监督，对传播虚假信息的网站予以曝光、谴责和处理。趋利避害，方能用好新媒体这把双刃剑。

（三）要不断完善社会热点、重大突发事件新闻舆论引导的工作机制

建立好社会热点、重大突发事件新闻舆论引导机制，对妥善解决危机有着十分重要的意义。这个机制应该包括几个核心的支撑结构，即应急信息处置机制、境内外舆情收集研判机制、重要信息通报核实机制、信息发布协调机制、发布材料准备机制和媒

体管理机制。这些机制形成一个系统，有效地支撑社会热点、重大突发事件新闻舆论引导工作顺利开展，也保证了其他应急工作的有序进行。

1. 完善应急信息处置机制

应急信息处置是指事件发生后，相关负责部门需要迅速做出反应，协调好各方力量以应对事件所带来的一切负面后果，并遵行"第一时间原则"立即启动相关新闻处置应急预案，向媒体和公众发出权威的声音，控制舆论制高点。一是全市相关地区和部门要第一时间向市委、市政府报告，同时通报有关地区和部门，应急处置过程中还要及时持续报告有关情况；二是市委、市政府在向省委、省级人民政府或者有关部门报告的同时，根据职责和规定的权限启动相关应急预案，及时、有效地进行处置，控制事态；三是市委、市政府的权威新闻发布机构要立即拟订新闻发布方案，根据突发事件的性质与类别展开有针对性的新闻发布工作，同时还要确立好全面负责信息发布工作的"新闻官"，让其介入事件处理的全过程，第一时间进入现场，掌握第一手材料，参与事件的决策与处置，并能做到心中有数、趋利避害，使新闻发布工作更好地为突发公共事件的处置服务；四是突发事件发生后，市委、市政府应立即就这一事件设立临时新闻中心，加强政府各个部门协调配合，统一事实口径，发布权威消息，提高工作效率。同时，还要在第一时间公布对媒体公开的电话，接受记者问询、预约采访等，电话做到每天24小时开通。敞开各种信息渠道，安排训练有素的人员来应对记者和其他公众的电话，回答询问。

2. 完善境内外舆情收集研判机制

境内外舆情收集研判是突发事件新闻发布工作的雷达，可准确地掌握当前媒体和公众最关注的问题，以及对政府处理此事件的满意度。政府部门则可以此调整政策、发布新闻、与媒体公众沟通，达到改善政府执政形象的目的。要健全事件信息的收集机制、公众情绪和心理监测机制等，并组织专人负责国内外舆情的跟踪、分析、研判，定时提出分析报告，供决策之用。这项工作包括舆情收集整理和舆情分析判断两个部分。舆情收集的主要工作内容包括检索网络、电子网络数据库、电视、广播和纸质出版物，为舆情分析判断收集足够的研究资料，以尽量做到"信息的对称"。对于突发公共事件而言，信息往往会在一时间内呈几何速度增长，一方面要密切注意对网络舆情的收集，另一方面则要适时地展开分层次的民意调研，通过各种方式了解公众的情绪和心理，从各个层面掌握舆情的全貌。舆情研判就是利用现有的资料，对所关注的问题做判断分析，分析的目的主要是判断媒体和公众对事件的态度、对政府部门的态度和以前类似事件传播策略的经验和教训。这种分析判断是建立在第一步资料收集的基础上，基于事实有根据的科学的分析判断，是在"信息对称"基础上的"信息博弈"。这样，也就为政府有关部门进一步制定新闻传播策略提供了坚实的基础和科学的保证。对境内外舆情收集和研判要伴随突发公共事件新闻发布的始终，根据舆情制定新闻发布策略，通过新闻发布引导舆论，进而改变舆情。

3. 完善重要信息通报核实机制

面对社会热点、重大突发事件，政府的权威新闻发布机构需要有专门的信息通报机制，以便在第一时间掌握及时准确的第一手信息，在信息发布中始终掌握主动。新闻办公室在组织外部（舆情调研等手段）得到有关组织内部（政府部门）的情况，需要核实确认时，就要有信息核实机制来保证内部沟通积极有效。信息通报核实机制主要包括规定信息通报、核实的责任人；从制度上确保通报、反馈上来的信息是真实的；确保信息通报、核实的工作流程是合理有效的；规定信息通报、核实的时效性要求。同时，还要遵循两条原则：一是畅通准确无误信息的来源渠道，较多地掌握正确信息，是做好突发事件信息控制的重要环节，也是做好突发公共事件新闻报道的前提条件；二是严格控制信息输出，保证对外发布的所有信息都是经过仔细核实，在精心策划、精心安排、精心组织下，确定由谁来说、什么时候说、说什么、说到什么程度。

4. 完善信息发布协调机制

应对社会热点、重大突发事件是一项十分复杂的系统工程，仅凭一个地方、一个部门的努力不可能有效扼制事态的发展，并得以妥善处理。突发事件发生后，应由应急机制中枢决策系统统一指挥和协调，其他职能部门通力配合，做到统一领导、分级负责、综合协调。突发事件的复杂性和综合性，要求信息发布必须突出一个"合"字。首先，政府信息公开的 3 个主体需充分协调，即行政机关，法律、法规授权的具有管理公共事务职能的组织以及教育、供水、供电、供气、供热、环保、医疗卫生、计划生育、公共交通等与群众利益密切相关的公共企事业单位。这3个主体组成了突发公共事件新闻发布的核心力量，集权威、职能、专业于一体。据此，要求在突发公共事件的信息发布中必须坚持层次原则，以确保危机的妥善解决。其次，要充分协调突发事件中多元利益相关者的不同反应和要求，妥善处理需要发布的信息。突发事件发生后，政府应在深入调研和充分沟通的基础上。及时了解核心利益相关者、次核心利益相关者及边缘利益相关者的不同反应，把握他们有形和无形的要求，然后通过对新闻信息的过滤、综合和解析，做出适当的反应，为不同群体的利益平衡寻求公共支点。同时，通过把握公众舆论，了解重要的民情和重大社会问题，树立正确的主流价值观，弘扬正气，并协调解决涉及群众切身利益的实际问题，推动危机事件的最终解决。

5. 完善发布材料准备机制

对于社会热点、重大突发事件的新闻发布，一定要建立在对信息及时、全面、准确掌握的基础上。这种掌握具有时间的相对性，突发事件往往是动态发展的，对材料的收集和整理也呈现动态的样式，不可苛求马上还原事件的全貌，但一定要保证每一次信息的公布都是全面而有效的。信息发布的材料既保证内容，又要从形式上下些工夫，保证信息传播的最佳状态。在组织架构上，要落实各类资料准备的责任人，形成工作制度；在组织程序上，要有富有经验的资料准备人员，明确资料的出处，明确材料的审定制度；在内容形式上，要有明确的材料分类，有相对固定的资料准备格式。资料准备机制中最为重要的就是"口径"准备和"口径库"的建设。"口径"是在新闻发布工作中产生的一个术语，指的是对于某个重要问题权威、准确的回答。"口径"准备机制中要明确口径拟定和审核的各级责任人、索取和提交程序、以何种形式提交、"口径"终审和批准的权力和级别。明确了以上各个程序，才能保证"口径"的获取、审核、批准等环节顺利有序的进行，防止在突发事件中出现悬而未定或者推诿责任的情况，避免贻误时机、陷入被动。

6. 完善媒体管理机制

媒体管理是政府应急反应管理过程中的一个突出要素。突发事件往往伴随着公众层面上的普遍恐慌，各种公共媒体无疑会成为公众了解事件真相的主要渠道和手段。有效的媒体管理可以增进公众对突发事实真相的了解，缓解突发事件在公众中引起的恐慌，有利于社会秩序的稳定和恢复。突发事件中的媒体管理机制主要分为在事发地附近设立新闻中心和主动提供材料及新闻通稿两部分。在事发地附近设立临时新闻中心，可兼做信息发布场地，随时发布信息，既满足媒体需要，又能使信息发布更加有序，实现"隐性管理"。对于不在新闻中心的记者，要主动接受记者的书面或者电话问询，并向其提供事件的进展材料及新闻通稿，全方位把握新闻发布的口径统一。

（四）加强对我市社会热点、重大突发事件新闻舆论引导的建议

1. 推进政务公开，提高政府的公信度

除涉及机密或按照规定不能公开的政务信息外，其他政务信息要及时向公众公开，确保公众的知情权和参与权，让权力在阳光下运行。在重大决策或涉及民生等问题的决议上，要及时召开论证会和咨询会，充分尊重民意，保障市民的表达权。

2. 加大培训力度，切实提高领导干部的新闻舆论引导能力

如何应对危机，切实提高对社会热点、重大突发事件的舆论引导能力，已经紧迫地摆在了各级领导干部面前。为此，一是要加大对领导干部的培训力度，提高领导干部的新闻素养，进一步提高全市领导干部同媒体打交道的能力，尊重新闻舆论的传播规律，正确引导社会舆论，与媒体保持密切联系，自觉接受舆论监督，做到尊重媒体、善待媒体、善用媒体；二是要加大新闻发言人队伍建设，提高党委、政府新闻发言人的素质，做到发布精确无误、决不失语。

3. 优化新闻队伍素质，发挥好主流媒体作用

一是要加强市属新闻媒体的管理和建设，从政治素养、业务素质、创新能力、职业精神和职业道德等方面入手，全面提高新闻队伍的整体素质，把握舆论引导主动权。二是要加强和市外媒体的联系沟通合作，赢得理解和支持，进一步优化外部舆论环境。

4. 发挥新媒体作用，加强对新兴媒体的舆论引导

新兴媒体的出现深刻地改变了社会信息交流系统，对舆论引

导工作提出了新的挑战，也提供了新的机遇。加强和改进互联网为代表的新媒体管理，有利于推动我市互联网等新媒体健康发展和有效运用，维护网络信息安全，营造推动科学发展、促进社会和谐的网络氛围。一是要重视网络媒体的建设和发展，加大对昆明信息港等网络媒体的支持力度，加强与市外重点网络媒体的联系；二是要加强内部建设，加大昆明市互联网信息工作管理领导小组办公室和昆明市互联网新闻中心建设，在经费投入、政策保障、人员配置等方面加大支持力度；三是要加强全市领导干部对新媒体运用相关业务知识的学习，提高运用新媒体参与舆论引导的能力；四是要培养和引进意见领袖，增强意见领袖的互动、沟通和传播能力，充分发挥网络意见领袖的影响力；五是加强网络事件监测体系，健全网络舆情预测与预警常态工作机制；六是完善网络信息安全防范措施，建立健全网络信息安全保障体系。

课题组成员

顾问：谢新松，昆明市委常委、宣传部部长

组长：房旭东，昆明市委宣传部副部长、外宣办主任

成员：黄　杰，昆明市委宣传部外宣办副主任

　　　黄向静，昆明市委宣传部外宣办副主任

　　　冯　瑞，昆明市委宣传部研究室主任

　　　蔡江南，昆明市委宣传部文教处处长

　　　王雁鹏，昆明市委宣传部新闻处处长

　　　任俊健，昆明市委宣传部研究室主任科员

　　　安向辉，昆明市委宣传部研究室副主任科员

　　　李　林，昆明市委宣传部研究室副主任科员

　　　司书轩，共青团昆明市委青农部科员

云南文化"走出去"的现状、问题及其对策

孔志坚

文化"走出去"是通过对外文化宣传、对外文化交流和对外文化贸易等途径，不断发展外向型文化产业，扩大我国文化产品和服务在国际市场上的份额，增进国际社会对中华文化和中国的认识。云南文化作为一种区域文化是中华文化的重要组成部分。云南在历史发展过程中形成了丰富多彩的民族文化，也形成了许多超越国界、多民族共同拥有的文化形态和文化认同理念。随着云南文化强省战略的稳步推进和云南桥头堡建设的实施，云南积极实施文化"走出去"战略，立足周边，形成了多层次、宽领域的对外文化交流格局和制度化的交流机制，但是云南文化"走出去"是一个系统工程，是一个长期发展、逐步积累的过程，作为一个国家战略，还要服从于我国的外交战略和对外开放战略，同时，必须遵循市场规律和文化传播规律，有计划、有步骤、有重点地"走出去"。

一、云南文化"走出去"的现状及其特征

（一）云南文化"走出去"的现状

随着中国—东盟自由贸易区建立和云南面向西南开放桥头堡建设的实施，云南已成为中国沿边开放的前沿，为云南文化"走

出去"提供了广阔的市场和空间。云南文化"走出去"在内容上主要有以下几种表现形式。

1. 云南教育"走出去"

云南教育"走出去"主要以对外汉语教学和教育对外交流为主。近年来，云南先后与85个国家、地区和国际组织建立了教育合作关系。省政府成立了云南省汉语国际推广领导小组，从2008年开始，每年安排400万元专项资金开展汉语国际推广工作。目前，我省在孔子学院和孔子课堂建设、派出汉语教育人员及志愿者、接收孔子学院奖学金学生、举办夏冬令营活动、出国举办教育展和教育论坛等各方面都取得了长足的进步。云南大学、云南师范大学等高校在海外已建成5所孔子学院、3所孔子课堂。云南大学、云南财经大学、大理学院、玉溪师范学院、红河学院、西双版纳职业技术学院等校在泰、越、柬、老、马建立了13个汉语培训中心。因此，随着中国—东盟自贸区的建成，云南在加大汉语国际推广力度的同时，积极推动中医学、传统工艺、餐饮业、武术等领域的教育资源向国外教育市场的拓展，鼓励和支持各级各类学校尤其是高校到境外办学，积极主动融入国际教育市场，不断拓宽教育国际化的渠道。

2. 云南文艺演出"走出去"

2010年11月28日，由云南文化产业投资控股集团独家投资运营打造的《吴哥的微笑》在柬埔寨首演，60多人的演员阵容中仅有3名中国演员，这是云南国有文艺院团首个在国外驻场演出的节目，在国内外反响强烈。2012年7月《吴哥的微笑》荣获柬埔寨旅游服务贡献奖，这是柬埔寨政府首次将国家级旅游服务贡献奖颁发给外来旅游演艺公司。《吴哥的微笑》打响后，2011年10月8日，由云南文投集团与新加坡共同打造的大型情景歌舞史诗《辉煌新加坡》在新加坡首演。全体演职人员共60多人，既有云南的演员，也有来自新加坡的演员。总之，云南文艺演出"走出去"突破了传统的承担国家外交互访演艺和对外演出，演一场获取一场报酬的模式，是云南文艺演出充分利用两个文化市场、两个文化资源的有力诠释。

3. 云南广播、影视"走出去"

云南广播、影视"走出去"的对象国家主要是缅甸、老挝。近年来，云南电视台与老挝国家电视台等合作建设老挝数字电视项目。通过该项目的建设，云数传媒完成了老挝首都万象、琅勃拉邦、沙湾那吉、占巴色三省一市 DTMB 信号的覆盖，共播出包括云南卫视和央视频道在内的 45 套数字电视节目，用户超过 4 万。2012 年 3 月 30 日，在老挝首都万象召开的中国（云南）经贸合作推介会上，云南与老挝签订了《关于在广播影视、新闻及文化领域全面合作的谅解备忘录》，这是云南继推动老挝全面采用中国地面数字电视标准 DTMB 建设全国数字广播电视网后在新闻文化领域取得的又一重大合作成果。对促进我国文化软实力的输出，对提高我国广播影视国际传播能力有重要影响。2012 年 3 月 26 日，云南电视台云视传媒集团与缅甸仙通林媒体有限公司签署电视剧《骠国舞姬》合作备忘录，这是中国（云南）首次与缅甸合作拍摄大型历史电视剧。

4. 云南出版发行"走出去"

云南出版"走出去"的主要表现形式是对外发行及图书展销，其中最引人注目的是由中央支持在云南编辑出版的外宣刊物，主要是 20 世纪 90 年代初创办的面向缅甸读者的《吉祥》（缅文版），《吉祥》杂志向缅甸政府 37 个部委赠阅发行，影响力不断扩大。2002 年 5 月创刊的面向泰国读者的《湄公河》（泰文版），《湄公河》杂志在泰国设有 300 多处销售点。通过中国驻泰国大使馆和驻清迈、宋卡总领事馆以各种方式赠送给泰国政要、皇室成员、各级官员、佛教住持。在泰国发行 8 300 余册。2005 年 9 月创刊的面向老挝读者的《占芭》杂志（老挝文），2006 年 5 月，老挝新闻文化部大众媒体局批准《占芭》杂志在老挝注册，办理了发行许可证，公开发行。同年 9 月，老挝海关总署为《占芭》杂志办理了免税通关过境手续。在中国驻老挝大使馆、老挝总理府、老挝外交部、老挝中宣部、老挝文化部以及相关部委办局的大力帮助和支持下，《占芭》杂志每期在老挝发行 11 300 份。目前，老挝政府各部门、领导、各大专院校都把《占芭》杂志作为学习中国改革开放经验和学习汉语的辅导材料。2011 年 8 月创刊的面向柬埔寨读者的《高棉》（柬埔寨文），这是中国在柬埔寨发行的唯一的柬文外宣期刊，也是中国在柬埔寨的外宣平台。2012 年 4 月 6 日，《高棉》杂志金边记者站正式成立，成为继新华社、中国广播电台之后第三家获批设站的中国媒体。2011 年 10 月 29 日，新知图书金边华文书局在柬埔寨首都金边开业,销售图书种类超 8 万种,主要经营中文图书、音像制品、文化体育用品及民族文化商品,这是云南首次在境外开设华文书局。2012 年 3 月 31 日,昆明新知集团在老挝万象开设的华文书局正式开业。2012 年 4 月 6 日"柬埔寨—中国云南新闻出版版权贸易洽谈暨滇版图书推介会"在柬埔寨金边市新知华文书局隆重举行。来自云南的出版社和众多印刷厂参加了推介会,其间,图书销售收入达 6 000 多美元。通过云南期刊的对外发行、图书展销以及滇版图书版权推介会的举办,为我省的新闻出版企业"走出去"搭建了良好平台,对于巩固和拓展我省出版物国际营销渠道,探索新闻出版国际合作交流,进一步推动滇版图书走出去,展示和传播中华文化具有十分重要的意义。

(二)云南文化"走出去"的特征

云南民族文化资源丰富,地理区位独特,云南文化"走出去"在新形势下迅速、持续发展,体现出几个鲜明的特点。

1. 云南文化企业"走出去"的步伐逐步加快

在国家相关部委颁布的"国家文化出口重点项目和重点企业目录"中,2007～2008 年度,我省仅有 1 项重点项目和 1 个企业获此殊荣,那就是云南映象文化产业发展有限公司编排的大型歌舞剧《云南映象》。2009～2010 年度国家文化出口重点企业目录中,我省云南无线数字电视文化传媒有限公司、昆明憨夯民间手工艺品有限公司、云南新华书店集团有限公司被列为本年度国家文化出口重点企业,丽江纳西古乐演出(丽江宣科纳西古乐文化有限公司)和老挝数字电视项目(云南无线数字电视文化传媒有限公司)被列为国家文化出口重点项目。时隔一年,文化出口企业由 1 家增加到了 3 家,出口项目由 1 个增加到 2 个,虽然我省的文化出口项目和企业与东南沿海地区相比,处于末端,但是"走出去"的步伐在逐步加快。

2. 边境线国门文化建设辐射周边国家,展示中国(云南)文化成就

云南有 4 061 公里的国境线,有 25 个边境县 121 个边境乡镇与缅甸、老挝、越南接壤,16 个民族跨界而居。边境是中国对外展示国力、民族凝聚力和社会文化建设的一道独特风景线。因此,边境的文化建设事关国家形象,而"国门"这一称谓相较

"边境"而言具有门户和对外交往的意味。自 2008 年始,云南财政陆续在 24 个边境线建立了 28 所国门学校。自 2012~2015 年,云南省财政还将加大边境文化建设,在边境口岸建设"国门文化"交流中心、"国门书屋",在边民互市(边境通道)建设"国门文化"友谊广场,在边境较大自然村建设"国门文化"交流设施,在瑞丽开展"国际和谐文化示范区"创建活动。通过边境沿线一带的国门学校、国门书屋以及国门文化交流中心建设,辐射周边国家,展示了中国(云南)文化建设的成就。

3. 实行"借船出海",拓展云南文化"走出去"渠道

新闻传播与文化交流协调互动是云南文化"走出去"的突出特点。一是借助中央外宣媒体的力量。近年来新华社、人民日报海外版、中国国际广播电台等中央外宣媒体对云南的宣传力度不断加大。二是加强与境外媒体的联系。2004 年,应云南省侨办和省政府新闻办的邀请,澳大利亚《星岛日报》、新西兰《亚洲之声》、加拿大《环球华报》等欧美华文媒体的负责人和记者首次赴云南采访考察。自 2011 年 6 月始,云南成功举办了二届"东南亚南亚媒体云南行"活动,由来自 14 个东南亚、南亚国家的主流媒体记者组成。借助 2012 年昆明"昆交会"的东风,由 32 个国家 52 家媒体组成的海外华文媒体云南行采访团再次赴滇,云南通过与国内媒体以及与海外华文媒体和东南亚南亚主流媒体的交流沟通,对于宣传云南、展示云南起到了积极的作用。

4. 坚持多措并举,发挥云南文化"走出去"的综合效应

一是图书版权输出及展销取得成效。云南大学出版社依托对外汉语教学基地,与泰国、越南、缅甸相关教育机构合作,成功出版了《泰国六年制小学汉语课本》《缅甸小学汉语课本》《越南小学汉语课本》,成效显著。二是由中央支持组织湄公河流域语种专家在云南编辑出版的外宣刊物《吉祥》《湄公河》《占芭》《高棉》在缅甸、泰国、老挝、柬埔寨发行,对宣传云南起到了积极的作用。三是文艺院团出访演出频繁,并由单一的文艺团体互访、交流会演至对方国家"落地生根"。近年来,云南文艺演出频繁,领域拓宽,层次不断提升。《云南映象》赴世界各地演出,在全球引起轰动。2010 年云南省杂技团创作表演的《雨林童话》在法国巡演以来,门票收入达 1 000 万欧元,创造了近几年来法国同类演出最高门票收入。《吴哥的微笑》演员大部分来自柬埔寨,完全利

用了柬埔寨元素，并且获得柬埔寨国内大奖。

5. 丰富文化会展内容，缔结友好城市，搭建文化交流"走出去"平台

云南有壮、傣、布依、苗、瑶、彝、哈尼、景颇、傈僳、拉祜、怒、阿昌、独龙、瓦、布朗、德昂 16 个民族跨国境而居，他们在文化模式、风俗习惯、宗教信仰等方面存在着明显的同一性和互动性。自 1983 年德宏州确定目瑙纵歌节为法定的民族节日以来，德宏州每年都要举行目瑙纵歌节狂欢活动，通过节庆活动，加强了我省境内的景颇族与境外同源民族的联系。

1981 年 11 月 5 日，云南省昆明市与日本藤泽市缔结了云南省第一对国际友好城市，开启了云南省与外国城市的结好之门。截至目前，云南省及有关州市县已与世界五大洲 25 个国家缔结国际友城关系 50 对（含友好山峰 1 对），进一步密切了云南与世界的广泛联系。美国的得克萨斯州、意大利的洛迪省、印度尼西亚的巴厘省、泰国清莱府等 43 个城市目前已与云南缔结了友好城市关系。

2011 年 12 月，"澜沧江·湄公河流域国家文化艺术节"在中国云南省西双版纳傣族自治州举行，来自中国、老挝、缅甸、泰国、柬埔寨、越南六国的官员、艺术家、展商参加了本届文化艺术节。此次艺术节增进了流域各国人民的交往和了解，是各国艺术家展示和交流各民族文化艺术的平台。这些文化活动，将文化、经贸、招商、旅游有机地结合起来，大大提升了云南在周边国家的知名度和美誉度。截至 2012 年 8 月 27 日，云南已成功举办了五届"昆明泛亚国际民族民间工艺品博览会"。第五届昆明泛亚民博会现场现金成交额达 1 200 万元人民币，意向签约达 5 000 多万元，云南特色的民族工艺展现出巨大魅力。此次博览会除云南省内外企业参展外，还吸引了阿富汗、尼泊尔、斯里兰卡、泰国、越南等国家的 40 余家企业参展。

二、云南文化"走出去"存在的问题

近年来，云南省在推进云南文化"走出去"的国际化发展中取得了积极的成效，推动了云南的对外宣传和对外开放，但与中

华文化"走出去"的要求相比，与建设云南民族文化强省的地位相比，目前，云南文化"走出去"依然存在许多突出的问题。主要表现在：

（一）"走出去"途径单一，以公益性的文化输出服务为主

从目前云南文化"走出去"的形式和内容看，云南文化输出的主体是政府，主要是以提供的免费的文化服务和文化产品为主，通过中国驻外使馆提供展演、展播以及赠阅交换期刊，活动的目的是提高云南文化的影响力，商业性的文化输出和服务不是太多。通过国际文化贸易，将云南多姿多彩的民族文化资源转化为商品、走向世界，产生经济效益仍然很有限。

（二）"走出去"的主体较为单一，以国有企业居多

目前，云南文化"走出去"在海外有重大影响的文化产品主要是政府支持的对外汉语教学、广播、出版、外宣期刊以及相关的会展、节会等内容，其中反响最大的是文艺演出《吴哥的微笑》，这也是云南国有文艺院团首个在国外驻场演出的节目。虽然新知图书在柬埔寨金边成立了金边华文书局，开拓了我省民营企业在境外开设书局的先河，但与国有文化企业"走出去"相比，其规模小、影响有限。这与云南省民营文化企业占全省文化企业总数的83%，注册资本金约占全省文化企业资本金总额的77%相比，民营文化企业"走出去"没有凸显其优势。

（三）文化产品进出口贸易量小，民族文化资源开发的水平低

2011年云南省核心文化产品进出口总额1.83亿美元，出口1.82亿美元，进口0.0123亿美元。[①] 目前我省"走出去"的文化产品主要是文艺表演，其他如图书、杂志、多媒体产品、软件、录音带、电影、录像带、视听节目、手工艺品、时装设计、饮食文化、国际性展览、艺术品市场开发和以电子媒介为载体的民族文化产品开发水平都比较低。因此，要充分利用我省的民族文化资源，开发具有自身特点的民族文化产品，提高文化产品进

---

① 《突出重点 务实创新 促进全省服务贸易快速发展》，云南省商务厅网站，2012-04-19。

出口贸易量。

（四）云南文化"走出去"缺乏全面的金融支持

近年来，随着云南文化产业的兴起和发展，云南省内培育并壮大了一批有经营实力的文化企业。省内相关部门和金融机构也对其提供政策支持和金融保障。虽然金融机构对文化产业的支持力度日益加大，但总体来看，金融支持的现状仍不乐观，还存在一些问题。其主要体现在以下几方面：一是云南的金融机构规模偏弱。二是银行对文化企业的贷款总量较小。三是贷款结构不均衡，从银行贷款的对象看，主要贷款对象是报业、电视台、广播电台等传统的大型国有企业，而且贷款额度大。而对于民营企业，贷款额度小，而且较为谨慎。四是金融支持方式单一。当前金融机构提供的服务主要是信用、有形资产抵押等传统的信贷方式。而文化产业是新型产业，多数文化企业的主要资产主要是版权、商标权等无形资产，但因受专利评估、抵押登记、抵押资产处置等相关法规制度不完善以及金融业务经验不足等因素的制约，因此，对文化产业金融支持方式单一。①

（五）缺乏跨国经营人才，文化企业海外拓展动力不足

云南严重缺乏了解投资国市场情况、风土人情、文化政策，而且还会外语，懂文化跨国经营管理经验的跨国经营人才，从而导致跨国文化企业的营销方案设计、营销策略、广告的创意与投放、后期经营等一体化全程服务技术、水平和理念不足，严重影响了云南文化企业"走出去"开展各种文化服务贸易。

三、进一步推进云南文化"走出去"的对策建议

随着云南参与大湄公河次区域经济合作的推进以及云南面向西南开放桥头堡战略地位的实施，云南文化"走出去"面临难得的机遇。2012年2月，云南省商务厅与省文化厅签订《支持文化产品及服务"走出去"战略合作协议》，携手共同完善云南省对

---

① 龙怒：《云南省文化产业发展的金融支持》，《云南社会科学》2012年第2期。

外文化贸易和文化企业"走出去"的政策扶持体系，鼓励企业开展各类文化产品及服务出口、文化商贸活动"走出去"业务，增强云南文化的国际影响力和竞争力。因此，云南文化"走出去"需要从云南的省情出发，遵循市场规律和文化传播规律，有计划、有步骤、有重点地"走出去"。

（一）针对政府层面的对策建议

1. 加强对民营文化企业"走出去"的宏观支持力度

一方面重点扶持大型文化企业就近就便"走出去"，开展文化国际贸易；另一方面，民营文化企业是我省文化企业的重要力量，政府要加大对民营企业的扶持，鼓励民营文化企业"走出去"。在国家政策允许范围内，赋予有条件的各类文化企业外贸经营权，鼓励开展文化服务贸易，扩大文化产品进出口。

2. 加强对云南文化"走出去"的金融财政支持

目前，制约云南文化"走出去"的瓶颈是融资难，我省银行业对文化企业的金融支持力度不够，以 2010 年第一季度为例，根据云南银监局统计，该季云南文化产业贷款余额为 54.17 亿元，仅占银行系统贷款额的 0.58%，与文化产业增加值占 GDP 的 5.9% 相比，银行对文化产业的支持远远不够。[①] 因此，在国家允许的范围内，适时吸收民间资本、外国资本融资到我省的文化企业中，创新金融贷款体制。同时，对于"走出去"的公益文化项目，政府必须加大财政投入力度，每年在财政上要安排相应的经费支持云南民族文化的国际交流活动和交流项目。

3. 依托跨境经济合作区、开展国际文化贸易

随着中越河口—老街、中缅瑞丽—木姐、中老磨憨—磨丁跨境经济合作区建立，依托云南与周边国家文化相通、人文相亲、地缘相近的文化地缘优势，通过跨境旅游，发掘已有的跨国文化，以贝叶文化为例，贝叶文化是指一切信奉南传佛教的傣—泰民族所保存的传统文化，从历史源流上说，泰国的泰族（Tai）、缅甸掸族（Shan）、老挝的老族（Lao）与云南的傣族具有相同的族源（百越族群），又共同信仰南传上座部佛教，其居住地域又山水相连，语言文字相同，文化同源、民族同根，形成了一个东

---

① 龙怒：《云南省文化产业发展的金融支持》，《云南社会科学》2012 年第 2 期。

南亚贝叶文化圈。因此，我们应依托跨境经济合作区，发掘已有的跨国文化，开展国际文化贸易。

4. 政府应出台更多鼓励和支持措施，帮助克服人为的壁垒和障碍

云南民族文化资源丰富，16个跨境民族跨界而居，各民族在长期的生产生活中，形成了跨国界的民族宗教文化。傣剧就是生活在德宏傣族景颇族自治州的盈江县、芒市、瑞丽市一带广大人民群众创造出的一个戏曲剧种，至今约有200年的历史。傣剧说傣语、唱傣腔、讲述傣家人的故事，不仅深受当地群众的喜爱，与之毗邻的靠近中缅边境的缅甸民众也十分喜爱。但是，全国唯一的专业傣剧团——云南德宏州傣剧团如今面临后继乏人、生存困难的困窘局面，傣剧的传承与发展堪忧。因此，政府应制定相关政策，加大投入，保障类似于傣剧这样有地方特色的剧团的演出经费。通过发扬、传播傣剧，在云南西南开放桥头堡建设中，傣剧可以作为先行者，积极与南亚、东南亚国家开展民间文化交流。

5. 建立有效的国外分公司监管机制，发挥文化主管部门的管理功能

文化"走出去"有其特殊性，包括了文化产品和文化服务，而且"走出去"的文化产品和服务无论是公益性抑或商业性都代表着国家形象。因此，云南文化"走出去"的过程中，文化主管部门应发挥监督和协调功能，政府需要协助国内母公司加强对国外分支机构的监督和管理，防止国外分公司的各种舞弊行为，在保证国外分公司独立运作的同时，提升对其远程控制能力。

（二）针对企业层面的对策建议

我省文化企业进入投资国之前，要对对方的国情进行深入了解，熟悉投资国的国情，并做可行性的市场分析和调研。企业"走出去"后，代表的是国家的形象，要入乡随俗，遵纪守法，履行企业的社会责任。

总的来说，云南文化"走出去"机遇与挑战并存。但是云南文化"走出去"具有得天独厚的地缘文化优势，依托云南的桥头堡建设，云南文化"走出去"前景广阔。

作者为云南省社会科学院东南亚研究所副研究员。

附　　录

国家标准《文化及相关产业
分类（2012）》

本书编辑部（编）

一、目的和作用

（一）为深入贯彻落实党的十七届六中全会关于深化文化体制改革、推动社会主义文化大发展大繁荣的精神，建立科学可行的文化及相关产业统计制度，制定本分类。

（二）本分类为界定我国文化及相关单位的生产活动提供依据，为当前的社会主义文化建设、文化宏观管理提供参考，为文化及相关产业统计提供统一的定义和范围。

二、定义和范围

（一）定　义

本分类规定的文化及相关产业是指为社会公众提供文化产品和文化相关产品的生产活动的集合。

（二）范　围

根据以上定义，我国文化及相关产业的范围包括：

1. 以文化为核心内容，为直接满足人们的精神需要而进行的创作、制造、传播、展示等文化产品（包括货物和服务）的生产活动。

2. 为实现文化产品生产所必需的辅助生产活动。

3. 作为文化产品实物载体或制作（使用、传播、展示）工具的文化用品的生产活动（包括制造和销售）。

4. 为实现文化产品生产所需专用设备的生产活动（包括制造和销售）。

三、分类原则

（一）以《国民经济行业分类》为基础

本分类以《国民经济行业分类》（GB/T4754—2011）为基础，根据文化及相关单位生产活动的特点，将行业分类中相关的类别重新组合，是《国民经济行业分类》的派生分类。

（二）兼顾部门管理需要和可操作性

根据我国文化体制改革和发展的实际，本分类在考虑文化生产活动特点的同时，兼顾政府部门管理的需要；立足于现行的统计制度和方法，充分考虑分类的可操作性。

（三）与国际分类标准相衔接

本分类借鉴了联合国教科文组织的《文化统计框架——2009》的分类方法，在定义和覆盖范围上可与其衔接。

四、分类方法

本分类依据上述分类原则，将文化及相关产业分为五层。

第一层包括文化产品的生产、文化相关产品的生产两部分，用"第一部分""第二部分"表示。

第二层根据管理需要和文化生产活动的自身特点分为10个

大类，用"一""二"……"十"表示。

第三层依照文化生产活动的相近性分为 50 个中类，在每个大类下分别用"（一）""（二）""（三）"……表示。

第四层共有 120 个小类，是文化及相关产业的具体活动类别，直接用《国民经济行业分类》（GB/T4754—2011）相对应行业小类的名称和代码表示。对于含有部分文化生产活动的小类，在其名称后用"＊"标出。

第五层为带"＊"小类下设置的延伸层。通过在类别名称前加"——"表示，不设代码和顺序号，其包含的活动内容在表 2 中加以说明。

五、文化及相关产业分类表

表1　文化及相关产业的类别名称和行业代码

类别名称	国民经济行业代码
第一部分　文化产品的生产	
一、新闻出版发行服务	
（一）新闻服务	
新闻业	8510
（二）出版服务	
图书出版	8521
报纸出版	8522
期刊出版	8523
音像制品出版	8524
电子出版物出版	8525
其他出版业	8529
（三）发行服务	
图书批发	5143
报刊批发	5144
音像制品及电子出版物批发	5145

续 表

类别名称	国民经济行业代码
图书、报刊零售	5243
音像制品及电子出版物零售	5244
二、广播电视电影服务	
（一）广播电视服务	
广播	8610
电视	8620
（二）电影和影视录音服务	
电影和影视节目制作	8630
电影和影视节目发行	8640
电影放映	8650
录音制作	8660
三、文化艺术服务	
（一）文艺创作与表演服务	
文艺创作与表演	8710
艺术表演场馆	8720
（二）图书馆与档案馆服务	
图书馆	8731
档案馆	8732
（三）文化遗产保护服务	
文物及非物质文化遗产保护	8740
博物馆	8750
烈士陵园、纪念馆	8760
（四）群众文化服务	
群众文化活动	8770
（五）文化研究和社团服务	
社会人文科学研究	7350
专业性团体（的服务）*	9421
——学术理论社会团体的服务	

续　表

类别名称	国民经济行业代码
——文化团体的服务	
（六）文化艺术培训服务	
文化艺术培训	8293
其他未列明教育 *	8299
——美术、舞蹈、音乐辅导服务	
（七）其他文化艺术服务	
其他文化艺术业	8790
四、文化信息传输服务	
（一）互联网信息服务	
互联网信息服务	6420
（二）增值电信服务（文化部分）	
其他电信服务 *	6319
——增值电信服务（文化部分）	
（三）广播电视传输服务	
有线广播电视传输服务	6321
无线广播电视传输服务	6322
卫星传输服务 *	6330
——传输、覆盖与接收服务	
——设计、安装、调试、测试、监测等服务	
五、文化创意和设计服务	
（一）广告服务	
广告业	7240
（二）文化软件服务	
软件开发 *	6510
——多媒体、动漫游戏软件开发	
数字内容服务 *	6591
——数字动漫、游戏设计制作	
（三）建筑设计服务	

续　表

类别名称	国民经济行业代码
工程勘察设计＊	7482
——房屋建筑工程设计服务	
——室内装饰设计服务	
——风景园林工程专项设计服务	
（四）专业设计服务	
专业化设计服务	7491
六、文化休闲娱乐服务	
（一）景区游览服务	
公园管理	7851
游览景区管理	7852
野生动物保护＊	7712
——动物园和海洋馆、水族馆管理服务	
野生植物保护＊	7713
——植物园管理服务	
（二）娱乐休闲服务	
歌舞厅娱乐活动	8911
电子游艺厅娱乐活动	8912
网吧活动	8913
其他室内娱乐活动	8919
游乐园	8920
其他娱乐业	8990
（三）摄影扩印服务	
摄影扩印服务	7492
七、工艺美术品的生产	
（一）工艺美术品的制造	
雕塑工艺品制造	2431
金属工艺品制造	2432
漆器工艺品制造	2433

续 表

类别名称	国民经济行业代码
花画工艺品制造	2434
天然植物纤维编织工艺品制造	2435
抽纱刺绣工艺品制造	2436
地毯、挂毯制造	2437
珠宝首饰及有关物品制造	2438
其他工艺美术品制造	2439
（二）园林、陈设艺术及其他陶瓷制品的制造	
园林、陈设艺术及其他陶瓷制品制造 *	3079
——陈设艺术陶瓷制品制造	
（三）工艺美术品的销售	
首饰、工艺品及收藏品批发	5146
珠宝首饰零售	5245
工艺美术品及收藏品零售	5246
第二部分　文化相关产品的生产	
八、文化产品生产的辅助生产	
（一）版权服务	
知识产权服务 *	7250
——版权和文化软件服务	
（二）印刷复制服务	
书、报刊印刷	2311
本册印制	2312
包装装潢及其他印刷	2319
装订及印刷相关服务	2320
记录媒介复制	2330
（三）文化经纪代理服务	
文化娱乐经纪人	8941
其他文化艺术经纪代理	8949
（四）文化贸易代理与拍卖服务	

续 表

类别名称	国民经济行业代码
贸易代理*	5181
——文化贸易代理服务	
拍卖*	5182
——艺（美）术品、文物、古董、字画拍卖服务	
（五）文化出租服务	
娱乐及体育设备出租*	7121
——视频设备、照相器材和娱乐设备的出租服务	
图书出租	7122
音像制品出租	7123
（六）会展服务	
会议及展览服务	7292
（七）其他文化辅助生产	
其他未列明商务服务业*	7299
——公司礼仪和模特服务	
——大型活动组织服务	
——票务服务	
九、文化用品的生产	
（一）办公用品的制造	
文具制造	2411
笔的制造	2412
墨水、墨汁制造	2414
（二）乐器的制造	
中乐器制造	2421
西乐器制造	2422
电子乐器制造	2423
其他乐器及零件制造	2429
（三）玩具的制造	
玩具制造	2450

续 表

类别名称	国民经济行业代码
（四）游艺器材及娱乐用品的制造	
露天游乐场所游乐设备制造	2461
游艺用品及室内游艺器材制造	2462
其他娱乐用品制造	2469
（五）视听设备的制造	
电视机制造	3951
音响设备制造	3952
影视录放设备制造	3953
（六）焰火、鞭炮产品的制造	
焰火、鞭炮产品制造	2672
（七）文化用纸的制造	
机制纸及纸板制造*	2221
——文化用机制纸及纸板制造	
手工纸制造	2222
（八）文化用油墨颜料的制造	
油墨及类似产品制造	2642
颜料制造*	2643
——文化用颜料制造	
（九）文化用化学品的制造	
信息化学品制造*	2664
——文化用信息化学品的制造	
（十）其他文化用品的制造	
照明灯具制造*	3872
——装饰用灯和影视舞台灯制造	
其他电子设备制造*	3990
——电子快译通、电子记事本、电子词典等制造	
（十一）文具乐器照相器材的销售	
文具用品批发	5141

续 表

类别名称	国民经济行业代码
文具用品零售	5241
乐器零售	5247
照相器材零售	5248
（十二）文化用家电的销售	
家用电器批发 *	5137
——文化用家用电器批发	
家用视听设备零售	5271
（十三）其他文化用品的销售	
其他文化用品批发	5149
其他文化用品零售	5249
十、文化专用设备的生产	
（一）印刷专用设备的制造	
印刷专用设备制造	3542
（二）广播电视电影专用设备的制造	
广播电视节目制作及发射设备制造	3931
广播电视接收设备及器材制造	3932
应用电视设备及其他广播电视设备制造	3939
电影机械制造	3471
（三）其他文化专用设备的制造	
幻灯及投影设备制造	3472
照相机及器材制造	3473
复印和胶印设备制造	3474
（四）广播电视电影专用设备的批发	
通信及广播电视设备批发 *	5178
——广播电视电影专用设备批发	
（五）舞台照明设备的批发	
电气设备批发 *	5176
——舞台照明设备的批发	

表2　对延伸层文化生产活动内容的说明

序号	类别名称及代码		文化生产活动的内容
	小　类	延伸层	
1	专业性团体（的服务）（9421）	学术理论社会团体的服务	包括党的理论研究、史学研究、思想工作研究、社会人文科学研究等团体的服务。
		文化团体的服务	包括新闻、图书、报刊、音像、版权、广播、电视、电影、演员、作家、文学艺术、美术家、摄影家、文物、博物馆、图书馆、文化馆、游乐园、公园、文艺理论研究、民族文化等团体的服务。
2	其他未列明教育（8299）	美术、舞蹈、音乐辅导服务	包括美术、舞蹈和音乐等辅导服务。
3	其他电信服务（6319）	增值电信服务（文化部分）	包括手机报、个性化铃声、网络广告等业务服务。
4	卫星传输服务（6330）	传输、覆盖与接收服务	包括卫星广播电视信号的传输、覆盖与接收服务。
		设计、安装、调试、测试、监测等服务	包括卫星广播电视传输、覆盖、接收系统的设计、安装、调试、测试、监测等服务。
5	软件开发（6510）	多媒体、动漫游戏软件开发	包括应用软件开发及经营中的多媒体软件和动漫游戏软件开发及经营活动。
6	数字内容服务（6591）	数字动漫、游戏设计制作	包括数字动漫制作和游戏设计制作等服务。
7	工程勘察设计（7482）	房屋建筑工程设计服务	包括房屋（住宅、商业用房、公用事业用房、其他房屋）建筑工程设计服务。
		室内装饰设计服务	包括住宅室内装饰设计服务和其他室内装饰设计服务。
		风景园林工程专项设计服务	包括各类风景园林工程专项设计服务。

续　表

序号	类别名称及代码		文化生产活动的内容
	小　类	延伸层	
8	野生动物保护（7712）	动物园和海洋馆、水族馆管理服务	包括动物园管理服务，放养动物园管理服务，鸟类动物园管理服务，海洋馆、水族馆管理服务。
9	野生植物保护（7713）	植物园管理服务	包括各类植物园管理服务。
10	园林、陈设艺术及其他陶瓷制品制造（3079）	陈设艺术陶瓷制品制造	包括室内陈设艺术陶瓷制品、工艺陶瓷制品、陶瓷壁画、陶瓷制塑像和其他陈设艺术陶瓷制品的制造。
11	知识产权服务（7250）	版权和文化软件服务	版权服务包括版权代理服务，版权鉴定服务，版权咨询服务，海外作品登记服务，涉外音像合同认证服务，著作权使用报酬收转服务，版权贸易服务和其他版权服务。文化软件服务指与文化有关的软件服务，包括软件代理、软件著作权登记、软件鉴定等服务。
12	贸易代理（5181）	文化贸易代理服务	包括文化用品、图书、音像、文化用家用电器和广播电视器材等国际国内贸易代理服务。
13	拍卖（5182）	艺（美）术品、文物、古董、字画拍卖服务	包括艺（美）术品拍卖服务，文物拍卖服务，古董、字画拍卖服务。
14	娱乐及体育设备出租（7121）	视频设备、照相器材和娱乐设备的出租服务	包括视频设备出租服务，照相器材出租服务，娱乐设备出租服务。

续 表

序号	类别名称及代码		文化生产活动的内容
	小 类	延伸层	
15	其他未列明商务服务业（7299）	公司礼仪和模特服务	公司礼仪服务包括开业典礼、庆典及其他重大活动的礼仪服务。模特服务包括服装模特、艺术模特和其他模特等服务。
		大型活动组织服务	包括文艺晚会策划组织服务，大型庆典活动策划组织服务，艺术、模特大赛策划组织服务，艺术节、电影节等策划组织服务，民间活动策划组织服务，公益演出、展览等活动的策划组织服务，其他大型活动的策划组织服务。
		票务服务	包括电影票务服务，文艺演出票务服务，展览、博览会票务服务。
16	机制纸及纸板制造（2221）	文化用机制纸及纸板制造	包括未涂布印刷书写用纸制造，涂布类印刷用纸制造，感应纸及纸板制造。
17	颜料制造（2643）	文化用颜料制造	包括水彩颜料、水粉颜料、油画颜料、国画颜料、调色料、其他艺术用颜料、美工塑型用膏等制造。
18	信息化学品制造（2664）	文化用信息化学品的制造	包括感光胶片的制造，摄影感光纸、纸板及纺织物制造，摄影用化学制剂、复印机用化学制剂制造，空白磁带、空白磁盘、空盘制造。
19	照明灯具制造（3872）	装饰用灯和影视舞台灯制造	包括装饰用灯（圣诞树用成套灯具、其他装饰用灯）和影视舞台灯的制造。
20	其他电子设备制造（3990）	电子快译通、电子记事本、电子词典等制造	包括电子快译通、电子记事本、电子词典等电子设备的制造。

续　表

序号	类别名称及代码		文化生产活动的内容
	小　类	延伸层	
21	家用电器批发（5137）	文化用家用电器批发	包括电视机、摄录像设备、便携式收录放设备、音响设备等的批发。
22	通信及广播电视设备批发（5178）	广播电视电影专用设备批发	包括广播设备、电视设备、电影设备、广播电视卫星设备等的批发。
23	电气设备批发（5176）	舞台照明设备的批发	包括各类舞台照明设备的批发。

附件：1.《文化及相关产业分类（2012）》修订说明
　　　2. 新旧《文化及相关产业分类》类别名称和代码对照表

附件1：

《文化及相关产业分类（2012）》修订说明

一、修订的背景

2004 年，为贯彻落实党的十六大关于文化建设和文化体制改革的要求，建立科学可行的文化产业统计，规范文化及相关产业的范围，国家统计局在与中宣部及国务院有关部门共同研究的基础上，依据《国民经济行业分类》（GB/T4754—2002），制定了《文化及相关产业分类》，并作为国家统计标准颁布实施。从实施情况看，以此分类为基础开展的统计工作为反映我国文化产业的发展状况，为文化体制改革和文化产业发展宏观决策提供了重要的基础信息。

党的十七届五中全会提出推动文化产业成为国民经济支柱性产业的战略目标，党的十七届六中全会进一步强调推动文化产业跨越式发展，使之成为新的增长点、经济结构战略性调整的重要支点、转变经济发展方式的重要着力点，对文化产业统计工作提出了新的要求。同时，由于新的《国民经济行业分类》（GB/T4754—2011）颁布实施，联合国教科文组织《文化统计框架——2009》的发布，文化新业态的不断涌现，有必要对 2004 年制定的《文化及相关产业分类》进行修订。

2011 年 9 月 28 日，中宣部、国家统计局在北京召开了文化产业统计研讨会，有关部委同志、部分省市党委宣传部和统计局负责同志以及有关专家学者参加。会议认为，要适应我国文化产业发展的新情况、新变化，总结近年来各地区、各部门统计工作的实践经验，对现行分类进行必要调整，使其更加切合发展需要。修订工作争取 2012 年 6 月底前完成，从 2012 年统计年报开始正式实行。

根据会议精神，国家统计局开始了《文化及相关产业分类》的修订工作。

二、修订的主要内容

本次修订在 2004 年制定的《文化及相关产业分类》的基础上进行，延续原有的分类原则和方法，调整了类别结构，增加了与文化生产活动相关的创意、新业态、软件设计服务等内容和部分行业小类，减少了少量不符合文化及相关产业定义的活动类别。

（一）结构的调整情况

1. 2004 年制定的《文化及相关产业分类》第一层分为"文化服务"和"相关文化服务"两部分，本分类将第一层分为"文化产品的生产"和"文化相关产品的生产"两部分。

2. 第二层的大类由原来的 9 个调整为 10 个。具体是：

（1）合并原大类"新闻服务"和"出版发行和版权服务"为"新闻出版发行服务"一个大类，包含内容略有调整。

（2）保留"广播电视电影服务""文化艺术服务""网络文化服务""文化休闲娱乐服务"四个大类，包含内容有所调整。其中"网络文化服务"更名为"文化信息传输服务"。

（3）新增"文化创意和设计服务""工艺美术品的生产""文化产品生产的辅助生产"三个大类。

（4）取消原大类"其他文化服务"。将其中的广告服务移至新增的"文化创意和设计服务"大类中，其他内容移至新增的"文化产品生产的辅助生产"大类中。

（5）将原"文化用品、设备及相关文化产品的生产"和"文化用品、设备及相关文化产品的销售"两个大类修订为"文化用品的生产"和"文化专用设备的生产"两个大类。

3. 第三层的中类由 24 个修订为 50 个，第四层的小类由 99 个修订为 120 个（其中新增 19 个、减少 5 个，因执行新《国民经济行业分类》增加 7 个），带"﹡"的小类由 17 个修订为 23 个（其中新增 11 个、减少 4 个，因执行新《国民经济行业分类》减少 1 个）。

4. 取消过渡层，在带"﹡"的小类下设置 29 个延伸层。

（二）增加和减少的内容

1. 增加的内容。

（1）文化创意。包括建筑设计服务（指工程勘察设计中的房屋建筑工程设计、室内装饰设计和风景园林工程专项设计）和专业设计服务（指工业设计、时装设计、包装装潢设计、多媒体设计、动漫及衍生产品设计、饰物装饰设计、美术图案设计、展台设计、模型设计和其他专业设计等服务）。

（2）文化新业态。包括数字内容服务中的数字动漫制作和游戏设计制作，以及其他电信服务中的增值电信服务（文化部分）。

（3）软件设计服务。包括多媒体软件和动漫游戏软件开发。

（4）具有文化内涵的特色产品的生产。主要是焰火、鞭炮产品的制造，珠宝首饰及有关物品的制造、销售，陈设艺术陶瓷制品的制造等。

（5）其他。包括文化艺术培训、本册印制、装订及印刷相关服务、幻灯及投影设备的制造和舞台照明设备的批发等。

2. 减少的内容。

包括旅行社、休闲健身娱乐活动、教学用模型及教具制造、其他文教办公用品制造、其他文化办公用机械制造和彩票活动等。

三、有关问题的说明

（一）关于文化及相关产业的定义

2004 年制定的分类把文化及相关产业定义为"为社会公众提供文化、娱乐产品和服务的活动，以及与这些活动有关联的活动的集合"。本次修订把文化及相关产业的定义进一步完善为"指为社会公众提供文化产品和文化相关产品的生产活动的集合"，并在范围的表述上对文化产品的生产活动（从内涵）和文化相关产品的生产活动（从外延）做出解释。

根据这一定义，文化及相关产业包括了四个方面的内容，即文化产品的生产活动、文化产品生产的辅助生产活动、文化用品的生产活动和文化专用设备的生产活动。其中，文化产品的生产活动构成文化及相关产业的主体，其他三个方面是文化及相关产业的补充。

（二）关于文化事业和文化产业的划分

在国民经济行业分类中，一个行业（或产业）是指从事相同性质的经济活动的所有单位的集合。在统计分类中，行业与产业在英语中都称为"industry"。对国际上的有关分类我国一般翻译为"产业"，而我国相对应的分类叫"行业"。目前，在我国使用"产业"一词往往更强调其经营性或经营规模。

本次修订继续使用"文化及相关产业"的名称，分类涉及范围既包括了公益性单位，也包括了经营性单位，其范围与联合国教科文组织的《文化统计框架——2009》规定的范围基本一致。

在制定2004年的分类时，由于文化体制改革刚刚起步，从单位的行业属性很难区分其公益性和经营性。在很多行业内部，公益性和经营性单位共存，公益性和经营性的统计分类标志尚未确定。目前，文化体制改革取得重大进展，多数行业的公益性或经营性属性可以确定，特别是经过两次全国经济普查，使用是否执行企业会计制度来区分经营性文化产业单位和公益性文化事业单位的原则已经确定。因此，在本分类公布后，统计上所称的"文化及相关产业"指本分类所覆盖的全部单位，"文化产业"仅指经营性文化单位的集合，"文化事业"仅指公益性文化单位的集合。

（三）关于不再保留三个层次划分的说明

在2004年制定分类时，为反映文化建设和文化体制改革的情况，提出《文化及相关产业分类》的内容可进一步组合成文化产业核心层、文化产业外围层和相关文化产业层。目前我国文化体制改革已取得新突破，文化业态不断融合，文化新业态不断涌现，许多文化生产活动很难区分是核心层还是外围层，因此本次修订不再保留三个层次的划分。

（四）关于增加分类内容意见的处理

在本次修订过程中，有关方面提出了很多增加分类内容的意见。经研究，对于新生的文化业态和与文化及相关产业定义较为符合的生产活动已纳入分类，对于争议较大或目前尚把握不准的生产活动暂不纳入（如手机和微型家用计算机的制造），对于虽有部分活动与文化有关但已形成自身完整体系的生产活动不予纳入，以免削弱本分类的文化特征。按此原则，在本次修订中，凡属于农业、采矿、建筑施工、行政管理、体育、自然科学研究、国民教育、餐饮、金融、修理等生产活动和宗教活动均不纳入分类。

附件2：

新旧《文化及相关产业分类》类别名称和代码对照表

类别名称（2012）	GB/T4754 —2011 代码	类别名称（2004）	GB/T4754 —2002 代码	简要说明
第一部分 文化产品的生产				
一、新闻出版发行服务				
（一）新闻服务				
新闻业	8510	新闻业	8810	
（二）出版服务				
图书出版	8521	图书出版	8821	
报纸出版	8522	报纸出版	8822	
期刊出版	8523	期刊出版	8823	
音像制品出版	8524	音像制品出版	8824	
电子出版物出版	8525	电子出版物出版	8825	
其他出版业	8529	其他出版	8829	
（三）发行服务				
图书批发	5143	图书批发	6343	
报刊批发	5144	报刊批发	6344	
音像制品及电子出版物批发	5145	音像制品及电子出版物批发	6345	
图书、报刊零售	5243	图书零售	6543	
		报刊零售	6544	

续 表

类别名称（2012）	GB/T4754—2011 代码	类别名称（2004）	GB/T4754—2002 代码	简要说明
音像制品及电子出版物零售	5244	音像制品及电子出版物零售	6545	
二、广播电视电影服务				
（一）广播电视服务				
广播	8610	广播	8910	原 8910 部分内容调出
电视	8620	电视	8920	原 8920 部分内容调出
（二）电影和影视录音服务				
电影和影视节目制作	8630	电影制作与发行	8931	原 8920、8931、8940 部分内容调到此类
电影和影视节目发行	8640			
电影放映	8650	电影放映	8932	
录音制作	8660	音像制作	8940	原 8910、8940 的部分内容调到此类
三、文化艺术服务				
（一）文艺创作与表演服务				
文艺创作与表演	8710	文艺创作与表演	9010	
艺术表演场馆	8720	艺术表演场馆	9020	
（二）图书馆与档案馆服务				

续 表

类别名称（2012）	GB/T4754 —2011 代码	类别名称（2004）	GB/T4754 —2002 代码	简要说明
图书馆	8731	图书馆	9031	
档案馆	8732	档案馆	9032	
（三）文化遗产保护服务				
文物及非物质文化遗产保护	8740	文物及文化保护	9040	更名
博物馆	8750	博物馆	9050	
烈士陵园、纪念馆	8760	烈士陵园、纪念馆	9060	
（四）群众文化服务				
群众文化活动	8770	群众文化活动	9070	
（五）文化研究和社团服务				
社会人文科学研究	7350	社会人文科学研究	7550	
专业性团体（的服务）*	9421	专业性社会团体*	9621	更名
（六）文化艺术培训服务				
文化艺术培训	8293			新增行业
其他未列明教育*	8299			新增"*"行业
（七）其他文化艺术服务				
其他文化艺术业	8790	其他文化艺术	9090	
四、文化信息传输服务				
（一）互联网信息服务				

续 表

类别名称（2012）	GB/T4754—2011 代码	类别名称（2004）	GB/T4754—2002 代码	简要说明
互联网信息服务	6420	互联网信息服务	6020	原 6020 部分内容调出
（二）增值电信服务（文化部分）				
其他电信服务 *	6319			新增"*"行业
（三）广播电视传输服务				
有线广播电视传输服务	6321	有线广播电视传输服务	6031	
无线广播电视传输服务	6322	无线广播电视传输服务	6032	
卫星传输服务 *	6330	卫星传输服务 *	6040	
五、文化创意和设计服务				
（一）广告服务				
广告业	7240	广告业	7440	
（二）文化软件服务				
软件开发 *	6510			新增"*"行业
数字内容服务 *	6591			新增"*"行业，原 6212 部分内容归入此类
（三）建筑设计服务				
工程勘察设计 *	7482			新增"*"行业

续　表

类别名称（2012）	GB/T4754—2011代码	类别名称（2004）	GB/T4754—2002代码	简要说明
（四）专业设计服务				
专业化设计服务	7491	其他专业技术服务*	7690	新增行业，原7690部分内容调到此类
六、文化休闲娱乐服务				
（一）景区游览服务				
		旅行社	7480	取消行业
公园管理	7851	公园管理	8132	
游览景区管理	7852	风景名胜区管理	8131	
		其他游览景区管理	8139	
野生动物保护*	7712	野生动植物保护*	8012	原8012分解
野生植物保护*	7713			
（二）娱乐休闲服务				
歌舞厅娱乐活动	8911	室内娱乐活动	9210	原9210分解
电子游艺厅娱乐活动	8912			
网吧活动	8913	其他计算机服务*	6190	原6190部分内容调到此类
其他室内娱乐活动	8919	室内娱乐活动	9210	原9210分解
游乐园	8920	游乐园	9220	
		休闲健身娱乐活动	9230	取消行业
其他娱乐业	8990	其他娱乐活动	9290	原9290的彩票活动调出
（三）摄影扩印服务				
摄影扩印服务	7492	摄影扩印服务	8280	

续　表

类别名称（2012）	GB/T4754 —2011 代码	类别名称（2004）	GB/T4754 —2002 代码	简要说明
七、工艺美术品的 生产				
（一）工艺美术品的 制造				
雕塑工艺品制造	2431	雕塑工艺品制造	4211	
金属工艺品制造	2432	金属工艺品制造	4212	
漆器工艺品制造	2433	漆器工艺品制造	4213	
花画工艺品制造	2434	花画工艺品制造	4214	
天然植物纤维编织 工艺品制造	2435	天然植物纤维编织 工艺品制造	4215	
抽纱刺绣工艺品 制造	2436	抽纱刺绣工艺品 制造	4216	
地毯、挂毯制造	2437	地毯、挂毯制造	4217	
珠宝首饰及有关物 品制造	2438	珠宝首饰及有关物 品的制造	4218	
其他工艺美术品 制造	2439	其他工艺美术品 制造	4219	
（二）园林、陈设艺 术及其他陶瓷制品 的制造				
园林、陈设艺术及 其他陶瓷制品制 造 *	3079			新增"＊" 行业
（三）工艺美术品的 销售				
首饰、工艺品及收 藏品批发	5146	首饰、工艺品及收 藏品批发	6346	

续 表

类别名称（2012）	GB/T4754—2011 代码	类别名称（2004）	GB/T4754—2002 代码	简要说明
珠宝首饰零售	5245			新增行业
工艺美术品及收藏品零售	5246	工艺美术品及收藏品零售	6547	
第二部分　文化相关产品的生产				
八、文化产品生产的辅助生产				
（一）版权服务				
知识产权服务*	7250	知识产权服务*	7450	
（二）印刷复制服务				
书、报刊印刷	2311	书、报、刊印刷	2311	
本册印制	2312			新增行业
包装装潢及其他印刷	2319	包装装潢及其他印刷*	2319	取消"*"
装订及印刷相关服务	2320			新增行业
记录媒介复制	2330	记录媒介的复制*	2330	取消"*"
（三）文化经纪代理服务				
文化娱乐经纪人	8941	文化艺术经纪代理	9080	原7499部分、原9080分解
其他文化艺术经纪代理	8949	其他未列明的商务服务*	7499	原7499部分、原9080分解
（四）文化贸易代理与拍卖服务				
贸易代理*	5181	贸易经纪与代理*	6380	原6380分解为5181、5182、5189
拍卖*	5182			

续　表

类别名称（2012）	GB/T4754—2011 代码	类别名称（2004）	GB/T4754—2002 代码	简要说明
（五）文化出租服务				
娱乐及体育设备出租 *	7121			新增"＊"行业
图书出租	7122	图书及音像制品出租	7321	原 7321 分解
音像制品出租	7123			
（六）会展服务				
会议及展览服务	7292	会议及展览服务	7491	
（七）其他文化辅助生产				
其他未列明商务服务业 *	7299			原 7499 分解
九、文化用品的生产				
（一）办公用品的制造				
文具制造	2411	文具制造	2411	
笔的制造	2412	笔的制造	2412	
		教学用模型及教具制造	2413	取消行业
墨水、墨汁制造	2414	墨水、墨汁制造	2414	
		其他文化用品制造	2419	取消行业
（二）乐器的制造				
中乐器制造	2421	中乐器制造	2431	
西乐器制造	2422	西乐器制造	2432	
电子乐器制造	2423	电子乐器制造	2433	
其他乐器及零件制造	2429	其他乐器及零件制造	2439	

续 表

类别名称（2012）	GB/T4754—2011 代码	类别名称（2004）	GB/T4754—2002 代码	简要说明
（三）玩具的制造				
玩具制造	2450	玩具制造	2440	
（四）游艺器材及娱乐用品的制造				
露天游乐场所游乐设备制造	2461	露天游乐场所游乐设备制造	2451	
游艺用品及室内游艺器材制造	2462	游艺用品及室内游艺器材制造	2452	原 2452 分解
其他娱乐用品制造	2469			
（五）视听设备的制造				
电视机制造	3951	家用影视设备制造	4071	原 4071 分解
音响设备制造	3952	家用音响设备制造	4072	更名
影视录放设备制造	3953			原 4071 分解
（六）焰火、鞭炮产品的制造				
焰火、鞭炮产品制造	2672			新增行业
（七）文化用纸的制造				
机制纸及纸板制造 *	2221	机制纸及纸板制造 *	2221	
手工纸制造	2222	手工纸制造 *	2222	取消 " * "
（八）文化用油墨颜料的制造				
油墨及类似产品制造	2642			新增行业

续　表

类别名称（2012）	GB/T4754 —2011 代码	类别名称（2004）	GB/T4754 —2002 代码	简要说明
颜料制造 *	2643			新增 " * " 行业
（九）文化用化学品 的制造				
信息化学品制造 *	2664	信息化学品制造 *	2665	
（十）其他文化用品 的制造				
照明灯具制造 *	3872			新增 " * " 行业
其他电子设备制 造 *	3990			新增 " * " 行业
（十一）文具乐器照 相器材的销售				
文具用品批发	5141	文具用品批发	6341	
文具用品零售	5241	文具用品零售	6541	
乐器零售	5247			原 6549 部分内 容调到此处
照相器材零售	5248	照相器材零售	6548	
（十二）文化用家电 的销售				
家用电器批发 *	5137	家用电器批发 *	6374	
家用视听设备零售	5271	家用电器零售 *	6571	取消 " * "
（十三）其他文化用 品的销售				
其他文化用品批发	5149	其他文化用品批发	6349	
其他文化用品零售	5249	其他文化用品零售	6549	原 6549 部分内 容调出

续　表

类别名称（2012）	GB/T4754 —2011 代码	类别名称（2004）	GB/T4754 —2002 代码	简要说明
十、文化专用设备的生产				
（一）印刷专用设备的制造				
印刷专用设备制造	3542	印刷专用设备制造	3642	
（二）广播电视电影专用设备的制造				
广播电视节目制作及发射设备制造	3931	广播电视节目制作及发射设备制造	4031	
广播电视接收设备及器材制造	3932	广播电视接收设备及器材制造	4032	
应用电视设备及其他广播电视设备制造	3939	应用电视设备及其他广播电视设备制造	4039	
电影机械制造	3471	电影机械制造	4151	
（三）其他文化专用设备的制造				
幻灯及投影设备制造	3472			新增行业
照相机及器材制造	3473	照相机及器材制造	4153	
复印和胶印设备制造	3474	复印和胶印设备制造	4154	
		其他文化、办公用机械制造 *	4159	取消行业
（四）广播电视电影设备的批发				

续　表

类别名称（2012）	GB/T4754—2011 代码	类别名称（2004）	GB/T4754—2002 代码	简要说明
通信及广播电视设备批发 *	5178	通信及广播电视设备批发 *	6376	
（五）舞台照明设备的批发				
电气设备批发 *	5176			新增 " * " 行业

全国省域和中心城市文化消费
需求景气排行

本书编辑部（编）

　　资料来源：《中国文化消费需求景气评价报告（2012）》《中国城镇文化消费需求景气评价报告（2012）》《中国乡村文化消费需求景气评价报告（2012）》《中国中心城市文化消费需求景气评价报告（2012）》，中国社会科学院"文化蓝皮书"系列，社会科学文献出版社 2012 年 5 月出版，主编王亚南，联合主编张晓明、祁述裕，副主编刘婷、赵娟。

一、各省域城乡综合文化消费需求景气排行

　　2000 年以来各地城乡综合演算的文化消费需求景气指数变动态势分析见表 1，各省域按东、中、西部和东北四大区域，以 2010 年城乡之间、地区之间无差距理想状态横向测评的城乡综合文化消费需求景气排行指数高低排列。相关分析测算详见《中国文化消费需求景气评价报告（2012）》一书。

表 1　至 2010 年各地城乡文化消费需求景气指数变动状况

| 地区 | 2010 年起点年度基数值自身纵向测评（起始年基数值 = 100） | | | | | | 2010 年城乡地区无差距理想值各地横向测评（全国理想值 = 100） | |
| | "十五"以来 10 年（2000 ~ 2010 年） | | "十一五"期间 5 年（2005 ~ 2010 年） | | 最近一年以来（2009 ~ 2010 年） | | | |
	景气指数	排序	景气指数	排序	景气指数	排序	景气指数	排序
全国	**93. 9914**	—	**86. 4713**	—	**99. 0936**	—	**79. 3656**	—
黑龙江	128. 6180	2	111. 9693	1	98. 8957	17	97. 0601	4
辽宁	108. 5704	6	91. 3271	14	104. 5006	2	84. 1691	11
吉林	99. 7826	10	100. 9037	3	108. 7065	1	83. 0221	13
东北	**111. 3314**	**(1)**	**98. 3843**	**(1)**	**102. 8267**	**(1)**	**86. 5767**	**(1)**
上海	111. 8599	4	98. 5116	6	102. 4262	8	105. 1207	1
江苏	114. 9713	3	103. 2111	2	99. 8531	14	99. 4517	2
北京	99. 4052	11	92. 4559	11	98. 8413	18	97. 7850	3
浙江	103. 6016	9	87. 2602	17	96. 5321	23	89. 9157	6
广东	98. 4223	13	87. 6009	16	101. 0875	10	86. 7521	8
福建	98. 9052	12	91. 7958	12	101. 2766	9	83. 6630	12
山东	88. 8261	19	80. 0749	24	95. 6970	25	75. 2026	19
天津	96. 7711	15	95. 0717	7	103. 4806	5	72. 7875	22
海南	86. 0441	23	94. 7525	8	97. 0446	22	71. 3042	23
河北	98. 0809	14	86. 8830	18	98. 3898	19	66. 3480	28
东部	**102. 4290**	**(2)**	**91. 3557**	**(2)**	**99. 0186**	**(3)**	**82. 4929**	**(2)**
安徽	104. 0520	8	90. 5284	15	102. 9188	6	87. 2798	7
山西	109. 2824	5	93. 2209	9	93. 6330	29	84. 7008	10
湖南	74. 2915	29	71. 5530	29	100. 7918	11	79. 0513	15
江西	78. 3557	27	75. 5546	26	99. 3431	15	74. 2216	20
湖北	73. 1315	30	75. 4560	27	94. 6231	28	69. 3786	25
河南	88. 5099	20	92. 6764	10	100. 3811	13	68. 6939	26
中部	**84. 8617**	**(3)**	**82. 2762**	**(3)**	**99. 0638**	**(2)**	**75. 7575**	**(3)**
陕西	89. 6679	18	84. 7891	20	94. 6819	27	95. 0173	5

续　表

地区	2010 年起点年度基数值自身纵向测评（起始年基数值=100）						2010 年城乡地区无差距理想值各地横向测评（全国理想值=100）	
	"十五"以来10年（2000～2010年）		"十一五"期间5年（2005～2010年）		最近一年以来（2009～2010年）			
	景气指数	排序	景气指数	排序	景气指数	排序	景气指数	排序
内蒙古	86.3316	22	85.6015	19	95.5013	26	85.3125	9
甘肃	80.7430	26	70.3249	30	97.2871	21	81.9565	14
重庆	87.6126	21	76.8793	25	96.1820	24	78.1521	16
贵州	92.3303	16	81.1962	22	103.7570	4	77.3060	17
宁夏	81.8587	25	91.4992	13	102.7713	7	76.0071	18
四川	77.4400	28	75.0334	28	97.6320	20	73.0200	21
云南	91.0584	17	80.1559	23	104.1619	3	70.9429	24
广西	64.2408	31	68.4307	31	92.3366	30	66.5175	27
青海	104.4251	7	100.4379	4	100.3848	12	65.3851	29
新疆	82.9453	24	84.4351	21	98.9451	16	59.7768	30
西藏	148.7400	1	99.4049	5	85.5450	31	28.6824	31
西部	**80.9049**	(4)	**77.6757**	(4)	**97.4980**	(4)	**74.0251**	(4)

2011 年各地城乡综合演算的人均文化消费需求及其景气指数预测值见表2，各省域分为东北和东、中、西部四大区域，以由北至南、从东到西的大致地理分布排列。表中均为预测数值，仅供参考。

表2　2011年各地城乡文化消费需求景气指数变动测算

地区	2011年城乡文化消费需求景气指数预测算							2011年景气指数预测评	
	文化消费绝对值（元）	文化消费相关比例值（%）				文化消费比差值		2010年起点基准纵向测评	城乡地区无差距理想横向测评
		与产值比	占收入比	占总消费比	与非文消费剩余比	城乡比 乡村=1	地区差 无差距=1		
							无差距=1	基准值=100	理想值=100
全国	733.89	2.14	5.30	7.48	15.35	2.80	1.45	98.57	81.21
黑龙江	579.83	1.90	4.97	6.59	16.78	0.83	1.21	101.89	99.19
吉林	584.14	1.60	4.66	6.41	14.52	1.32	1.20	99.30	84.42
辽宁	750.62	1.55	4.94	6.83	15.15	1.61	1.02	99.56	85.88
东北	648.84	1.66	4.88	6.66	15.48	1.25	1.15	100.25	88.39
北京	1 923.06	2.26	6.45	9.56	16.58	2.04	2.62	99.65	97.91
天津	1 109.68	1.32	4.67	7.12	11.97	2.58	1.51	99.20	75.69
河北	465.69	1.42	3.97	6.22	9.85	2.00	1.37	99.21	69.75
山东	661.06	1.39	4.41	6.69	11.48	1.93	1.10	97.86	76.46
江苏	1 299.37	2.12	6.79	10.61	15.88	1.47	1.77	100.62	100.72
上海	2 315.82	2.77	7.04	9.69	20.44	2.35	3.16	100.39	106.21
浙江	1 270.69	2.15	5.50	8.12	14.55	1.65	1.73	99.85	91.09
福建	939.73	2.07	5.66	8.24	15.28	2.80	1.28	98.77	85.60

续　表

地　区	2011年城乡人均文化消费相关数值预测算							2011年景气指数预测评	
	文化消费绝对值（元）	文化消费相关比例值（%）				文化消费比差值		2010年起点基准纵向测评	城乡地区无差距理想横向测评
		与产值比	占收入比	占总消费比	与非文消费剩余比	城乡比 乡村=1	地区差 无差距=1	基准值=100	理想值=100
广东	1 239.08	2.44	6.22	8.20	20.48	5.42	1.69	98.40	89.15
海南	461.22	1.71	3.97	5.80	11.20	1.76	1.37	97.82	73.19
东部	1 064.34	1.99	5.69	8.29	15.37	2.56	1.76	99.58	84.75
山西	579.46	1.89	5.22	7.95	13.23	1.49	1.21	100.28	86.74
河南	492.52	1.73	4.53	6.76	12.12	3.21	1.33	97.76	71.36
安徽	615.32	2.54	5.55	7.52	17.49	2.26	1.16	99.49	88.81
湖北	497.75	1.54	4.22	6.01	12.44	2.50	1.32	96.00	70.43
江西	519.51	2.11	4.57	6.75	12.40	2.77	1.29	96.44	75.24
湖南	579.60	2.01	4.96	6.91	14.95	2.77	1.21	96.07	78.61
中部	540.92	1.92	4.80	6.89	13.61	2.55	1.25	97.47	77.03
内蒙古	802.10	1.39	5.82	7.31	22.19	3.00	1.09	96.96	85.93
陕西	664.74	2.07	6.34	8.02	23.23	2.23	1.09	98.11	94.20
宁夏	553.91	1.76	5.07	6.64	17.61	3.51	1.25	97.41	77.13

续　表

2011年城乡人均文化消费相关数值预测算

地区	文化消费绝对值（元）	文化消费相关比例值（%）				文化消费比差值		2011年景气指数预测评	
		与产值比	占收入比	占总消费比	与非文消费剩余比	城乡比 乡村=1	地区差 无差距=1	2010年起点基准纵向测评 基准值=100	城乡地区无差距理想横向测评 理想值=100
甘肃	405.75	2.20	5.48	6.97	20.44	2.85	1.45	97.26	81.80
青海	391.71	1.39	4.36	5.67	15.83	2.87	1.47	99.79	69.53
新疆	359.94	1.27	3.93	5.29	13.30	3.51	1.51	97.72	63.11
重庆	675.26	2.09	5.09	6.91	16.20	4.21	1.08	97.65	79.55
四川	484.26	1.98	4.71	6.08	17.29	3.91	1.34	96.57	74.17
贵州	400.76	2.61	5.36	7.20	17.36	4.36	1.45	98.26	79.23
广西	457.83	1.95	4.27	6.21	12.01	4.89	1.38	94.67	67.51
云南	408.85	2.30	4.48	6.09	14.44	3.39	1.44	98.52	73.16
西藏	115.42	0.58	1.56	2.47	4.09	4.97	1.84	102.34	37.45
西部	**500.94**	**1.92**	**4.96**	**6.59**	**16.74**	**3.66**	**1.37**	**97.07**	**75.32**

二、各省域城镇单行文化消费需求景气排行

2000 年以来各地城镇单行演算的文化消费需求景气指数变动态势分析见表 3，各省域按东、中、西部和东北四大区域，以 2010 年城乡之间、地区之间无差距理想状态横向测评的城镇单行文化消费需求景气排行指数高低排列。相关分析测算详见《中国城镇文化消费需求景气评价报告（2012）》一书。

表 3 至 2010 年各地城镇文化消费需求景气指数变动状况

地区	2010 年起点年度基数值自身纵向测评（起始年基数值=100）						2010 年城乡地区无差距理想值各地横向测评（全国理想值=100）	
	"十五"以来 10 年（2000~2010 年）		"十一五"期间 5 年（2005~2010 年）		最近一年以来（2009~2010 年）			
	景气指数	排 序	景气指数	排 序	景气指数	排 序	景气指数	排 序
全国	**110. 2554**	—	**94. 4030**	—	**100. 8304**	—	**80. 0258**	—
上海	117. 6450	10	102. 3606	6	102. 7748	12	99. 3142	1
北京	104. 4417	19	95. 0233	16	99. 4748	18	93. 4959	2
广东	120. 5441	9	93. 3791	18	101. 4361	13	91. 9685	3
江苏	124. 3478	7	106. 2054	3	101. 0867	14	91. 4807	4
浙江	110. 3328	14	92. 9102	20	99. 9226	16	84. 6844	8
福建	127. 8355	4	100. 6522	9	104. 0504	8	83. 9801	10
天津	101. 3134	20	97. 8689	13	103. 1121	11	73. 4919	22
山东	91. 6933	28	86. 2462	25	95. 5053	27	70. 2543	25
海南	112. 2383	12	95. 1080	15	95. 3488	28	64. 9978	28
河北	98. 4355	23	88. 4427	22	94. 6468	30	63. 4915	30
东部	**111. 4252**	(2)	**95. 9262**	(2)	**99. 5751**	(4)	**82. 4746**	(1)
贵州	110. 9211	13	91. 2910	21	100. 6272	15	89. 2981	5
陕西	107. 1188	16	101. 8513	8	97. 5400	25	86. 8321	6
内蒙古	131. 8404	3	98. 8901	12	97. 6934	24	85. 9190	7
重庆	99. 1286	22	83. 7887	28	97. 8487	23	83. 9432	11

续 表

地区	2010 年起点年度基数值自身纵向测评 (起始年基数值=100)						2010 年城乡地区无差距理想值各地横向测评 (全国理想值=100)	
	"十五"以来 10 年 (2000~2010 年)		"十一五"期间 5 年 (2005~2010 年)		最近一年以来 (2009~2010 年)			
	景气指数	排序	景气指数	排序	景气指数	排序	景气指数	排序
四川	97.7611	24	85.3097	27	103.3428	10	82.4765	12
甘肃	85.0413	31	83.3142	29	98.4868	22	81.9958	13
宁夏	88.5075	29	99.0663	11	105.3225	7	79.4092	16
云南	92.0961	27	87.6572	24	108.7081	3	75.3212	19
广西	95.1904	25	81.5953	30	95.2394	29	75.3025	20
新疆	87.4264	30	101.8730	7	103.7415	9	65.7742	27
青海	106.3233	17	93.2088	19	99.2042	19	64.3136	29
西藏	132.4456	2	95.8613	14	91.5480	31	36.1422	31
西部	**97.5918**	**(4)**	**88.1442**	**(4)**	**100.1913**	**(3)**	**79.0064**	**(2)**
黑龙江	124.6948	6	105.1883	4	99.7642	17	79.9848	15
辽宁	127.3894	5	106.6070	2	109.2110	2	76.6665	17
吉林	109.1601	15	104.3581	5	119.2657	1	73.4233	23
东北	**121.4145**	**(1)**	**103.6061**	**(1)**	**107.6956**	**(1)**	**75.9900**	**(3)**
安徽	121.9151	8	113.4924	1	107.8683	4	84.3322	9
湖南	93.6142	26	80.2541	31	106.0219	6	80.1770	14
江西	132.4874	1	88.2122	23	98.9336	21	75.8383	18
河南	115.6220	11	99.7274	10	106.2452	5	74.0208	21
山西	105.9142	18	94.4672	17	98.9671	20	72.9634	24
湖北	100.8657	21	86.0520	26	97.3888	26	68.8291	26
中部	**107.8920**	**(3)**	**92.3168**	**(3)**	**103.0804**	**(2)**	**75.5598**	**(4)**

　　2011 年各地城镇人均文化消费需求及其景气指数预测值见表4，各省域分为东北和东、中、西部四大区域，以由北至南、从东到西的大致地理分布排列。表中均为预测数值，仅供参考。

表4 2011年各地城镇文化消费需求景气指数变动测算

地区	文化消费绝对值（元）	2011年城乡人均文化消费相关比例值（%）				文化消费比差值		2011年景气指数预测评	
		与产值比	占收入比	占总消费比	与非文消费剩余比	城乡比 乡村=1	地区差 无差距=1	2010年起点基准纵向测评 基准值=100	城乡地区无差距理想横向测评 理想值=100
全国	**1 100.15**	**3.21**	**5.15**	**7.40**	**14.51**	**2.80**	**1.35**	**99.77**	**81.79**
黑龙江	533.02	1.75	3.47	4.50	13.12	0.83	1.52	101.09	82.31
吉林	658.64	1.80	3.80	5.07	13.23	1.32	1.40	99.70	75.31
辽宁	887.55	1.83	4.45	5.98	14.78	1.61	1.19	100.94	79.32
东北	**711.61**	**1.82**	**4.01**	**5.32**	**13.97**	**1.25**	**1.37**	**100.72**	**78.32**
北京	2 076.59	2.44	6.44	9.57	16.48	2.04	1.89	99.63	92.65
天津	1 276.36	1.51	4.71	6.98	12.66	2.58	1.16	99.14	75.24
河北	642.55	1.96	3.56	5.71	8.61	2.00	1.42	99.37	66.61
山东	874.69	1.83	3.92	6.06	10.00	1.93	1.20	98.02	71.39
江苏	1 511.29	2.46	5.83	9.53	13.06	1.47	1.37	101.19	92.76
上海	2 482.47	2.97	7.06	9.72	20.47	2.35	2.26	100.28	99.20
浙江	1 516.94	2.56	4.98	7.74	12.24	1.65	1.38	100.13	85.53
福建	1 373.53	3.02	5.66	8.46	14.63	2.80	1.25	100.55	86.48

续表

地 区	文化消费绝对值（元）	2011年城乡人均文化消费相关数值预测算							2011年景气指数预测评	
		文化消费相关比例值（%）				文化消费比差值			2010年起点基准纵向测评	城乡地区无差距理想横向测评
		与产值比	占收入比	占总消费比	与非文消费剩余比	城乡比 乡村=1	地区差 无差距=1		基准值=100	理想值=100
广东	1 777.34	3.50	6.80	8.84	22.75	5.42	1.62		99.64	93.99
海南	594.55	2.20	3.43	4.93	10.12	1.76	1.46		99.89	68.30
东部	**1 432.98**	**2.68**	**5.56**	**8.19**	**14.79**	**2.56**	**1.50**		**100.09**	**84.00**
山西	699.32	2.28	3.96	6.52	9.19	1.49	1.36		99.82	75.10
河南	856.77	3.02	4.77	7.12	12.59	3.21	1.22		100.21	77.19
安徽	900.99	3.72	5.12	7.08	15.57	2.26	1.18		100.90	86.38
湖北	742.47	2.29	4.16	5.92	12.22	2.50	1.33		98.41	70.93
江西	826.38	3.35	4.78	6.99	13.12	2.77	1.25		100.89	79.60
湖南	904.80	3.15	4.95	7.05	14.27	2.77	1.18		98.20	80.51
中部	**831.00**	**2.96**	**4.67**	**6.81**	**12.90**	**2.55**	**1.25**		**99.55**	**77.66**
内蒙古	1 177.89	2.04	5.88	7.41	22.15	3.00	1.07		99.51	87.91
陕西	960.34	2.99	5.47	7.34	17.69	2.23	1.13		99.59	87.35
宁夏	890.65	2.82	5.18	7.12	15.99	3.51	1.19		97.95	79.47

续 表

地 区	文化消费绝对值（元）	2011年城乡人均文化消费相关数值预测算							2011年景气指数预测评	
		文化消费相关比例值（%）				文化消费比差值		2010年起点基准纵向测评 基准值=100	城乡地区无差距理想横向测评 理想值=100
		与产值比	占收入比	占总消费比	与非文消费剩余比	城乡比 乡村=1	地区差 无差距=1		
甘肃	713.64	3.87	4.90	6.61	15.96	2.85	1.35	97.45	80.78
青海	624.70	2.22	4.09	5.98	11.43	2.87	1.43	99.67	67.48
新疆	625.37	2.21	4.20	5.64	14.08	3.51	1.43	97.94	67.51
重庆	1 052.28	3.25	5.42	7.23	17.74	4.21	1.04	98.58	84.35
四川	882.61	3.60	5.18	6.65	19.00	3.91	1.20	98.51	83.15
贵州	865.84	5.65	5.53	7.90	15.56	4.36	1.21	99.65	89.87
广西	890.23	3.80	4.69	7.11	12.09	4.89	1.19	97.83	76.88
云南	747.44	4.21	4.24	6.26	11.62	3.39	1.32	98.28	75.67
西藏	295.34	1.49	1.84	2.88	4.82	4.97	1.73	100.21	42.20
西部	886.45	3.39	5.06	6.90	15.94	3.66	1.28	98.52	79.89

三、各省域乡村单行文化消费需求景气排行

2000 年以来各地乡村单行演算的文化消费需求景气指数变动态势分析见表 5，各省域按东、中、西部和东北四大区域，以 2010 年城乡之间、地区之间无差距理想状态横向测评的乡村单行文化消费需求景气排行指数高低排列。相关分析测算详见《中国乡村文化消费需求景气评价报告（2012）》一书。

表5　至 2010 年各地乡村文化消费需求景气指数变动状况

地区	2010 年起点年度基数值自身纵向测评（起始年基数值＝100）						2010 年城乡地区无差距理想值各地横向测评（全国理想值＝100）	
	"十五"以来 10 年（2000～2010 年）		"十一五"期间 5 年（2005～2010 年）		最近一年以来（2009～2010 年）			
	景气指数	排序	景气指数	排序	景气指数	排序	景气指数	排序
全国	77.4646	—	74.3962	—	94.3370	—	79.2653	—
黑龙江	130.8314	2	114.4209	3	96.7177	11	129.1872	1
吉林	90.8347	9	93.3730	7	93.4540	18	101.0181	6
辽宁	85.7732	11	72.1135	18	93.5523	17	94.4242	11
东北	**99.9690**	**(1)**	**88.7832**	**(1)**	**94.0664**	**(2)**	**106.0148**	**(1)**
江苏	114.0461	5	101.9471	4	97.3347	8	120.8291	3
浙江	97.2477	7	78.2967	12	90.4930	23	104.3639	5
上海	79.0115	17	71.1520	20	97.1811	10	94.8756	9
北京	80.8886	15	79.7819	11	91.9619	19	94.6702	10
海南	75.5347	20	97.5277	5	101.0150	5	86.2534	13
山东	85.0986	12	73.9252	16	96.4057	13	82.7835	15
福建	76.0396	19	77.9633	14	94.4511	15	82.1770	16
河北	98.4056	6	86.1373	8	104.9459	3	72.9029	19
天津	79.3746	16	80.3898	10	106.4358	2	67.1390	24
广东	58.0593	28	62.8032	26	98.7750	7	58.2331	28
东部	**87.2481**	**(2)**	**81.2680**	**(2)**	**96.1836**	**(1)**	**81.5849**	**(2)**

续 表

地区	2010 年起点年度基数值自身纵向测评（起始年基数值=100）						2010 年城乡地区无差距理想值各地横向测评（全国理想值=100）	
	"十五"以来 10 年（2000~2010 年）		"十一五"期间 5 年（2005~2010 年）		最近一年以来（2009~2010 年）			
	景气指数	排序	景气指数	排序	景气指数	排序	景气指数	排序
山西	124.4813	3	96.4080	6	90.9218	22	111.5826	4
安徽	95.4951	8	75.2795	15	96.1204	14	95.9079	8
湖南	62.1061	25	63.0517	25	91.6976	20	78.9576	17
江西	57.3925	30	62.7540	27	99.4575	6	72.8545	20
湖北	58.6147	27	63.8618	24	89.7919	26	70.8699	23
河南	70.5215	22	81.5572	9	91.2570	21	63.7492	25
中部	**71.9550**	**(3)**	**72.0301**	**(3)**	**93.0785**	**(3)**	**77.7696**	**(3)**
陕西	83.8035	13	73.2679	17	89.8230	25	124.4458	2
青海	124.3976	4	125.4893	1	104.6668	4	98.5828	7
甘肃	81.0881	14	61.1673	28	94.0971	16	90.6440	12
内蒙古	63.4019	24	69.4121	22	89.4496	27	84.3827	14
云南	88.0083	10	71.3178	19	97.3030	9	75.0067	18
贵州	77.0924	18	70.0868	21	108.5806	1	72.2622	21
宁夏	70.2874	23	77.9901	13	96.6610	12	71.2723	22
四川	57.5900	29	60.4489	29	86.8230	29	61.0437	26
重庆	61.2829	26	60.2802	30	88.2902	28	59.4981	27
广西	42.9496	31	50.1842	31	84.0190	30	55.2164	29
新疆	72.0845	21	64.3526	23	90.1006	24	51.4406	30
西藏	186.3664	1	115.3885	2	77.7996	31	24.2022	31
西部	**65.5344**	**(4)**	**64.3343**	**(4)**	**91.0798**	**(4)**	**68.9884**	**(4)**

2011 年各地城镇人均文化消费需求及其景气指数预测值见表 6，各省域分为东北和东、中、西部四大区域，以由北至南、从东到西的大致地理分布排列。表中均为预测数值，仅供参考。

表6 2011年各地乡村文化消费需求景气指数变动测算

2011年城乡人均文化消费相关数值预测算

地 区	文化消费绝对值（元）	文化消费相关比例值（%）				文化消费比差值		2011年景气指数预测评	
		与产值比	占收入比	占总消费比	与非文消费剩余比	城乡比 乡村=1	地区差 无差距=1	2010年起点基准纵向测评 基准值=100	城乡地区无差距理想横向测评 理想值=100
全国	392.33	1.14	6.02	8.13	18.81	2.80	1.48	97.13	81.06
黑龙江	639.45	2.10	9.26	13.11	23.95	0.83	1.63	102.21	131.29
吉林	500.40	1.37	7.17	10.94	17.22	1.32	1.28	98.89	101.53
辽宁	549.60	1.14	7.14	11.14	16.60	1.61	1.40	98.37	95.50
东北	567.63	1.45	7.87	11.79	19.13	1.25	1.44	99.75	107.12
北京	1016.81	1.19	6.90	9.95	18.36	2.04	2.59	97.82	94.80
天津	494.56	0.59	4.43	9.15	7.91	2.58	1.26	97.66	70.69
河北	321.34	0.98	4.94	7.54	12.55	2.00	1.18	99.60	76.93
山东	452.86	0.95	5.88	8.53	15.94	1.93	1.15	98.18	84.56
江苏	1 025.59	1.67	10.25	14.14	27.12	1.47	2.61	100.77	122.81
上海	1 057.12	1.26	6.90	9.46	20.33	2.35	2.69	97.84	95.28
浙江	921.85	1.56	7.40	9.33	26.34	1.65	2.35	99.70	105.76
福建	490.62	1.08	6.08	8.22	18.94	2.80	1.25	96.80	83.60

续表

地区	文化消费值绝对值（元）	2011年城乡人均文化消费相关数值预测算				文化消费比差值		2011年景气指数预测评	
		文化消费相关比例值（%）				城乡比 乡村=1	地区差 无差距=1	2010年起点基准纵向测评 基准值=100	城乡地区无差距理想横向测评 理想值=100
		与产值比	占收入比	占总消费比	与非文消费剩余比				
广东	327.87	0.65	3.85	5.52	11.25	5.42	1.16	92.29	59.84
海南	337.74	1.25	5.86	9.01	14.37	1.76	1.14	97.05	86.86
东部	560.76	1.05	6.44	9.08	18.13	2.56	1.74	98.37	84.14
山西	470.60	1.54	9.07	11.44	30.48	1.49	1.20	101.43	114.22
河南	266.82	0.94	4.36	6.54	11.58	3.21	1.32	96.10	66.76
安徽	398.87	1.65	6.83	8.89	22.69	2.26	1.02	98.75	97.23
湖北	297.39	0.92	4.64	6.60	13.51	2.50	1.24	94.11	71.22
江西	297.97	1.21	4.66	6.98	12.28	2.77	1.24	94.12	73.21
湖南	327.20	1.14	5.30	7.01	17.83	2.77	1.17	94.40	78.15
中部	325.92	1.16	5.37	7.51	15.82	2.55	1.20	96.08	78.72
内蒙古	392.41	0.68	6.42	7.95	25.08	3.00	1.00	94.34	83.71
陕西	429.97	1.34	9.44	10.14	57.47	2.23	1.10	97.87	122.42
宁夏	253.66	0.80	4.91	5.70	26.27	3.51	1.35	96.26	73.38

续表

地 区	2011 年城乡人均文化消费相关数值预测算									2011 年景气指数预测评		
	文化消费绝对值（元）	文化消费相关比例值（%）				文化消费比差值			2010 年起点基准纵向测评	城乡地区无差距理想横向测评
		与产值比	占收入比	占总消费比	与非文消费剩余比	城乡比乡村＝1	地区差无差距＝1	基准值＝100	理想值＝100
甘肃	250.32	1.36	6.70	7.70	33.97	2.85	1.36	97.77	91.69
青海	217.59	0.77	5.12	5.15	90.75	2.87	1.45	103.27	113.97
新疆	178.40	0.63	3.46	4.65	11.86	3.51	1.55	96.77	56.21
重庆	249.69	0.77	4.27	6.26	11.84	4.21	1.36	94.59	61.90
四川	225.62	0.92	4.02	5.26	14.60	3.91	1.42	94.22	62.97
贵州	198.68	1.30	5.22	6.33	22.86	4.36	1.49	97.10	75.02
广西	182.13	0.78	3.67	4.85	13.11	4.89	1.54	91.53	56.52
云南	220.65	1.24	5.06	5.88	26.54	3.39	1.44	98.61	78.08
西藏	59.47	0.30	1.28	2.04	3.33	4.97	1.85	106.25	35.75
西部	242.36	0.93	4.98	6.22	19.99	3.66	1.41	95.44	70.69

四、各中心城市文化教育消费需求景气排行

中心城市统计数据未区分文化消费与教育消费，因而进行文化教育消费综合测算。

2005年以来各中心城市单独演算的文化教育消费需求景气指数变动态势分析见表7，各城市以2010年城乡之间、地区之间无差距理想状态横向测评的文化教育消费需求景气排行指数高低排列。相关分析测算详见《中国中心城市文化消费需求景气评价报告（2012）》一书。

表7 至2010中心城市文化教育消费需求景气指数变动状况

地 区	2010年起点年度基数值自身纵向测评（起始年基数值＝100）				2010年城乡地区无差距理想值各地横向测评（全国理想值＝100）	
	"十一五"期间5年（2005～2010年）		最近一年以来（2009～2010年）			
	景气指数	排 序	景气指数	排 序	景气指数	排 序
全国城镇	**87.14**	—	**98.91**	—	**76.18**	—
广州	100.86	7	100.15	15	105.47	1
南京	106.03	3	106.72	2	93.47	2
沈阳	104.62	5	102.16	5	91.87	3
西安	89.30	18	99.10	18	90.84	4
贵阳	92.20	12	105.54	4	85.51	5
长春	98.69	8	99.14	17	85.41	6
北京	91.35	13	97.96	24	83.87	7
上海	88.36	20	98.80	21	83.86	8
哈尔滨	104.75	4	99.55	16	83.11	9
合肥	140.21	1	101.46	8	81.15	10
宁波	93.40	10	97.29	26	80.72	11
银川	93.44	9	101.30	11	78.38	12
太原	90.05	14	92.43	35	78.20	13

续　表

| 地　区 | 2010 年起点年度基数值自身纵向测评（起始年基数值 = 100） | | | | 2010 年城乡地区无差距理想值各地横向测评（全国理想值 = 100） | |
| | "十一五"期间 5 年（2005～2010 年） | | 最近一年以来（2009～2010 年） | | | |
	景气指数	排　序	景气指数	排　序	景气指数	排　序
重庆	82.48	27	94.97	31	77.24	14
成都	86.28	23	97.26	27	76.64	15
福州	119.88	2	105.89	3	76.21	16
大连	85.65	24	101.64	6	72.75	17
兰州	80.21	30	97.65	25	72.10	18
长沙	78.50	34	100.86	12	71.75	19
南宁	77.74	35	97.99	23	70.32	20
厦门	89.37	17	100.34	13	69.27	21
济南	89.92	15	99.03	20	67.61	22
呼和浩特	88.50	19	96.06	29	67.14	23
天津	87.30	22	101.63	7	66.72	24
杭州	78.60	33	94.88	32	65.01	25
南昌	89.66	16	93.35	34	64.97	26
乌鲁木齐	81.90	28	101.36	9	64.80	27
青岛	79.70	31	98.33	22	64.51	28
昆明	101.62	6	116.16	1	64.40	29
海口	87.61	21	94.21	33	63.95	30
深圳	84.83	25	96.19	28	63.01	31
武汉	79.27	32	95.42	30	62.23	32
郑州	82.95	26	101.31	10	58.85	33
石家庄	80.97	29	100.27	14	53.40	34
西宁	92.82	11	99.07	19	51.70	35
拉萨	—	—	—	—	—	—

注：拉萨市因缺少 2010 年市辖区人口和产值数据，相关演算测评阙如。后同。

　　2011 年各中心城市单独演算的人均文化教育消费需求及其景气指数预测值见表 8，各城市依所在省域，分为东北和东、中、西部四大区域，以由北至南、从东到西的大致地理分布排列。表中均为预测数值，仅供参考。

表8　2011年中心城市人均文化教育消费需求景气指数变动测算

地区	文化消费绝对值（元）	2011年城乡人均文化消费相关数值预测算							2011年景气指数预测评	
		文化消费相关比例值（%）				文化消费比差值		2010年起点基准纵向测评 基准值=100	城乡地区无差距理想横向测评 理想值=100
		与产值比	占收入比	占总消费比	与非文消费剩余比	城乡比 乡村=1	地区差 无差距=1		
全国城镇	1 761.13	5.06	8.17	11.76	21.14	4.60	1.32	97.34	78.75
哈尔滨	1 576.54	2.57	8.03	10.09	28.24	1.62	1.10	99.26	85.23
长春	1 950.20	2.67	9.70	12.14	32.53	2.68	1.11	99.50	88.03
沈阳	2 782.71	2.91	11.75	14.07	41.67	3.16	1.58	100.61	97.67
大连	1 880.00	1.45	7.87	10.25	25.35	3.16	1.07	96.86	75.35
北京	3 489.70	2.60	10.19	14.91	24.34	3.12	1.98	98.03	85.88
天津	2 054.35	1.62	7.42	11.13	18.20	4.15	1.17	97.05	69.84
石家庄	1 053.29	1.90	5.11	9.25	10.24	3.35	1.40	95.31	56.63
济南	2 086.93	2.12	7.28	11.71	16.12	3.45	1.18	97.76	71.43
青岛	1 818.46	1.34	6.37	9.25	17.02	3.45	1.03	94.86	66.38
南京	3 700.51	3.96	11.51	18.34	23.62	2.29	2.10	101.12	97.63
上海	3 637.48	2.55	10.27	14.13	27.31	3.60	2.07	97.31	85.89
杭州	2 113.30	1.69	6.25	9.63	15.11	3.20	1.20	94.14	66.00

续 表

地 区	文化消费绝对值（元）	2011年城乡人均文化消费相关数值预测算							2011年景气指数预测评	
		文化消费相关比值（%）				文化消费比差值			2010年起点基准纵向测评 基准值=100	城乡地区无差距理想横向测评 理想值=100
		与产值比	占收入比	占总消费比	与非文消费剩余比	城乡比 乡村=1	地区差 无差距=1			
宁波	3 412.26	2.14	10.13	15.89	21.85	3.20	1.94	98.56	84.20
福州	2 623.81	2.78	10.01	14.08	25.72	4.04	1.49	102.72	84.60
厦门	2 599.68	2.02	7.92	11.73	19.57	4.04	1.48	97.88	73.01
广州	5 286.41	3.10	15.55	18.94	46.46	7.97	3.00	99.89	111.22
深圳	2 568.94	0.64	7.74	11.10	20.38	7.97	1.46	95.49	65.68
海口	1 190.82	2.83	6.39	8.65	19.66	3.13	1.32	96.96	67.02
太原	1 617.13	2.50	8.48	12.24	21.65	2.85	1.08	95.60	77.82
郑州	1 283.21	2.68	5.91	9.17	14.27	4.54	1.27	96.71	62.48
合肥	2 638.58	2.30	12.10	16.57	30.94	4.45	1.50	104.43	92.74
武汉	1 595.06	1.44	6.73	9.83	17.58	4.63	1.09	94.17	64.24
南昌	1 487.24	1.86	7.26	9.35	24.50	4.44	1.16	97.66	69.79
长沙	2 083.78	1.60	8.32	11.98	21.41	4.73	1.18	94.75	72.75
呼和浩特	2 178.58	1.89	7.73	11.35	19.50	4.69	1.24	97.72	71.49

续 表

地 区	文化消费绝对值（元）	2011年城乡人均文化消费相关数值测算							2011年景气指数预测评	
		文化消费相关比例值（%）				文化消费比差值			2010年起点基准纵向测评 基准值=100	城乡地区无差距理想横向测评 理想值=100
		与产值比	占收入比	占总消费比	与非文消费剩余比	城乡比 乡村=1	地区差 无差距=1			
西安	2 332.00	4.03	11.13	14.65	31.64	4.09	1.32		97.69	91.80
银川	1 778.64	2.82	9.14	11.56	30.33	5.56	1.01		98.68	82.10
兰州	1 298.51	2.81	8.36	10.92	26.23	5.04	1.26		95.44	73.53
西宁	856.01	1.74	5.48	8.41	13.59	4.16	1.51		96.36	55.01
乌鲁木齐	1 255.85	1.96	8.04	11.38	21.50	6.25	1.29		96.21	68.09
重庆	1 700.57	3.82	7.86	10.35	24.62	5.96	1.03		95.25	77.09
成都	2 248.10	2.55	9.56	13.18	25.80	5.98	1.28		97.30	79.80
贵阳	1 907.47	4.50	10.37	13.28	32.10	7.14	1.08		98.27	88.78
南宁	1 584.90	2.88	7.98	11.17	21.84	7.43	1.10		95.17	72.45
昆明	1 522.86	2.25	7.47	10.12	22.21	5.06	1.14		100.43	70.68
拉萨	632.05	—	3.50	5.11	9.98	11.03	1.64		—	—

2012 年云南文化事象纪要

蒋坤洋（整理）

1 月

以"玉出云南，珠宝天堂"为主题的首届中国云南·昆明新年国际珠宝展在昆明国际会展中心举行，由中国珠宝玉石首饰行业协会、昆明市人民政府、云南省文化产业发展领导小组办公室、云南省石产业联席会议办公室、云南省石产业促进会、云南省珠宝玉石首饰行业协会主办，时间从 2011 年 12 月 31 日至 2012 年 1 月 4 日。全国政协副主席白立忱宣布开幕，省委副书记仇和，省政协主席王学仁，常务副省长罗正富，省委常委、昆明市委书记张田欣，省委常委、省委秘书长、副省长曹建方，省政协副主席陈勋儒、王学智，省老领导陶昌廉、和占钧等出席开展仪式并巡馆，省政协秘书长车志敏主持开幕式。昆明市市长、珠宝展组委会主任张祖林及云南省珠宝玉石首饰行业协会负责人致词。（《云南日报》2012.1.1）

4 日，安宁花园壹号老朋友艺术团近日在奥地利维也纳金色大厅荣获第四届国际民族艺术节最高金奖。第四届国际民族艺术节是一个以艺术比赛形式促进和平、爱心与民族和谐的盛会，全球共有 18 支代表团参赛。安宁花园壹号老朋友艺术团以舞蹈《有一个美丽的地方》夺得本届艺术节最高金奖。艺术团由昆明各县市区离退休老年人组成，是一个以云南少数民族舞蹈为主导的民间艺术团，建团 15 年来，多次荣获国家、省级文化奖项，并应邀到欧洲多个国家表演。（《云南日报》2012.1.5）

近日，"中国传统文化与现代创意策划的融合交流峰会暨第八届中国策划师年会"在山东曲阜孔子文化会展中心召开。年会表彰了2011年度在策划界做出突出贡献的一批策划人和创意机构。昆明市工人文化宫为实现跨越发展的"文化宫殿"创意喜获全国策划界大奖。来自全国100多个城市的300多位策划界精英参加年会，西部文化产业策划发展集团因打造了工人文化宫策划，被年会评为"2011年度创意策划界最具成长力企业"。（《云南日报》2012.1.10）

9日，由省文产办主管主办、云南网承办的我省文化产业界最大的门户网站——云南文产网（www.ynci.cn）正式开通上线。受省委常委、省委宣传部部长赵金的委托，省委宣传部常务副部长、省文产办主任尹欣出席网站开通仪式，并与云南日报报业集团党委书记、社长罗杰，云南日报报业集团副社长、总编辑徐体义共同按动水晶球启动网站。云南文产网作为云南文化产业展示成果、交流经验、推介项目的网络平台，致力于传播文化产业资讯、法律政策、项目及人才信息，为相关研究机构、文产企业、服务提供商、经销商等提供查询、展示、交流等服务。该网站共有1个门户网站、1个社区和2个数据库，其中，门户网站为云南文产网，社区为云南文化产业论坛，2个数据库分别是云南文化产业项目数据库和云南文化产业人才库。（《云南日报》2012.1.10）

截至2011年底，我省第三次全国文物普查已全面完成各阶段工作目标和任务，取得了丰硕成果。全省不可移动文物数量由原来的5 300处增加到14 704处，增幅近300%。其中，新发现10 998处，复查3 706处。从文物类别上来看，古遗址1 693处，古墓葬1 191处，古建筑5 531处，石窟寺及石刻1 291处，近现代重要史迹及代表性建筑4 825处，其他类别173处，调查登记消失文物961处。对于普查中新发现的不可移动文物，各地已采取边调查边保护的方式，积极进行价值评估，及时认定和公布为相应级别的文物保护单位。目前，各州市级文物保护单位由224项增加到536项，县级文物保护单位由1 504项增加到2 079项；各级历史文化名城（村、镇）由31个增加到70个，使大批文物项目纳入国家依法保护的范畴。（《云南日报》2012.1.17）

18日晚，"春之声"2012云南省迎新晚会在云南电视台演播厅举行，晚会用激情的歌舞礼赞大山精神，抒写高原情怀，放歌美好云南。省委书记、省人大常委会党组书记秦光荣，省委副书记、代省长李纪恒，省政协主席王学仁，省委常委、省军区政委杨成熙，省人大常委会常务副主任晏友琼走上舞台，代表省委、省人大常委会、省政府、省政协、省军区，向全省各族人民拜年。作为中国面向西南开放的重要桥头堡、各民族和谐相处的美丽家园，云南和祖国一道，从 2012 年的春天出发，走向新的辉煌。晚会在《祝福云南》的歌声中落下帷幕。祝福云南，坚定、担当、务实，弘扬大山精神；祝福云南，高远、开放、包容，彰显高原情怀。新的一年，新的起点，云南即将开始奋进之旅，跨越之年。（《云南日报》2012.1.19）

2 月

日前，为期 4 天的"玉溪米线文化节"在玉溪两湖大瀑布广场举行。米线节是玉溪汉族的民间传统节日。因为节日期间必吃米线，必唱花灯，所以称"米线节"，又称"灯节"。2007 年，中国（云南）玉溪米线文化节被世界纪录协会评为世界上历时最长的节日，并颁发了"世界纪录证书"。2011 中国品牌节会上，中国（云南）玉溪米线文化节荣获"中国最具地方特色美食节"称号。（《云南日报》2012.2.6）

2 月 14 日，历经 7 年申请论证，国务院正式批复：同意调整绿春黄连山国家级自然保护区区划范围。黄连山自然保护区位于绿春县中南部，属哀牢山南延余脉，是北回归线上保存最完整的原始森林群落之一，森林覆盖率达 75.3%，海拔高差从 2 637 米至 320 米。保护区范围内生长着多种珍稀动植物，被誉为"中国滇南生物基因库"。1983 年，经省政府批准，该保护区成为省级自然保护区。2003 年，该保护区晋升为国家级自然保护区。2005 年，国家林业局划定，该保护区总面积为 65 058 公顷，保护区内及周边生活着绿春县 8 个乡镇 28 个村委会近 5 万各族群众。2006 年，绿春县开始申请黄连山保护区面积和功能区调整。2008 年，调整方案获省级和国家有关部门审查通过，并在国家环保网上进行公示。2009 年，调整方案及相关资料经国家环保部报国务院审批。（《云南日报》2012.2.14）

日前，由省珠宝玉石质量监督检验研究院主办的《中国翡翠》杂志发刊暨首届中国翡翠（云南）创意设计大赛启动仪式在昆明举行。首届中国翡翠（云南）创意设计大赛面向社会各界设计师、院校师生、珠宝爱好者，旨在通过设计创新提升云南翡翠产业软实力，助推珠宝产业健康发展。仪式上，省文产办和省珠宝玉石质量监督检验研究院联合发布了云南省珠宝玉石销售2011年动态评估报告。报告显示，去年全省珠宝玉石销售总额（不含翡翠及其他玉种的原料交易）达到303亿元，同比增长23.7%。省石产业促进会会长和占钧出席仪式。（《云南日报》2012.2.14）

第二届中国聂耳音乐（合唱）周期间，聂耳的诞生地昆明五华区甬道街73~74号"成春堂"昆明聂耳故居及聂耳纪念馆修缮落成并向广大市民开放。聂耳这位中华人民共和国国歌的曲作者、伟大的"人民音乐家"的第一生活现场，成为了世人关注的文化热点。中国聂耳音乐（合唱）周每两年举办一次，是我省打造聂耳音乐文化品牌、推动云南民族文化强省建设、提升云南文化软实力和文化影响力的一项重要举措，成为云南乃至全国开展群众性爱国主义教育活动的重要内容和创新载体。（《云南日报》2012.2.16）

2011 年云南文化十大数字新闻

1. 新举措——两个协议：云南省人民政府与文化部签订《关于支持云南省加快桥头堡文化建设的战略合作协议》，助力云南文化强省建设；云南省文化厅与中国人民建设银行云南省分行签订《关于支持云南文化产业发展战略合作协议》，推动云南文化产业快速发展。

2. 新试点——一个示范：保山市被文化部批准为第一批创建国家公共文化服务体系建设示范区，为我国公共文化服务体系建设探索路径，积累经验，提供示范。

3. 新组织——三个机构：成立云南省非物质文化遗产保护中心；成立《中国文化报》云南记者站；成立云南文化传播中心。

4. 新服务——百场送戏：云南省属国有文艺院团开展"文化大篷车·千乡万里送戏行"活动，共赴全省21个县136个乡镇演出161场，观众达20多万人次。

5. 新创意——两项创新：举办首届云南文化创意周，是一次集"展览、集市、演艺、论坛"为一体的文化创意盛会；举办首届云南省农民工文化节，是我省首个为农民工举办的文化节日，也是首次与农民工互动迎新的大规模文化活动。

6. 新影响——万人活动：举办第十一届云南省新剧（节）目展演，有 32 台剧（节）目共 64 场演出，4.2 万人参与；举办第二届云南省"大家乐"群众文化广场舞蹈大赛，43 万人次参与初赛复赛；举办第七届云南省民族民间歌舞乐展演，参与演员及观众近万人。

7. 新管理——三个开通：开通"文化云南"网站，是全国首个由政府主导的文化网站；开通全省文化视频会议系统，建成全省文化系统宽带多媒体共享平台；开通云南省文化厅网上无纸化办公系统，全面实现与 16 个州市文化局和 17 家直属单位的远程电子公文交换。

8. 新成绩——五个奖项：花灯剧《梭椤寨》荣获"五个一工程"奖和文华剧目奖；话剧《搬家》荣获第十二届中国戏剧节剧目奖、优秀编剧奖；京剧《罗成》荣获第六届中国京剧艺术节参演剧目奖；胡春华荣获第 25 届中国戏剧"梅花奖"；云南省直系统参加云南省青年歌手电视大奖荣获"两银两铜"奖。

9. 新建设——两项工程：云南省博物馆新馆主体完工、云南文化艺术职业学院新学生宿舍楼完工。

10. 新项目——一个中心："中国西南国际民族文化艺术交流中心"对外国际文化建设项目，由云南省委、省政府确定为全省"十二五"期间的 10 大文化建设项目之一。（《云南日报》2012.2.23）

1 月 25 日至 2 月 15 日，由昆明市民族歌舞剧院以及成方圆、铁金、魏金栋、沈娟等国内知名艺术家组成的艺术团在国务院侨办的率领下，赴南美洲进行"文化中国·四海同春"春节慰侨演出活动，为巴拿马、哥斯达黎加、巴西三国的侨胞们送去了独具云南民族风情的歌舞表演和祖国人民的深切问候。此行是剧院第 8 次应邀跟随国侨办出国演出，6 年多来，剧院随国侨办的演出足迹遍及美国、法国、英国、德国、澳大利亚、新西兰、日本、印尼、菲律宾、泰国、肯尼亚、南非等国家和香港地区。剧院的出访演出，不仅把独有的云南民族风情展现给了外国观众，也为云南及昆明的对外文化交流增添了靓丽的光彩。（《云南日报》

2012.2.23）

日前，省政府核定公布了第七批省级文物保护单位143处，至此，我省省级文物保护单位总量达386处。1965年以来，省政府先后公布了6批省级重点文物保护单位共计317项，其中有74项已公布为全国重点文物保护单位。2011年初，经省政府同意，省文物局启动了第七批省级文物保护单位申报遴选工作。省政府此次公布的第七批省级文物保护单位143处中，有古遗址11处、古墓葬6处、古建筑95处、近现代重要史迹及代表性建筑28处、其他3处。除关注传统类别的文物点外，第七批省级文物保护单位还对乡土建筑、工业遗产、文化景观等新型文化遗产给予了关注。位于维西县的同乐傈僳族传统民居建筑群、罗平腊者布依族传统民居建筑群、开远市南桥水电厂、禄丰县滇中古驿道、茶马古道云南段、元江那诺梯田等一批新型文化遗产名列其中。（《云南日报》2012.2.29）

3月

13日上午，我省"云之南"艺术团带着省委、省政府的亲切关怀来到昆明市东川区，"乌蒙魂红土情"慰问演出在这里精彩上演。演出在波澜壮阔的大型歌舞《东川神鼓》中拉开序幕，演员们用自己的歌声、舞蹈表达着对祖国、对这片土地的热爱。歌舞《苗寨恋歌》，歌曲联唱《我深情地爱恋红土地》《乌蒙汉》等节目欢快热烈，展现了东川人民创造和谐美好、富足安康的生活画卷。著名歌唱家王红星的歌曲《我的太阳》、天籁妞妞组合的歌舞《春之声，云之南》等节目，更是深深吸引了全场数千名观众，并博得阵阵掌声与欢呼。（《春城晚报》2012.3.14）

21日，第八届中国杂技金菊奖第七次理论奖颁奖在昆明揭晓。"中国杂技金菊奖理论奖"是中国杂技家协会为鼓励和推进杂技艺术理论研究工作、促进杂技理论的建设而特别设立的。2011年底，中国杂协面向全国启动理论奖的征稿评选活动，征集到101篇理论文章和作品。经过评委的评选，《作为艺术的杂技的哲学维度》等9篇文章分获一、二、三等奖。这些获奖作品围绕"文艺院团体制改革对杂技艺术发展的机遇与挑战""杂技赛场与市场关系辨析""杂技艺术发展的创作理念，呈现的新特点、新趋势"等主题进行探讨，为新时期杂技艺术发展提供了理论支

持。(《春城晚报》2012.3.22)

22 日，第 13 届亚洲艺术节交接旗仪式在昆明隆重举行。省委常委、副省长李江从文化部副部长赵少华手中接过亚洲艺术节旗帜，并转交给昆明市市长张祖林，标志着第 13 届亚洲艺术节筹备工作正式启动，也标志着昆明市成功申办第 13 届亚洲艺术节。亚洲艺术节是由国务院批准的首个区域性国际艺术节，自举办以来，已先后在北京、杭州、长春、重庆等地举办了 12 届，成为丰富人民文化生活，集中展示地方经济文化发展和人文风貌的重要窗口，也成为展示亚洲优秀文化艺术成果，促进亚洲文化交流与合作的重要平台。第 13 届亚洲艺术节将由文化部与云南省人民政府联合主办，于 2013 年在昆明举行。(《春城晚报》2012.3.23)

为了进一步挖掘老昆明最有特色的、昆明人民传统的春游踏青习俗——"三月三·耍西山"，结合西山风景区申报国家 5A 级旅游景区工作，加强对"三月三·耍西山"这一非物质文化遗产和非物质文化传承人的保护工作，"三月三·耍西山"作为昆明西山区独有的民俗，已经列为昆明市保护项目。目前，西山区政府正在为申请省级"非遗"抓紧工作。(《春城晚报》2012.3.25)

4 月

4 月 5 日，为期 7 天的大理白族自治州三月街民族节开幕。省人大常委会副主任程映萱出席开幕式。7 天时间里，有传统的"大理古乐"展演，"乐在古城"系列文化活动，白族绕三灵、龙狮舞游演和定点表演，大理州新创小戏小品文艺会演，民族民间文艺展演，民族民间歌手比赛及广场文艺晚会，大理三月街民族节赛马大会暨云南省第八届农民运动会赛马，首届中国大理国际珠宝玉石节，迷你马拉松 5 公里赛，环洱海自行车比赛。同时还有佛教文物珍品展、寇元勋书画新作展、风筝放飞等丰富多彩的活动。(《云南日报》2012.4.6)

12 日，省政府新闻办在昆明举行新闻发布会，宣布由临沧市政府、省旅游局共同主办的 2012 中国佤族司岗里摸你黑狂欢节于 4 月 29 日至 5 月 1 日在沧源举办。本届狂欢节内容丰富，包括祭牛魂、剽牛仪式、《司岗里狂想》大型佤族鼓乐歌舞演出、

《大地飞歌》民族艺术游演、摸你黑狂欢主题活动、佤族民间歌曲演唱大赛、斗牛大赛、"秘境临沧"之魅力沧源摄影大赛、篝火狂欢夜，以及招商引资、商贸展洽活动等。值得一提的是，本届狂欢节特设阿佤山—阿里山"同胞情"文化联谊活动，将邀请台湾高山族民间文化艺术团参加。（《云南日报》2012.4.14）

12日，在昆9所高校的泰国留学生相聚在云南师范大学，共同欢度传统节日"宋干节"。云南是与泰国文化交流氛围最浓厚的省份之一。目前，全省已有39所高校开设了泰语专业，4 000多人选择学习泰语。同时，大批泰国学生到云南学习。在云南师大就读的学历生中有泰国学生360余名，占留学生总数的40%以上。（《云南日报》2012.4.15）

14日，西双版纳万人傣族手势舞申报世界纪录获得成功。当天，来自西双版纳傣族自治州和景洪市30个企事业单位、40多个少数民族村寨表演队的12 500名表演者身着节日盛装，从四面八方汇聚到景洪市澜沧江畔泼水广场，由里到外围成12个大圈，伴着美妙和谐的音乐旋律，一同欢跳傣族手势舞。表演持续了1个小时。经现场认证，世界纪录协会高级认证官罗宾·洛克宣布："西双版纳万人傣族手势舞申报世界纪录获得成功。傣族手势舞不仅属于云南，更属于全世界。"罗宾·洛克当场向西双版纳州政府颁发了"世界纪录证书"。（《云南日报》2012.4.15）

17日下午，由省委宣传部、省文联、省旅游局、省摄影家协会举办的"2011云南旅游摄影大奖赛"获奖作品展览在省图书馆开幕。据悉，此次大赛共有来自国内外的3 000多件作品，主办方选取了27幅获奖作品和200幅入围作品进行集中展示。本届以"七彩云南"为主题，表现云南的自然风光、名胜古迹、民俗风情等精彩瞬间。本次大赛评选出了金牌收藏奖1名、银牌2名、铜牌4名，最高奖金2万元。（《云南日报》2012.4.19）

5月

5月4日晚，"2012中法文化之春"交流活动从北京、深圳等地移师昆明。法国Metamorphoz剧团的现代新型舞剧《城市芭蕾》在昆明剧院拉开帷幕。开场舞由昆明"旦斯特"舞团带来，激情劲爆的嘻哈街舞瞬间点燃了观众的热情。热舞过后，烟雾缭绕的舞台出现了6位身着白衣、戴着黑色领结的法国舞者，像

《剧院魅影》的主角一样戴着白色面具，伴随着拉威尔、维瓦尔第、希纳基斯和弗兰克二世·路易斯的经典乐章，舞者娴熟地展现多种技巧，将观众带到一个似真似幻的美妙时空中。演出最后，两大舞团再次合二为一，舞蹈《这就是爱》将气氛推向高潮。（《云南日报》2012.5.9）

5 月，省文化厅、省委组织部、省委党校联合举办"云南省文化建设专题培训班"，全省所有县（市、区）129 位文化局主要负责人齐聚一堂，就"加快建设民族文化强省""加强公共文化惠民服务体系建设"等主题进行了深入学习和探讨。培训班开设《社会文化惠民工程与活动品牌创建》《推进社会主义核心价值体系建设》《做好文物及非物质文化遗产保护传承》《文化基础设施建设与管理》《文化市场的培育与管理》等 14 个研究专题，采取了视频教学的方式，播放展示近年云南文化工作硕果的多部经典交流片，组织学员实地考察了楚雄彝族自治州禄丰县乡镇文化站建设。（《云南日报》2012.5.17）

26 日，由省委宣传部、省财政厅、省社科联共同编辑的《云南文库·当代云南社会科学百人百部优秀学术著作丛书》首发式在昆明举行。省委常委、省委宣传部部长赵金出席首发式并讲话。省老领导、省社科联名誉主席、《云南文库·当代云南社会科学百人百部优秀学术著作丛书》编委会主任委员王义明出席首发式。《云南文库》是我省"十二五"哲学社会科学规划的重大项目，《当代云南社会科学百人百部优秀学术著作丛书》是《云南文库》的重要组成部分。编辑出版这套丛书，旨在整体推出云南社科优秀成果，打造社科品牌和学术精品，进一步推动我省哲学社会科学繁荣发展，推动"两强一堡"战略目标的实施。这套丛书第一批、第二批共确定 97 部入选著作，首发式上推出了第一批 49 部，第二批著作将于 7 月底前出版。（《云南日报》2012.5.27）

24 日，"第三届中国（福保）乡村文化艺术节暨 2012 云南民族民间手工刺绣、十字绣大赛"在昆明正式启动，《百鹤图》《清明上河图》《和谐盛世》等刺绣珍品在现场惊艳亮相。本次活动由省文化厅、昆明滇池国家旅游度假区管委会主办，旨在建立刺绣作品和技艺的展示平台与刺绣人才学习与交流的平台。省文化厅党组副书记、副厅长花泽飞介绍，云南近年来涌现了 200

多万十字绣"绣迷",该活动有着广泛的群众基础。推动云南刺绣产业发展,是传统文化通过产业化发展实现"活态保护"的有效途径。(《云南日报》2012.5.28)

云南省社会科学院、中国社会科学院、国家行政学院相关机构合作建立"中国文化消费需求景气评价中心"发布机制,王亚南研究员主编撰著的《中国文化消费需求景气评价报告》2012版系列四卷,列入中国社会科学院"文化蓝皮书"系列,由社会科学文献出版社2012年5月出版。这是全国最早推出实际测评排行的文化发展评价体系,也是唯一基于文化民生需求与共享的文化发展评价体系。十七届六中全会强调文化建设以满足人民精神文化需求为出发点和落脚点,文化发展成果由人民共享。在社会主义市场经济条件下,满足需求主要通过满足消费需求来体现,包括最基本的衣食温饱也不例外。以增进人民群众文化消费需求与共享来检验文化发展的实际成效,具有目标终极检验的性质。推动中国文化产业成为国民经济支柱性产业,应以扩大文化消费需求与共享形成内生动力。以供需协同增长衡量全国及各地文化产业发展目标,可以破解源于"GDP崇拜"而在各地愈演愈烈的"文化产业增加值追逐"现象。(云南省社会科学院网站)

6月

5日,第三届中国·东南亚·南亚电视艺术周电视综艺节目论坛在昆明举行,论坛主题为"把欢乐带给观众"。来自泰国、老挝、缅甸、柬埔寨、印度、孟加拉国、日本等国家及香港、澳门、台湾的电视机构负责人、电视节目主持人,中国电视艺术家协会、中央电视台、中国传媒大学及北京电视台、上海广播电视台、湖南广播电视台、广东电视台、云南电视台等地方电视台负责人和电视节目主持人参加活动。围绕"把欢乐带给观众暨综艺娱乐节目创新、流行趋势"这一主题,以高峰论坛、台长论坛和主持人论坛的形式分别进行了探讨,并就多个议题进行了互动交流。(《云南日报》2012.6.6)

9日是我国第7个文化遗产日,由省文化厅主办的云南省文化遗产日宣传活动启动仪式暨"云岭遗珍"云南省第三次全国文物普查成果展开幕式在省博物馆举行。副省长高峰出席活动,并

宣布展览开幕。(《云南日报》2012.6.10)

6月，由中国非物质文化遗产保护中心主办、中国泛海控股集团有限公司出资设立的"中华非物质文化遗产传承人薪传奖"颁奖仪式在北京举行。50人获奖，我省非物质文化遗产传承人后宝云、李兴昌名列其中。(《云南日报》2012.6.10)

12日晚，绚丽多姿的云南少数民族歌舞元素高频率地呈现于第四届全国少数民族文艺会演开幕式文艺晚会《盛世中华》的各大篇章，与来自全国各兄弟民族的精彩节目一道展示了中华民族"共同团结奋斗、共同繁荣发展"的时代主题。副省长、第四届全国少数民族文艺会演云南代表团团长刘平出席观看开幕式文艺晚会。(《云南日报》2012.6.13)

16日，由中国茶叶流通协会、北京市西城区人民政府、云南省普洱市人民政府共同主办的2012北京国际茶业展、2012北京马连道国际茶文化节、第十二届中国普洱茶节开幕式在北京展览馆隆重举行。至此，由三大活动共同搭建的此次茶界盛会拉开帷幕。全国政协副主席白立忱出席开幕式并宣布开幕。中华全国供销合作总社党组书记、理事会主任杨传堂，省委常委、省政府党组成员李培，省政协副主席顾伯平等出席开幕式。开幕式上，北京西城区人民政府与普洱市人民政府还举行了结为友好区市签约仪式。(《云南日报》2012.6.17)

18日，2012年中国玉雕百花大奖赛在北京人民大会堂举行隆重的颁奖典礼，我省参赛作品荣获4金、4银、5铜、4优和1个特别奖。本土玉雕师杨树明获中国玉雕艺术大师称号。"云南翡翠文化交流中心"被授予优秀组织奖。中国玉雕百花奖是20世纪80年代由国家经委、轻工部设立的，是国家级工艺美术、玉石雕刻的最高奖项，也是目前国家国资委发文确认的唯一保留的国家级奖项。其宗旨在于推出精品，倡导创新，提倡文化治玉，抵制低俗、庸俗、媚俗、粗俗倾向，给当代社会的鉴赏和收藏予以指导。(《云南日报》2012.6.20)

从近日召开的省人大常委会《中华人民共和国非物质文化遗产法》执法检查汇报会上获悉，我省启动实施民族民间传统文化保护工程，建立分级分类保护名录体系，现已有各级政府批准公布的非物质文化遗产保护名录8590项。其中有国家级90项、省级197项、州（市）级2881项、县（区）级名录5422项，傣族剪纸、藏族史诗《格萨尔》入选联合国教科文组织人类非物质文化遗产代表作名录。我省率先在全国开展民族民间传统文化传承人命名，建立起四级传承人认定体系。目前，已命名非物质文化遗产代表性传承人3 698 人，其中国家级非物质文化遗产代表性传承人51 名、省级传承人824 名、州市级传承人970 名、县（区）级传承人1 853 名。我省还通过建立阿诗玛创世史诗、彝族海菜腔、傣族制陶等一批以国家级非物质文化遗产项目为依托的传承基地，普及非物质文化遗产知识，支持传承人开展活动。同时，我省积极制定出台保护非物质文化遗产的政策措施。4 月，省政府下发关于加强公共文化惠民体系建设的意见，将非物质文化遗产保护工作纳入全省城乡公共文化服务体系建设。省政府决定，2012~2015 年，每年安排非物质文化遗产项目保护经费1 000 万元。（《云南日报》2012.6.28）

7 月

7 月，《云南省"三江并流"风景名胜区总体规划（修编）》获国务院批复，这是继联合国教科文组织第34 届世界遗产大会审议通过中国云南"三江并流"世界自然遗产地片区边界细化后的修编。世界自然遗产"三江并流"地域跨越怒江、澜沧江和金沙江三条大江，这里不仅有"世外桃源"香格里拉，也是著名国际古商道——"茶马古道"的发祥地。作为世界上罕见的集地质地貌多样性、动植物多样性、景观美学多样性及民族文化多样性于一体的高山峡谷自然区域，云南"三江并流"地区符合地质、生态、美学价值以及生物多样性等世界自然遗产要求的"四项标准"，于2003 年7 月以高票入选世界自然遗产名录。修订后的《三江并流风景名胜区总体规划（2011~2020 年）》面积为9 650.1 平方公里，核心景区面积为4 094.45 平方公里，2015 年前将完成风景名胜区和核心景区范围的标界立桩工作。修订后的边界与第34 届世界遗产大会通过的"遗产地"边界细化重合。国务院要求云南省要按照《风景名胜条例》《世界遗产公约》及《总体规范》确定的分组分类保护要求，严格保护景区内珍稀动物、野生植物、自然水体、地质地貌、文物古迹、传统民族文化等资源，确保自然遗产的真实性和完整性。风景名胜区内严格限制水电开发，严禁开矿采古、滥伐林木、污染水体、损毁等行为。要按照保护优先、开发服从保护的原则，抓紧组织编制风景名胜区详细规划，按规定程序报批后，有计划、有步骤地进行各项建设。三江并流风景名胜区总体规划的修编将积极推动我省桥头堡建设、旅游文化大省建设和"十二五"经济社会跨越发展。（《云南日报》2012.7.3）

4 日，全省文化体制改革工作座谈会在昆明举行。会议贯彻落实全国文化体制改革工作座谈会、秦光荣书记在我省广电系统及省级文艺院团调研讲话精神，检查总结前一阶段文化体制改革工作，安排部署下一阶段的工作任务，强调要以高度的文化自觉和文化自信，进一步加大力度，加快进度，狠抓落实，圆满完成文化体制改革各项任务，以优异成绩迎接党的十八大胜利召开。省委常委、省委宣传部部长赵金出席会议并讲话，各州（市）委常委、宣传部长，部分分管文化工作副州（市）长，省文化厅、省广电局、省新闻出版局以及省 4 大国有文化企业负责人参加会议。（《云南日报》2012.7.5）

6 日下午，我省举行欢迎会，欢迎来滇参访交流的台湾少数民族文化参访团一行。受省委书记、省人大常委会主任秦光荣和省委副书记、省长李纪恒委托，省委常委、省委统战部部长黄毅在欢迎会上致词，代表省委、省政府对由台湾少数民族文化参访团团长、台湾原住民民意代表高金素梅率领的参访团一行表示欢迎。参访团成员由台湾 8 个县市、15 个原住民乡的泰雅族、排湾族、布农族等 10 个台湾原住民族的 100 多名代表组成，将前往昆明、丽江、迪庆等地参访交流。（《云南日报》2012.7.7）

7 月，2012 东巴文化保护传承考察暨交流研讨活动在丽江举行。此次活动由丽江市委、市政府主办，丽江文化研究会和纳西文化研究会承办。来自省内外的 120 多位专家学者深入古城区东巴文化传习院、黄山小学、丽江市博物院、东巴谷、玉水寨等地考察调研，了解东巴文化保护传承情况，分析存在的困难和问题。专家学者就新形势下东巴文化的保护传承展开了讨论，20 多个单位和部门提交了经验交流材料和学术论文。近年来，丽江市通过制定条例，建立东巴文化研究展示机构和传承基地，推动东巴文化保护传承工作不断取得突破。（《云南日报》2012.7.22）

7 月，西双版纳傣族自治州傣锦传习所在景洪市嘎洒镇曼鸾典村挂牌成立。曼鸾典村是云南省人民政府命名的傣族织锦之乡。傣族织锦是傣族人民原始的劳动产物，是傣族造型艺术最早的表达方式之一，丰富多彩的傣锦编织图案在傣族社会中占有相当重要的位置。2008 年傣族织锦技术被国务院列入第二批国家级非物质遗产保护名录。曼鸾典村民玉儿甩成为傣族织锦技艺传承人。为更好传承傣族织锦技艺，玉儿甩把自己所掌握的织锦技术传承给村里的 50 多个妇女，每个月制作织锦五六百条，增加了村民经济收入。(《云南日报》2012.7.25)

27 日，由中国海外交流协会主办、云南省海外交流协会承办的第三届中华文化知识竞赛优胜者夏令营在昆明开营。来自美国、法国、日本、加拿大、澳大利亚、荷兰、新西兰、菲律宾和意大利 9 个国家赛区的 176 名华裔中华文化知识竞赛优胜者，将参加中国文化、武术、葫芦丝演奏、诗歌朗诵等课程的培训等活动，度过为期近两周的夏令营时光。举办中华文化知识竞赛优胜者夏令营旨在增进海外华裔青少年对中华文化的了解和感情，提高他们学习汉语的兴趣。(《云南日报》2012.7.28)

8 月

2 日，由省文产办主办的首届"陶醉中华·彩云之陶艺术节"在昆明国际会展中心开幕。本届陶艺节为期 5 天，将围绕"宜兴紫砂陶与建水紫陶的对话"这一主题开展活动。其中，"彩云之陶"文化展内容丰富，包括中国陶瓷简史展览、云南陶瓷简史展览、宜兴和建水名师名壶精品展、紫陶新人新作展等。中国 4 大名陶精品和景德镇、龙泉等地精瓷，以及省内各地陶艺精品将亮相，省内外陶瓷界名家大师也将在活动中一展风采。陶艺节期间，还将举办名师名壶名茶雅集谈艺、陶艺高端论坛等活动，并出版陶文化论文集。(《云南日报》2012.8.4)

10 日晚，为期 6 天的"2012 第四届大理国际影会"在大理古城拉开帷幕。"大理国际影会"是中国十大最具影响力的节庆。本届影会以"生活在别处——美丽家园，幸福大理"为主题，延续了"以像观人，以影察世"的原则，更强调国际性、记录性和真实性。本届影会上，举办了"摄影历史——斯蒂芬·怀特收藏展"，并聘请了国内外十家著名画廊走进大理，以推动中国影像作品收藏交易市场的发展。本届影会有来自 10 多个国家和地区的摄影家参展，共有 200 多个影展。开幕式上，影会向尹欣、刘

明、郑明为大理国际影会成功举办做出杰出贡献的 3 位人士颁发了杰出贡献奖。(《云南日报》2012.8.11)

14 日,韩国光复节招待会暨传统美食节在昆明举行。省人大常委会副主任江巴吉才、韩国驻成都总领事郑万永、缅甸驻昆明总领事吴佐朴温、越南驻昆明总领事阮正胜、马来西亚驻昆明总领事纳斯里·若曼出席招待会。郑万永在招待会上致词。招待会现场还举行了韩国传统服饰表演、韩国料理展示和传统舞蹈表演。(《云南日报》2012.8.14)

16 日从省文产办举办的新闻发布会上获悉,第 5 届昆明泛亚国际民族民间工艺品博览会将于 22 日在昆明国际会展中心开展。本届博览会由省文产办、省文化厅、昆明市政府、云南世博旅游控股集团有限公司共同主办。参展范围包括雕刻雕塑、编织刺绣、服饰染装、民间陶瓷暨茶文化、民族民间器乐等 12 个门类,展区面积 2.6 万平方米。此次博览会除国内企业参展外,还吸引了阿富汗、尼泊尔、斯里兰卡、泰国、越南等国家的 40 余家企业参展。展会期间还将举行首届云南民族民间手工刺绣暨十字绣大赛优秀作品展、云南少数民族歌舞展演等活动。展会将持续至 26 日。(《云南日报》2012.8.17)

第十届少数民族文学创作骏马奖获奖名单昨日揭晓,我省有 4 位少数民族作家榜上有名。布依族作家潘灵的长篇小说《泥太阳》、布朗族作家陶玉明的散文《我的乡村》、回族作家叶多多的散文《我的心在高原》、傈僳族作家李贵明的诗歌《我的滇西》分获长篇小说、散文、诗歌类的奖项。我省获奖人数位居全国各省区市前列。(《云南日报》2012.8.17)

21 日,为期 3 天的 2012 中国古都学大会暨南诏大理古都文化发展论坛在大理市举行。本届大会由中国古都学会主办,大理市委、市政府承办。来自北京、陕西、河南、山西、江苏、河北、云南等地的 120 多名专家学者齐聚大理,共同研讨古都历史、文化、经济等领域课题,为"古为今用,今为后用"提供借鉴。当天,中国古都学会为大理白族自治州南诏大理古都文化发展研究中心授牌。中国古都学会、东南亚(国际)古都文化发展研究院等举行了大理古都地位命名及揭牌仪式,大理古城获"中华六朝名都,千年国际陆港"与"8 至 12 世纪东南亚第一大古都"美誉。(《云南日报》2012.8.22)

23 日晚,由著名舞蹈家杨丽萍担任总编导并领衔主演的大型舞剧《孔雀》,在昆明云南海埂会堂开启全球巡演大幕。"孔雀"的华美绽放,不仅是杨丽萍数十年舞蹈艺术生涯的淬炼与汇集,更是云南舞台艺术又一全新力作的闪亮登场。秦光荣、李纪恒、曹建方、赵金、晏友琼、江巴吉才、孔垂柱、高峰、高树勋、曾华、白成亮、顾伯平、倪慧芳、许前飞、王田海等省领导出席观看演出。全国人大教科文卫委员会副主任委员徐荣凯,省老领导刘树生、李桂英出席观看。舞剧《孔雀》以拟人化的孔雀为主角,分为春、夏、秋、冬 4 个篇章,讲述了一个关于成长、人性、生命和爱的故事,以及生命与天地自然的相互融通。该剧的舞台艺术形式极具张力,投射出生活艺术交融的人文情怀。演出结束后,秦光荣、李纪恒等领导走上舞台,与演职人员亲切握手并合影留念,祝贺演出取得圆满成功。(《云南日报》2012.8.24)

9 月 7 日至 15 日,云南省第九届青年演员比赛将在昆明举办。全省青年演员比赛是我省培养、发现、展示优秀青年艺术人才的重要举措,也是我省由政府主办的专业艺术赛事。该赛事自 20 世纪 90 年代以来,每两年举办一届,为我省艺术人才培养搭建一个广阔平台。本届比赛经过初赛和复赛,最终有来自全省各州市艺术院团、文化企事业单位、艺术院校和武警总队文工团的 319 名选手进入决赛,涉及声乐、器乐、杂技、话剧、传统戏曲和民族戏曲等多个艺术门类,选手们将分作舞蹈类和音乐类进行技艺比拼。除评出各艺术门类一、二、三等奖外,本次大赛还针对培育出优秀青年演员的指导老师设立"育花奖",并将命名表彰"云南省青年表演艺术家"和"云南省优秀青年演员"。(《云南日报》2012.8.29)

9 月

"普洱古茶园与茶文化系统"荣获全球重要农业文化遗产(GIAHS)保护试点。5 日,联合国粮农组织相关官员在北京人民大会堂为普洱市授牌。据介绍,联合国粮农组织于 2002 年开始推动全球重要农业文化遗产保护工作,目的是建立全球重要农业文化遗产及有关的景观、生物多样性、知识和文化保护体系,并在世界范围内得到认可和保护,使之成为可持续管理的基础。古茶园成为全球重要农业文化遗产,对于保护古茶树、打造普洱

茶产业、弘扬普洱茶文化意义重大。(《云南日报》2012.9.7)

14 日,由省文产办、省石产办主办的 2012 云南玉雕大师作品展在昆明泛亚联合产权交易中心开幕。省政府石产业联席会议副召集人、省石产业促进会会长和占钧出席开幕式。本次作品展主题为"艺术造就品位·文化成就未来",共征集到 100 名玉雕师的 300 件作品,这些作品创意新颖、工艺精湛、文化内涵丰富。作品展期间,将举办 6 大主题活动及配套活动,包括翡翠精品展销、玉雕文化论坛、中国玉雕大师与中国美术大师对话、玉雕艺术品金融合作研讨会、"彩云杯"云南优秀玉雕作品评选、出版发行《2012 云南玉雕大师作品典藏集》等。(《云南日报》2012.9.15)

21 日晚,由省委宣传部、省文联共同主办的"宣拓杯"首届云南省舞蹈电视大赛首场决赛在云南电视台演播厅开启。此次赛事是我省举办的规模最大、水平最高的舞蹈电视大赛,共有来自全省各州市及高校、宣传文化系统、企业、驻滇部队选送的 89 件作品,按国标、街舞,群文类,少儿舞蹈,专业单人、双人、三人舞,专业群舞 5 个类别参与决赛的角逐。率先亮相的国标、街舞比赛共有昆明、玉溪、文山等地的 10 支队伍参加。文山市第一小学表演的国标群舞《雏鹰展翅》,汇集了伦巴、恰恰、桑巴、斗牛等多种舞蹈元素,赢得现场观众的热烈掌声。昆明叁 D 街舞培训基地的街舞《传承》和昆明艺术职业学院的国标舞《磨合》在表演中分别获得 97.71 和 97.69 的高分。据悉,决赛共 7 场,将于每晚 20:05 由云南电视台综艺频道现场直播。(《云南日报》2012.9.22)

22 日,由文化部、云南省政府主办的第三届中国(福保)乡村文化艺术节在美丽的滇池畔拉开帷幕。省委书记、省人大常委会主任秦光荣出席开幕式并宣布艺术节开幕。省委副书记、省长李纪恒,文化部党组副书记、副部长赵少华出席开幕式并致词。省政协主席罗正富,省委常委、省委宣传部部长赵金,省人大常委会副主任程映萱,省老领导梁公卿,柬埔寨、缅甸、越南驻昆总领事出席。副省长高峰主持开幕式。(《云南日报》2012.9.23)

第十三次全国皮书年会于 9 月 21~22 日在江西南昌召开,会议由中国社会科学院主办,社会科学文献出版社和江西省社会科学院承办。王伟光常务副院长，李扬副院长，江西省委、省政府领导，全国社科规划办领导等出席并讲话。会议公布了全国皮书专家委员会评出的"全国皮书评价排行榜"，在 2011 年版 185种皮书里（包括经济、政治、文化、社会研究蓝皮书，国际问题研究黄皮书，环境相关研究绿皮书等）取前 50 位。王亚南研究员主编的文化蓝皮书《中国文化消费需求景气评价报告（2011）》在研究思路、分析方法、测评指标、预测方式上具有突破创新，出版前就被六中全会中央调研组调阅书稿，出版后全国上百家媒体（报纸、网站）集中报道、转载或评论，在文化传媒类皮书中得到很高评分，跻身全国皮书排行榜第 25 位。同时该书研究报告《全国文化消费需求景气评价总报告——基于"十五"以来分析的 2009 年度测评》获优秀报告二等奖。（云南省社会科学院网站）

10 月

10 日，省文联在施甸善洲林场举办"云南省善洲林场文学艺术创作基地"授牌仪式。省文联负责人表示，杨善洲同志的先进事迹和崇高精神，为我们树起了一座丰碑。善洲林场文学艺术创作基地挂牌，为全省广大文艺工作者深入学习和宣传杨善洲精神搭建了平台。希望全省广大文艺工作者认真学习杨善洲先进事迹，汲取精神动力，创作出更多优秀作品。（《云南日报》2012.10.11）

28 日，"茶马史诗"文化系列普洱茶面世，新闻发布会在昆明举行。省人大常委会副主任杨应楠，全国政协常委、造型艺术家袁熙坤，省普洱茶协会会长张宝三出席发布会。普洱茶是普洱市支柱产业，截至去年底，全市现代茶园总面积 143 万亩，毛茶年产量 6.08 万吨，茶叶年产值 36.18 亿元。近年来，普洱市大力发展普洱茶产业，将生态、有机、环保、安全和文化理念注入新产品开发中，促进普洱茶文化品牌不断提升、影响力不断扩大。（《云南日报》2012.10.29）

30 日，第八届中国文联文艺评论奖颁奖典礼暨第六届当代文艺论坛在昆明举行。中国文联党组书记、副主席赵实，省委常委、省委宣传部部长赵金在颁奖典礼上讲话并为获奖者颁奖，中国文联党组成员、书记处书记夏潮出席。第八届中国文联文艺评论奖共有近 500 件作品参评，最终评选出著作类特等奖 2 部、一等奖 6 部、二等奖 9 部，文章类特等奖 1 篇、一等奖 22 篇、二等奖 47 篇。其中，我省吴卫民获文章类一等奖，宋家宏、葛树荣分获著作类和文章类二等奖，省文联获组织工作奖。颁奖典礼后，举行了主题为"文化自觉与当代文艺发展趋势"的第六届当代文艺论坛。出席活动的主要领导对云南文苑项目进行了视察。（《云南日报》2012.10.31）

11 月

喜迎党的十八大胜利召开之际，由云南省委宣传部、安徽省委宣传部和保山市委、市政府，施甸县委、县政府及中央电视台电视剧频道联合摄制，全面反映杨善洲同志先进事迹和崇高精神的 23 集电视连续剧《杨善洲》首播新闻发布会昨日在北京举行。该剧将在 11 月 8 日党的十八大胜利召开之日起，在中央电视台电视剧频道每晚 19 时播出。中宣部、云南省委宣传部、安徽省委宣传部、保山市委、中央电视台等有关方面负责人及剧组主创人员出席新闻发布会。省委常委、省委宣传部部长赵金出席首播新闻发布会并致词。电视剧《杨善洲》是目前唯一展现杨善洲同志生前故事的电视剧作品。该剧反映了杨善洲同志一辈子忠于党的事业，一辈子全心全意为群众谋利益，一辈子公而忘私、廉洁奉公的崇高精神，再现了新时期共产党员的精神风貌。（《云南日报》2012.11.7）

以"玉出云南、珠宝天堂"为主题的第二届中国云南·昆明国际珠宝展昨日在昆明国际会展中心开展，展期为 22～26 日。全国政协原副主席张怀西宣布珠宝展开展。省委书记、省人大常委会主任秦光荣，省政协主席罗正富，省委常委、省委秘书长曹建方，省人大常委会副主任杨应楠，副省长孔垂柱，省政协副主席顾伯平，省老领导、省石产业促进会名誉会长陶昌廉，省老领导、省石产业促进会会长和占钧出席展会开幕式。省委常委、省委宣传部部长赵金主持珠宝展开幕式。云南珠宝玉石产业从 20 世纪 80 年代起步至今，特别是近 10 年来得到快速发展，目前已成为年销售额超过 300 亿元、从业人员近 50 万人的重要富民产业。越南、泰国、柬埔寨驻昆领事馆负责人出席开幕式，来自泰国、缅甸、斯里兰卡等国的贵宾和客商代表参加开幕式。（《云南

日报》2012.11.23）

云南省滇西抗战历史文化研究会 28 日在昆明成立。全国政协常委、文史和学习委员会主任陈福今出席成立大会并为研究会授牌。省政协副主席罗黎辉、王学智、倪慧芳出席。会议聘请陈福今，省委常委、昆明市委书记张田欣，省政协副主席、民进云南省委主委罗黎辉，成都军区原副政委马子龙为云南滇西抗战历史文化研究会第一届名誉会长。（《云南日报》2012.11.29）

12 月

6 日，春城韵·人鸥情 2013 第六届昆明海鸥文化节将于 2013 年元旦开幕。为期 10 天的活动在翠湖、五华区辖区内各大商场、海埂大坝等地举行。此次文化节亮点频现：首次将寓意为满心期待你归来的"黄丝带"设立为爱鸥、护鸥的标志；首家创新将 style 风引入活动，通过"快闪"、酷跑等方式即兴表演原创"海鸥 style"广场舞；首次开发特色旅游纪念品的推广与展示，将此次文化节专用 logo 和海鸥形象制作成纪念品发放和销售。（《云南日报》2012.12.7）

近日，由中国（北京）国际文化创意产业博览会组委会办公室和中国版权保护中心共同主办的"龙腾奖——2012 第七届中国创意产业年度大奖颁奖典礼"在国家博物馆举行，我省 3 家文化企业和个人获奖。评选涵盖我国 31 个省区市的 400 多个文化创意产业园区、5 000 余家企业。经过严格的评选，云南柏联和顺旅游文化发展有限公司、丽江玉龙雪山印象旅游文化产业有限公司荣获"中国创意产业领军企业奖"，云南民族村荣获"中国创意产业最佳园区奖"，云南润视荣光影业制作有限公司法人总经理蒋晓荣荣膺"中国创意产业领军人物奖"。（《云南日报》2012.12.26）

由省委宣传部主办的"云南精神"形象创意作品大赛结束了 3 个多月的征集评选，于 28 日在昆明举行颁奖仪式。经专家最终评审，歌曲《高原情怀》获综合一等奖，绘画《陆良八老》、公益广告《云南精神高原情怀》、公益广告《包容和合》获综合二等奖，动漫作品《金马碧鸡》、公益广告《昨日今日明日》、剪纸海报《大山精神》、绘画《云岭揽胜图》、摄影《妈妈背我去插秧》获综合三等奖。另外，还评出学生奖、最受网友追捧奖、优秀组织奖等。此次活动自 8 月 13 日开展以来，共有 1 858 名网友注册报名上传作品，连同邮寄作品和团体报名最终共有 5 796 件作品参赛，作品形式涵盖歌曲、绘画、雕塑、DV、公益广告等。(《云南日报》2012.12.30)

整理者为云南省社会科学院研究实习员。

编　后

　　这是《云南文化发展蓝皮书》的第 11 个年度卷。

　　中共中央十七届六中全会提出建设"文化强国"的战略目标，部署进一步推进文化建设与经济建设、政治建设、社会建设以及生态文明建设协调发展，并明确在今后十年推动文化产业成为国民经济支柱性产业。中共十八大要求扎实推进社会主义文化强国建设，将文化产业成为国民经济支柱性产业作为全面建成小康社会和全面深化改革开放的目标之一。同时，十七届六中全会更加强调文化建设以满足人民精神文化需求为出发点和落脚点，文化发展为了人民，文化发展成果由人民共享。十八大报告进一步明确，让人民享有健康丰富的精神文化生活，是全面建成小康社会的重要内容。这就是当前以至 2020 年一段时期内文化建设与发展的宏观背景和总体要求。

　　就在 2012 年，《国家"十二五"时期文化改革发展规划纲要》出台，《国家基本公共服务体系"十二五"规划》专设第十章"公共文化体育"，《文化及相关产业分类（2012）》国家标准发布，秉承十七届六中全会精神，形成强大的政策推动力和技术聚合力，切实推进公共文化服务，深化文化体制改革，扩大文化消费需求，加快文化产业发展。公共文化服务体系是文化建设的重要组成部分，是满足人民群众精神文化需求的主要途径。2005年，中共中央十六届五中全会提出"逐步形成覆盖全社会的比较完备的公共文化服务体系"，从此公共文化服务体系建设被列入党和国家的重要日程；2011 年，中共中央十七届六中全会将满足人民基本文化需求作为社会主义文化建设的基本任务，构建和完善公共文化服务体系成为建设社会主义文化强国的重要内容。因此，本年度卷把面向全面建成小康社会的文化发展目标测验、公共文化服务体系建设作为重点关注内容。

　　自从云南省委书记秦光荣同志提出"高原情怀、大山品质"以来，云南精神引起了全省广大干部群众的高度关注和热烈讨论。要准确把握云南精神的基本内涵及其实质，有必要注意以下几个思考的向度：其一，自然与人文的双重维度，云南精神既是特定自然环境的结果，也是特定社会环境与人文环境的结晶；其二，事实与价值的双重维度，云南精神既是对云南人民性格特征及文化气质的高度概括，也是对云南人民价值取向的凝练表达；其三，历史与现实的双重维度，云南精神既是中华民族精神的生动缩影，也是当今时代精神的具体体现。云南精神的探讨也是近期云南文化建设研究的热点问题之一。

　　昆明作为云南省会城市，也是省内唯一的大城市，一直是全省的政治、经济、文化和社会事业中心。昆明市地区生产总值、地方财政一般预算收入都占到了全省的约1/3。昆明是全省的加工制造、技术研发、高端产业和总部经济的重要基地，集中了全省的科技文化优势，形成省内最大的文化消费中心市场。昆明市的文化发展对于云南省起到重要的带动作用，不仅昆明市的文化产业发展在全省举足轻重，而且昆明市的文化消费需求增长也决定着全省的文化消费需求增长。因此，省会昆明的城市文化发展战略也就成了云南文化发展的强力引擎。

　　同以往一样，本书一如既往注重结合云南实际、体现云南区域特色的研究。

　　感谢各方人士对于本书编撰工作的支持！

王亚南
2013 年 3 月 3 日

图书在版编目（CIP）数据

2012～2013云南文化发展蓝皮书 / 王亚南，田大余
主编. —昆明：云南大学出版社，2013
（云南蓝皮书）
ISBN 978-7-5482-1567-7

Ⅰ. ①2… Ⅱ. ①王… ②田… Ⅲ. ①文化事业—文化
发展—概况—云南省—2012～2013 Ⅳ. ①G127.74

中国版本图书馆CIP数据核字（2013）第130610号

策划编辑：林　艺
责任编辑：石　可
封面设计：刘　雨　谐
　　　　　和
　　　　　乐　楠

2012 ~ 2013　云南省社会科学院　编
The Blue Book of Yunnan

云南文化发展蓝皮书

主　编　王亚南　田大余

出版发行：云南大学出版社
印　　装：昆明市五华区教育委员会印刷厂
开　　本：787mm×1092mm　1/16
印　　张：21
字　　数：350千
版　　次：2013年8月第1版
印　　次：2013年8月第1次印刷
书　　号：ISBN 978-7-5482-1567-7
定　　价：56.00元

社　　址：昆明市翠湖北路2号云南大学英华园内
邮　　编：650091
电　　话：（0871）65031071　65033244
网　　址：http://www.ynup.com
E-mail：market@ynup.com